Viele Königreiche

Elizabeth Garver Jordan

Writat

Diese Ausgabe erschien im Jahr 2024

ISBN: **9789359945774**

Herausgegeben von
Writat
E-Mail: info@writat.com

ICH

VARICKS LADY O' DREAMS

Varick legte das Buch hin, mit dem er eine Stunde der Nacht verführt hatte, schaltete das elektrische Licht in der schattigen Kugel aus, die über seinem Kopf hing, zog die Laken ein wenig näher an sein Kinn und drehte sein Kissen um, damit er seine Wange besser abstützen konnte dankbar auf der kühleren Bettwäsche, streckte sich, gähnte und bereitete sich darauf vor, mit völlig unbesorgtem Gewissen einzuschlafen.

Er war ein überaus praktisch veranlagter und fast kerngesunder junger Mann mit einem unreflektierten Glauben an die Existenz der Dinge, die er gesehen hatte, und erheblichen Zweifeln an den Dingen, die er nicht gesehen hatte. In seinem Herzen betrachtete er Gefühle als Ausdruck einer schlaffen Natur in einem schwachen Körper. Ein- oder zweimal hatte er einen legeren Frisierkommode mit seinen silbernen Toilettenartikeln, die solide Vorderseite seines Chiffonniers, die geschnitzten Armlehnen seines Lieblingssessels und sogar die Radierungen und Drucke an den Wänden. Plötzlich, als er diese vertrauten Gegenstände betrachtete, legte sich ein leichter Dunst über sie, der für einen Moment den Eindruck erweckte, als sei zwischen ihnen und seinen Augen ein Gazevorhang heruntergefallen. Sie verschwanden langsam, und an ihrer Stelle sah er die Straßen eines winzigen Dorfes in einem fremden Land, das er nicht kannte. Einen Moment später, in einem für die damalige Zeit vollkommen natürlichen Übergang von seinem Bett in einem Adirondack-Clubhaus, ging er in korrekter Touristenkleidung durch die Straßen der kleinen Stadt und suchte vergeblich nach einem vertrauten Wahrzeichen eine seltsame Verzweiflung des Herzens. Wie er dorthin gelangte und warum er dort war, war ihm ebenso unverständlich. Es war Mittag an einem warmen Sommertag und die roten Dächer der alten Gebäude schienen in der Hitze zu glühen. Vor ihm, am Ende der Straße, die er entlangging, befand sich ein öffentlicher Platz, auf dem im Freien Marketing betrieben wurde. Es war voller Männer und Frauen in malerischen Bauernkostümen, die er nicht kannte, obwohl er viel gereist war. Als er näher kam , hörte er sie sprechen, stellte jedoch fest, dass ihm ihre Sprache ebenso unbekannt war wie ihre Kleidung. Er beherrschte gut Französisch, Deutsch und Italienisch; außerdem beherrschte er ein wenig Spanisch und war mit den Akzenten der slawischen Sprachen vertraut. Aber dieses Babel, das ihm zu Ohren kam, war etwas Neues. In Verbindung mit dem Rest der Erfahrung ließ die Entdeckung Mr. Lawrence Varick einen kalten Schauer über den Rücken laufen. Zum ersten Mal in seinem eleganten

Leben hatte er Angst und gab es innerlich zu, indem seine Lippen plötzlich weiß wurden.

„Es ist so höllisch seltsam", sagte er sich unbehaglich. „Wenn ich mich erinnern könnte, wie ich hierher gekommen bin, oder wenn ich etwas über den Ort wüsste …"

„Haben Sie sie klassifiziert?" fragte eine Stimme neben ihm. Es war feminin, Alt und exquisit moduliert. Die Worte waren Englisch, wurden aber mit einem leichten ausländischen Akzent gesprochen. Mit einem Herzschlag drehte sich Varick um und blickte den Sprecher an.

Sie war jung, erkannte er sofort – zweiundzwanzig, dreiundzwanzig, möglicherweise vierundzwanzig. Er neigte zur letzten Theorie, als er ihre vollkommene Haltung und Selbstbeherrschung beobachtete. Sie war exquisit gekleidet; Er erkannte dies trotz der düsteren männlichen Wahrnehmung in solchen Punkten und erkannte viel deutlicher, dass sie schön war. Sie war klein, und die Augen, die sie zu ihm hob, waren groß und tiefbraun, mit langen schwarzen Wimpern, deren Farbe zu den welligen Haaren unter ihrem koketten Hut passte. Als er sie anstarrte und in seinem jungenhaft hübschen Gesicht Überraschung, Erleichterung und Bewunderung zu sehen waren, lächelte sie, und in diesem Moment erlebte der phlegmatische junge Mann ein neues Gefühl. Seine eigenen weißen Zähne blitzten, als er sie anlächelte. Dann fiel ihm ein, dass es notwendig war, auf ihre Frage zu antworten.

„Ich – ich – bitte um Verzeihung", stammelte er, „a – tausendmal. Aber um die Wahrheit zu sagen, ich – ich bin heute Morgen furchtbar verwirrt. Ich – ich scheine es irgendwie nicht zu tun „ _ _

Er blieb plötzlich stehen und wurde tiefrot. Ihm war klar geworden, dass diese inkohärente Aussage nicht ganz geeignet war, das Interesse und die Bewunderung einer seltsamen und überaus attraktiven Frau zu wecken. Was würde sie von ihm denken? Vielleicht war er betrunken oder verrückt. Varicks niemals lebhafte Fantasie zeichnete sich in den nächsten Sekunden durch die aufregenden Möglichkeiten aus, die sich ihm boten. Er wurde immer röter, was sehr bedauerlich war, und schlurfte jämmerlich von einem Fuß auf den anderen, bis er bemerkte, dass sie ihn mit einem Blick ansah, der durchaus würdevoll und doch sehr freundlich war. Es hatte auch eine seltsam sympathische Qualität. Seine Stimmung besserte sich ein wenig.

„Sie müssen mich für einen schrecklichen Idioten halten", murmelte er zerknirscht. „Ich bin nicht immer so, das versichere ich Ihnen."

„Ich weiß", stimmte sie zu. „Ich verstehe. Gehen Sie mit mir weiter. Möglicherweise kann ich Ihnen helfen."

Er verneigte sich zustimmend und die beiden gingen auf den überfüllten Platz zu.

„Du bist furchtbar gut", sagte er und fühlte sich beruhigt, aber dennoch jungenhaft und verlegen. „Ich möchte kein Ärgernis sein, aber wenn du mich einfach irgendwie in Ordnung bringen würdest – bringe mich auf einen Weg, der mich nach Hause führt –"

Ihm fiel die ganze Idiotie auf. Er hielt erneut inne und brach dann in sein ansteckendes, jugendliches Lachen aus, in das sie sofort einstimmte. Der sanfte Alt und der klare Tenor bildeten ein sanftes und angenehmes Duett, aber Varick bemerkte, dass sich kein Kopf in der Menge um sie herum zu ihnen umdrehte, noch dass ein Auge der ganzen Bauernmenge ihnen einen Blick zuwarf. Während sie ihren Weg fortsetzten, erzählte er davon seinem Begleiter.

„Das Überraschendste an all dieser Ungewöhnlichkeit", sagte er, „ist für mich die kühle Art, mit der diese Bettler uns ignorieren. Sie wissen, wie solche Leute normalerweise den Mund aufmachen; aber keine Menschenseele unter all diesen Leuten scheint uns zu kennen." „sind hier."

Sie sah ihn mit sanfter Belustigung und Mitgefühl in ihren braunen Augen an.

„Das ist nicht überraschend", sagte sie leise. „Denn, wissen Sie, wir sind nicht hier – wirklich."

Varick hielt zum zweiten Mal inne und starrte sie an, wobei sich dieses neue und nervige Gefühl in seinem Herzen wiederholte. Ihre Worte waren sicherlich beunruhigend, aber sie selbst war wunderbar menschlich und äußerst beruhigend natürlich. Sie war weitergegangen und er versuchte, sich in ihre Stimmung zu versetzen, als er sie überholte.

„Wo sind wir dann?" fragte er mit einem kurzen und nicht besonders fröhlichen Lachen.

Ihre glatte Stirn runzelte für einen Moment.

„Ich weiß es nicht", sagte sie offen. „Das heißt, ich kenne diesen Ort, an dem wir uns zu befinden *glauben* , *nicht* , obwohl ich schon einmal hier war, und die Erfahrung macht mir jetzt keine Angst. Aber ich weiß, wo wir *wirklich* sind. Du schläfst irgendwo in Amerika und ich – aber oh, mein Lieber, mein Lieber, du wirst aufwachen!"

Die Uhr, die irgendwo war, schlug drei. Varick, der aufrecht in seinem Bett saß und in die Dunkelheit starrte, sah wieder sein vertrautes Zimmer, das schwache Licht, das Silber, den Kleiderschrank, die Bilder. Er sprang zur Tür, die in den Flur führte, und versuchte es. Es war verriegelt, so wie er es zurückgelassen hatte. Ebenso wie die andere Tür, die in sein Wohnzimmer führte. Die Dunkelheit um ihn herum schien immer noch erfüllt vom Refrain der Worte, die er gerade gehört hatte – wo?

„Oh mein Lieber, mein Lieber, du wirst aufwachen!" Und ihre Augen – ihr Lächeln –

Varick legte sich wieder ins Bett, etwas benommen und von einem Zittern durchzogen. Ganz langsam richtete er sich auf, ganz langsam zog er die Bettwäsche hoch. Dann fluchte er feierlich in die Dunkelheit des Raumes hinein.

„Nun, von – allen – Träumen!" kommentierte er hilflos.

Im Laufe der Monate, nachdem Varick in die Stadt zurückgekehrt war und in den Trubel des Stadtlebens eintauchte, erinnerte er sich zunächst häufig, dann seltener und schließlich überhaupt nicht mehr an seinen Traum. Es war fast ein Jahr später, als er eines Nachts, halb wach, wieder den feinen, durchsichtigen, schirmartigen Schleier sah, der die Gegenstände in seinem Schlafzimmer verhüllte. Es war Winter und im großen Kamin brannte ein großes Holzscheit. Er hatte versucht, die Flammen mit Asche zu ersticken, bevor er zu Bett ging, aber das Holz war wieder in Flammen aufgegangen, und er hatte still gelegen, auf den Schlaf gewartet und gleichgültig ins Licht geblinzelt. Sein Schlafzimmer blickte auf die Fifth Avenue. Direkt gegenüber seinem Haus befand sich ein großes Clubhaus, und noch immer kamen und fuhren Taxis und Kutschen. Varick hörte das Knallen von Kutschentüren, das Klicken von Pferdehufen auf dem nassen Asphalt und beglückwünschte sich selbst zu dem gesunden Menschenverstand, der ihn dazu inspiriert hatte, um elf Uhr ins Bett zu gehen, anstatt sich der festlichen Menschenmenge auf der anderen Straßenseite anzuschließen. Er hatte den Vormittag pflichtbewusst im Büro seines Vaters verbracht und war dann mit einem wärmenden Sinn für Tugend aus der Stadt gerannt, um zu einem späten Mittagessen und einem Jägertest zu gehen. Heute Nacht war er angenehm müde, aber nicht schläfrig. Als der Vorhang vor seiner Umgebung fiel und er sah, wie sie unmerklich mit anderen verschmolzen, die ihnen völlig fremd waren, erinnerte er sich sofort an das ähnliche Erlebnis vom Jahr zuvor. Mit etwas schnellerem Herzschlag wartete er auf die weitere Entwicklung.

Ja, hier war die Altstadt mit ihren roten Dächern, ihrer malerischen Architektur, ihren überfüllten, engen, malerischen Gassen. Aber dieses Mal wirkten sie fast verlassen, und der ganze Ort wirkte trostlos und trostlos. Die Blätter waren von den Bäumen gefallen, die Blumen waren verblüht, die Weinreben, die die Wände der Hütte bedeckten, waren braun und kahl. Er spürte angenehm die Wärme eines mit Zobel gefütterten Mantels, den er vor zwei Jahren aus Russland mitgebracht hatte. Er steckte seine behandschuhten Hände tief in die geräumigen Taschen und ging weiter, wobei seine Augen beim Gehen nach rechts und links wanderten. Hin und wieder sah er eine massige männliche Gestalt in seltsamer Kleidung, die um eine Ecke bog oder ein Haus betrat. Ein- oder zweimal kam einer auf ihn zu und ging an ihm vorbei, aber niemand sah ihn an oder sagte etwas. Für einen Moment war Varick versucht, an eine der unwirtlich verschlossenen Türen zu klopfen und nach Informationen und Anweisungen zu fragen, aber etwas – er wusste nicht was – hielt ihn zurück.

Als sie auftauchte, war es so plötzlich wie zuvor, ohne Vorwarnung, ohne Annäherung. Sie war an seiner Seite – ein bezauberndes Ding aus Pelzen und weiblicher Schönheit, französischer Hutmacherei und Herzlichkeit. Sie streckte ihre kleine Hand mit einer feinen *Kameradschaft aus* .

„Ist es nicht schön?" fragte sie sofort. „Ich hatte Angst, dass ich zuerst ankommen und alleine warten müsste. Das hätte mir nicht gefallen."

Er hielt ihre Hand fest und blickte aus großer Höhe auf sie herab, während seine grauen Augen in ihre leuchteten.

„Dann wussten Sie, dass Sie kommen würden?" fragte er langsam.

„Erst in dem Moment, bevor ich kam. Aber als ich sah, wie der Vorhang fiel –"

„Hast du das auch gesehen? Ein dünnes, hauchdünnes Ding, wie eine Folie?"

"Ja."

Er verfiel für einen Moment in Schweigen, während er unbewusst seinen Schritt ihrem anpasste, und sie gingen so selbstverständlich zusammen weiter, als wäre es ein alltägliches Ereignis.

„Was hältst du davon?" fragte er schließlich.

Sie zuckte mit den Schultern mit einer kleinen fremden Geste, die ihm schon damals sehr charakteristisch vorkam.

„Ich weiß es nicht. Anfangs hat es mir – ein wenig – Angst gemacht. Jetzt ist es nicht mehr so, denn es endet immer und ich wache auf – zu Hause."

"Wo ist das?"

Sie zögerte.

„Vielleicht verrate ich es dir nicht " , sagte sie langsam. „Ich weiß nicht genau warum, aber vielleicht auch nicht. Vielleicht erfahren Sie es irgendwann. Ich glaube, Sie sind Amerikaner."

Er starrte sie eindringlich an und sein glattes Gesicht nahm einen seltsam feierlichen Ausdruck an.

„Sie wollen damit sagen", beharrte er, „dass das alles ein Traum ist – dass Sie und ich, anstatt hier zu sein, wirklich irgendwo schlafen, auf verschiedenen Kontinenten?"

Sie nickte.

„Wir schlafen", sagte sie, „auf verschiedenen Kontinenten, wie Sie sagen. Ob wir träumen oder ob unsere beiden Seelen einen kleinen Ausflug durch den Weltraum machen – oh, wer soll das sagen? Wer kann die wunderbaren Dinge, die dort geschehen, in Frage stellen." Diese wundervolle Welt? Ich habe aufgehört zu fragen, aber ich habe auch aufgehört, mich zu fürchten.

Er antwortete nicht. Irgendwo in seinem Hinterkopf lauerte die Angst – eine ganz bestimmte, lähmende Angst –, dass etwas mit ihm, ihr oder beiden nicht stimmte. Hatte er nicht, anstatt sich im neutralen Grenzland der Träume zu befinden, die tragische Grenze überschritten, die den normalen Geist vom Wahnsinnigen trennte? Sie schien seine Gedanken zu lesen und ihr Verhalten wurde sanfter, fast zärtlich.

„Ist es so furchtbar?" fragte sie leise. „Wir sind zusammen, wissen Sie, mein Freund. Wäre es nicht schlimmer, alleine herumzuwandern?"

Mit großer Anstrengung riss er sich zusammen.

„Unendlich", sagte er mit erfreulicher Überzeugung. „Und du bist – du bist ein Trumpf, weißt du. Ich schäme mich, mich wie ein Idiot zu benehmen . Wenn du Geduld mit mir hast, werde ich von nun an versuchen, mehr wie ein Mann und weniger wie ein Mann zu sein ärgerlicher Geist.

Sie klatschte in die Hände.

"Hauptstadt!" Sie weinte. „Ich wusste, dass du – wie heißt das ? – ach ja – dich *anpassen* würdest. Und das nur für kurze Zeit. Du wirst sehr bald aufwachen. Aber du solltest es genießen, solange es anhält. Es gibt viele amüsante Dinge daran alle."

Varick überlegte grimmig, dass es die „amüsanten Dinge" waren, die ihn verunsicherten, aber er behielt sein Spiegelbild für sich und lächelte sonnig auf sie herab.

„Zum Beispiel", fuhr sie fort, „da wir hier wirklich nicht existieren und für diese Menschen nicht sichtbar sind, können wir nichts tun, was sie in irgendeiner Weise beeinflusst oder ihre Aufmerksamkeit erregt. Schauen Sie sich das an!"

Sie kamen an einem kleinen Haus vorbei, dessen Vordertür, die zur Straße führte, offen stand. Drinnen konnten sie eine beleibte Frau sehen, die an einer Wanne stand und eifrig wusch, und ein kleines Mädchen, das heißes Wasser aus einem urigen Wasserkocher in eine große Pfanne voller schmutzigem blauen Geschirr goss. Die Pfanne stand nahe der Kante eines Holztisches, und das kleine Mädchen saß auf einem Hocker, der gerade hoch genug war, um mit ihrer Arbeit auf gleicher Höhe zu sein.

„Sie sind sicher eine gute Sportlerin", murmelte die Frau. „Sonst täuscht dich dein Aussehen", fügte sie mit einem schelmischen Blick nach oben hinzu. „Dennoch mit aller Kraft schaffst du es nicht, den Topf mit dem Geschirr vom Tisch zu stoßen."

Ohne ein Wort ging Varick durch die Tür, betrat das Haus und trat an den Tisch. Sie folgte ihm genau. Er versuchte, die Pfanne mit seinen kräftigen Händen zu ergreifen – und stellte zu seinem Entsetzen fest, dass sie nichts enthielt. Die Pfanne blieb auf dem Tisch stehen und das Kind wusch nun unbekümmert das blaue Geschirr ab und summte dabei ein kleines Volkslied. Als ob sie die Situation noch ironischer machen wollte, hob die kleine Arbeiterin leise die Pfanne an und stellte sie in eine Position, die sie für bequemer hielt. Dies war die letzte Berührung. Mit einem unterdrückten Murmeln intensiver Verzweiflung setzte Varick seine ganze Kraft in höchste Anstrengung ein. Die Pfanne fiel um, Wasser und zerbrochenes blaues Geschirr bedeckten den Boden. Er sprang zurück und stand entsetzt da und blickte auf das Chaos, das er angerichtet hatte.

„Oh, mein Gott! Oh, mein Gott!" murmelte die Stimme an seiner Seite. „Ich hätte nie gedacht, dass du es schaffen könntest, sonst hätte ich es nicht vorgeschlagen. Oh, oh, der arme kleine Schatz!"

Denn die beleibte Frau an der Wanne hatte hastig ihre Arbeit fallen lassen, durchquerte den Raum und züchtigte lautstark das unglückliche Kind, das ihrer Meinung nach für den Unfug verantwortlich war. Varick packte sie am Arm.

„Oh, ich sage", rief er, „das geht überhaupt nicht! Sie hat es nicht getan, es war alles meine Schuld. Ich werde für die Dinge bezahlen. Hier – hier –"

Während er sprach, kramte er in seinen Taschen und zog mehrere Goldstücke heraus. Aber der dicke Arm der alten Frau leistete seinem Griff keinen Widerstand, und die Goldstücke existierten nicht für sie. Es war offensichtlich, dass sie weder ihn noch sie noch die Frau bei ihm sah. Mit schonungsloser Hand schlug sie auf das Kind ein, dessen Stimme sich in schrilles Wehklagen steigerte. Varick und sein schuldbewusster Gefährte kroch mit einem Gefühl großer Hilflosigkeit aus dem Zimmer, und er atmete tief erleichtert auf, als er sich wiederfand – im Bett, mit einer kalten Februarsonne, die durch seine Fenster schien, und dem treuen Parker an seiner Seite mit der beruhigenden Ankündigung, dass sein Bad fertig sei.

Einer von Varicks treuen Begleitern bei Lager- und Jagdausflügen war ein angesehener New Yorker Spezialist für Nervenkrankheiten. Ein oder zwei

Tage später fand es Varick bequem, in das Büro dieses Mannes zu kommen und ihm ganz beiläufig die Geschichte seiner Träume zu erzählen, wobei er ihr verschiedene leichte Akzente gab, von denen er sich liebevoll vorstellte, dass sie die Angst verbargen, die hinter der Erzählung steckte. „Wiederkehrende Träume", erfuhr er dann, seien eine sehr häufige menschliche Erfahrung und verdienten nicht viel Aufmerksamkeit.

„Denk nicht darüber nach", sagte sein Freund. „Natürlich, wenn Sie sich darüber Sorgen machen, werden Sie die ganze Zeit davon träumen. Schicken Sie mir diese ‚persönlich geführte Tour', wenn sie Ihnen nicht gefällt. Es macht mir nichts aus, hübsche Frauen zu treffen, die ‚Träume' sind, „Ob im Fleisch oder außerhalb."

Als die Zeit verging und der Traum nicht zurückkehrte, beschloss Varick, dass es ihm auch nichts ausmachen würde. Er dachte viel an sie; er sehnte sich sogar nach ihr. Schließlich versuchte er absichtlich, den Traum hervorzurufen, indem er früh zu Bett ging, sich in die richtige Geisteshaltung brachte, wie er es sich vorgestellt hatte, und mit großen Augen in sein schwach beleuchtetes Zimmer starrte. Aber nur einmal in achtzehn Monaten war ihm auch nur ein Teilerfolg gelungen. Dann sah er den Dunst, sah die vertrauten Straßen, sah sie weit, weit vor sich, und als er weitereilte, sah er, wie sie um eine scharfe Kurve bog, erhaschte einen Blick zurück aus ihren lieben braunen Augen, als sie verschwand – und erwachte! In den folgenden Monaten dachte er viel über diesen Look nach. Er war ein bescheidener Jugendlicher, der sich seiner eigenen Reize auffallend unbewusst war; aber der beredte Blick hatte ihm ein Gefühl der Sehnsucht vermittelt – von mehr als Sehnsucht.

Es verging eine ganze Weile, bis sie wieder kam. Da war zunächst einmal der unvermeidliche filmische Effekt, aber in der Vision, die darauf folgte, befand er sich nicht in der kleinen Stadt, sondern in den Tiefen eines großen alten Waldes und litt schreckliche Qualen. Irgendein Unfall hatte sich ereignet – er wusste nicht, was. Er wusste nur, dass er erschossen wurde, litt und starb! Er stöhnte, und während er sich vor Schmerzen krümmte, sah er sie neben sich auf der Grasnarbe sitzen. Er blickte sie mit glasigen Augen an. Ihre Braunen blickten mit großer Liebe und tiefem Mitleid in seine zurück.

„Oh mein Lieber", flüsterte sie, „ich weiß, es kommt dir furchtbar schwer vor.
Und weil du denkst, dass du leidest, ist es fast so schwer für dich, als ob du es getan hättest. Aber du bist nicht wirklich verletzt, weißt du. Du bist es." nicht leiden. Es ist alles im Traum. Du schläfst tief und fest, weit, weit weg."

Er zwang sich zu einem sardonischen Lachen aus seiner steifen Kehle.

„Diesmal nicht“, schaffte er es zu artikulieren. „Was auch immer die anderen gewesen sein mögen, das ist kein Traum. Das ist die Realität – und der Tod!“

Mit einer schönen, streichelnden Berührung strich sie ihm das Haar aus der feuchten Stirn. Er spürte, wie ihre Finger zitterten.

„Nein“, sagte sie. „Es ist ein Traum und fast vorbei.“

„Wirst du dann bis zum Ende bei mir bleiben?“, keuchte er.

„Ja“, versprach sie. „Versuche es noch einen Moment länger zu ertragen. Mut, liebes Herz! Denn schon wachst du auf – du wachst auf – *du – bist – wach!*“

Er war es, und es war Tageslicht, und um ihn herum befanden sich die vertrauten Gegenstände seines eigenen Zimmers. Er wischte sich die Stirn ab, die kalt und nass war. Er fühlte sich völlig erschöpft.

„Bleib bei mir bis zum Ende!“

Wenn sie es nur tun würde! Wenn er sie finden könnte – sie in dieser warmen, menschlichen Welt finden, weg von dem grässlichen Grenzland, in dem sie sich beide kennengelernt haben. Denn in dieser Stunde wusste er, dass er – was liebte? Eine Frau oder ein Geist? Ein Geschöpf dieser Welt oder eine Fantasie der Nacht? Wo auch immer sie war, was auch immer sie war, er liebte sie und er wollte sie. Und in dieser Stunde seiner Qual hatten ihre Augen verraten, dass sie ihn liebte und wollte.

Es dauerte acht Monate, bis sie sich wieder trafen. Varicks Freunde dachten, er hätte sich verändert, und das war möglicherweise auch der Fall. Aus dem unbekümmerten Jungen von achtundzwanzig Jahren war ein Mann geworden, ein mitfühlender, ernster, nachdenklicher Mann, der sich immer noch für Sport und das Leben in der Natur interessierte, sich aber vor allem einer Suche widmete, die ihn bis ins Unendliche geführt hatte. Art und Weise europäische Städte. Eines Nachts schlief er in einem davon (leider nicht *in* diesem – das hatte er nicht gefunden), als der Schleier, der jetzt so herzlich willkommen war, zum vierten Mal fiel.

Er befand sich in einem exquisiten italienischen Garten, einem Ort voller Duft, Maibrise, strahlendem Sonnenschein und strahlend blauem Himmel. Als er es betrat , sah er, wie sie ihm entgegenkam, und er ging auf sie zu, um sie mit rasendem Puls und einem Leuchten in seinen Augen zu begrüßen, das außer ihren Augen noch nie jemand dort gesehen hatte. Selbst in diesem überragenden Moment beeindruckte ihn die wunderbar *reale* Atmosphäre des Ganzen . Beim Gehen hörte er einen trockenen Zweig unter seinem Fuß knacken und erkannte die unterschiedlichen Düfte der Blumen um ihn herum – die schwere Süße einiger verspäteter Orangenblüten, den zarten Atem des Oleanders, den erinnernden Duft der Rose. Dann trafen sich ihre

Hände und ihre Blicke, und jeder atmete tief durch, und keiner sprach einen Moment lang. Als Varick Worte fand , waren sie sehr alltäglich.

„Oh, meine Liebe, meine Liebe!" er sagte. Und als sie ihnen mit plötzlichen Tränen in den braunen Augen zuhörte, schien sie in ihnen die größte Beredsamkeit der menschlichen Sprache zu finden.

„Es ist so lange her, so lange!" Er hat tief eingeatmet. „Ich begann zu glauben, dass ich dich nie wieder sehen würde."

Sie trieben Seite an Seite einen gewundenen, von Rosenhecken gesäumten Pfad entlang, vorbei an einer alten Sonnenuhr, vorbei an einem triumphierenden Pfau, der vor seinem sanften kleinen Gefährten stolzierte, vorbei an einem Brunnen, dessen Gischt sie willkommen hieß. Sie ging mit dem gewohnten Schritt einer Person voran, die den Ort kannte und liebte. Sie kamen zu einem Marmorsitz, der halb von einem Gewirr aus Weinreben und scharlachroten Blüten verdeckt und von überhängenden Oleanderzweigen geschützt war; Dort setzte sie sich und schob ihre Röcke beiseite, damit er dicht bei ihr sitzen konnte. Ihre braunen Augen, die sich nun zu seinen hungrigen grauen Augen hoben, blickten ihn mit dem sanften Glanz an, den er manchmal in den Augen eines glücklichen Kindes gesehen hatte.

„Hättest du mich vermissen sollen", fragte sie leise, „wenn du mich nie wieder gesehen hättest? Hätte es dir leid tun sollen?"

Er holte tief Luft.

„Ich liebe dich", sagte er. „Was auch immer du bist, woher du kommst, was auch immer das alles bedeutet, ich liebe dich. Ich verstehe nichts anderes, aber ich weiß das. Es ist das einzig Sichere, das einzig Wahre in diesem ganzen Wirrwarr."

Wortlos legte sie ihre Hand in seine. Er konnte deutlich die kühle, weiche und exquisite Textur spüren. Mit einem Freudenschrei zog er sie zu sich, aber sie hielt sich zurück, der Ausdruck ihres schönen Gesichts milderte die Wirkung des Rückstoßes.

„Noch nicht, Liebes", sagte sie sanft. „Wir müssen sehr vorsichtig sein. Du verstehst es nicht. Wenn du etwas Abruptes oder Plötzliches tust, wirst du aufwachen – und dann werden wir wieder getrennt sein, wer weiß, wie lange!"

Als sie sprach, standen ihr Tränen in den Augen. Als er sie sah, vergrub er sein Gesicht in seinen Händen und stöhnte, während das Gefühl seiner völligen Hilflosigkeit ihn wie eine Flut überkam.

"Gott!" er brach mit plötzlicher Heftigkeit aus. „Was für ein Teufelstrick ist das? Es ist kein Traum. Es kann kein Traum sein. Hier sind wir, zwei

Menschen in einer menschlichen Welt – ich schwöre es. Riechen Sie diesen Oleander. Hören Sie, wie dieser Vogel singt. Hören Sie Rinnsal dieses Brunnens. Und doch sagst du mir, dass wir schlafen!"

Sie legte ihren Kopf in die Armbeuge und ruhte auf der mit Efeu bedeckten Rückenlehne des niedrigen Sitzes. Als er sich über sie beugte, sah er, dass ihre Wangen feucht waren. Der Anblick machte ihn verzweifelt.

"Nicht!" er weinte heiser. „Tu das nicht! Sag mir, was von mir erwartet wird. Was auch immer es ist, egal wie schwer es ist oder wie lange es dauert, ich werde es tun."

Sie antwortete nicht, machte aber eine schnelle kleine Geste mit der Hand, die ihm am nächsten war. Es bedeutete Hoffnungslosigkeit, fast Verzweiflung. Es begann dunkel zu werden, und der frühe Mond hing blass am Himmel. Irgendwo in den dichten Büschen in ihrer Nähe begann eine Nachtigall zu singen. Für Varicks aufgeregte Fantasie lag in den sanften Tönen ein herzzerreißendes Pathos. Sie und er schienen schon lange, stundenlang, zusammen gewesen zu sein. Er neigte seinen Kopf, bis er ihren berührte.

"Aber du liebst mich?" er hat gefragt. Sie bewegte sich ein wenig und wischte sich mit einem absurd kleinen Leinenquadrat mit Spitzenborte über die Augen. Er bemerkte, dass an einer Ecke eine gestickte Krone angebracht war.

„Ja", sagte sie ganz leise, „ich liebe dich."

Ihr Ton, während sie sprach, drückte eine so völlige Hoffnungslosigkeit aus, dass ihm der volle Sinn ihrer Worte nicht sofort klar wurde. Als es langsam und sanft geschah, sprach sie wieder.

„Aber oh, Liebster, Liebster!" Sie brach aus: „Warum lieben wir? Wohin kann uns die Liebe führen – zwei arme Schatten in einer Traumwelt, in der wir uns allein treffen können?"

Er schwieg. Irgendwie schien es, als hätte er nichts sagen können, obwohl ihm später viele Worte einfielen, mit denen er diese pulsierende Stille hätte füllen können. Die Dämmerung um sie herum vertiefte sich. Draußen im Dickicht trällerte die Nachtigall noch immer leidenschaftlich, und jetzt begannen die Sterne über ihren Köpfen hervorzuscheinen, noch blass vor dem warmen Blau des Himmels. Varick, der steif auf der alten Marmorbank saß, bemerkte ein seltsames Schwindelgefühl und biss die Zähne zusammen, mit der plötzlichen Entschlossenheit, sich davon nichts anmerken zu lassen. Sie war aufgestanden und ging direkt hinter ihnen zwischen den Rosenbüschen umher. Kurz bevor er sie vermisste , war sie zurückgekehrt, in der Hand hielt sie eine wunderschöne lachsfarbene Rose mit einem flammenfarbenen, zerknitterten Herzen. So etwas hatte er noch nie gesehen.

Als sie es in seine Nähe hielt, verströmte es einen herrlich erinnernden Duft – einen Duft, der von alten Freuden, alten Erinnerungen und Lieben aus längst vergangenen Zeiten zu atmen schien.

„Ist es nicht schön?" Sie sagte. „Es heißt *Toinnette* . Nimm es, mein Lieber, und behalte es – zur Erinnerung." Dann, als er es ihr entgegennahm, weiteten sich ihre Augen in einem plötzlichen Anflug von Angst und Verständnis.

„Oh, du verlässt mich!" Sie sagte. „Du wachst auf. Liebste, Liebste, bleib bei mir!"

Die Worte und der Blick, der sie begleitete, veranlassten ihn, plötzlich zu handeln. Er sprang auf, fing sie in seinen Armen, hielt sie fest, zerdrückte sie dort, küsste ihre Augen, ihr Haar, ihren wunderbar weichen Mund.

"Ich werde dich nicht verlassen!" er schwärmte. „Ich schwöre, ich werde es nicht tun! Ich trotze dem Teufel, der dahintersteckt! Ich schwöre –" Aber auch sie sprach jetzt, und ihre Worte drangen wie aus weiter, weiter Ferne an seine Ohren, schluchzend und mit einem Knacken im Atem, aber deutlich.

"Ach!" rief sie, „Du hast alles ruiniert! Du hast alles ruiniert! Du wirst mich nie wieder sehen. Liebste, Liebste –"

Er wachte auf. Sein Herz raste bis zum Ersticken und er lag erschöpft auf seinem Kissen. Es war ein dunkler Morgen und ein kalter Regen prasselte kläglich gegen die Fensterscheiben. Vorbei waren die Traumfrau, der italienische Garten, der Gesang der Nachtigall, der Blumenduft. Wie eindeutig war dieser Duft gewesen! Er konnte es noch überall um sich herum riechen. Es war wie – wie war es? Plötzlich verspürte er ein ungewöhnliches Gefühl in seiner Hand, die auf der Bettdecke lag. Er warf einen Blick darauf und setzte sich dann mit einem plötzlichen Ruck auf, der ihn fast aus dem Gleichgewicht brachte. In seiner nach oben gerichteten Handfläche befand sich eine Rose – eine lachsfarbene Rose, leicht zerdrückt, aber frisch und duftend, mit einem flammenfarbenen, zerknitterten Herzen. Varick starrte darauf, schloss die Augen, öffnete sie und starrte erneut. Es war immer noch da, und als Varick es entdeckte, spürte er ein Kribbeln auf der Kopfhaut und ein Frösteln entlang der Wirbelsäule. Sein braunes Gesicht wurde weiß.

„Na, bei allen Göttern!" Er hat tief eingeatmet. „Wie ist das Ding hierher gekommen?"

Niemand hat es ihm jemals gesagt. Möglicherweise konnte niemand außer der Traumfrau, und er sah sie nie wieder; Das Geheimnis war also unergründlich. Er steckte die Rose zwischen die Blätter der Bibel, die ihm seine Mutter geschenkt hatte, als er aufs College ging, und die er seitdem bis zum Morgen nicht mehr geöffnet hatte; und die Rose wurde im Laufe der

Jahre trocken und verblühte, ganz wie es bei jeder anderen Rose der Fall gewesen wäre.

Varick stattete seinem Arztfreund einen zweiten und ganz beiläufigen Besuch ab, der ihn grob verspottete und ihn zu einer langen Jagdreise drängte. Er ging und war außerordentlich erfolgreich und kam mit beträchtlichem Großwild und einem satten, braunen Teint zurück. Als der Arzt ihn fragte, ob er immer noch aus seinem unschuldigen Schlaf erwachte und seine kleinen Hände voller hübscher Blumen vorfand, fluchte Varick natürlich und gesund, wurde ganz rot und schlug dem Arzt spielerisch mit einer Wucht zwischen die Schultern, dass er ihm in die Augen blickte -Brille von seiner Nase. Aber trotz all dieser beruhigenden Vorfälle hat Varick nie geheiratet; und er bleibt zutiefst interessiert an der Quelle dieser Rose. Er wäre jedem sehr dankbar , der ihm sagen könnte, woher das Ding kommt. Dem kam er am nächsten, als ein Mann, der sich gut mit Blumen auskannte, einmal auf Varicks Bitte hin die verblühte Rose inspizierte und sich die Beschreibung anhörte, wie sie im frischen Zustand aussah.

„Na ja", sagte er, „ich kenne diese Sorte. Sie wächst in Italien, aber ich glaube nicht, dass sie hier bekannt ist. Sie nennen sie *Toinnette !*"

II

DER EXORZISMUS VON LILY BELL

Es ist durchaus möglich, dass nicht einmal Raymond Mortimer Prescott selbst den Tag oder die Stunde genau hätte sagen können, als Lily Bell zum ersten Mal in sein Leben trat; Und da Raymond Mortimer Prescott nicht nur die einzige Person war, die das Privileg hatte, Miss Bells Gesellschaft zu genießen, sondern auch die einzige Person war, die überhaupt einen Blick auf ihre Reize werfen durfte, schien es, dass anderswo gerichtete Nachforschungen sich als erfolglos erweisen würden. Darüber hinaus war Raymond selbst nicht kommunikativ; Er verfügte über die Zurückhaltung eines Einzelkindes, dessen frühe Konversationsbemühungen von Eltern, die selbstsüchtig in „erwachsene" Interessen versunken waren, entmutigt worden waren und dessen Zuhause zu weit von anderen Landhäusern entfernt war, um Spielkameraden anzulocken.

Seine Mutter war eine Nervenkranke, und Raymond hatte fast schon als Kind begriffen, dass seine Abwesenheit für sie eindeutiger zu sein schien als jedes andere Mittel gegen Neurasthenie. Sein Vater war ein vielbeschäftigter Mann, der wochenlang von zu Hause abwesend war und die Verbannung mit einer fröhlichen Fröhlichkeit ertrug, die nicht immer seine Stimmung kennzeichnete, wenn er sich herabließ, sich dem Familienkreis anzuschließen. Gelegentlich verspürte der ältere Prescott Gewissensbisse, wenn er seinen inzwischen zehnjährigen Sohn ansah, der einen überaus gesunden Körper besaß und vermutlich die sozialen Ambitionen heranwachsender Amerikaner besaß. In solchen Momenten der Erleuchtung dachte der Vater unruhig darüber nach, dass „der kleine Bettler eine schrecklich einsame Zeit haben muss"; Dann betrachtete er die erlesene Gesellschaft von Haustieren des kleinen Bettlers, blickte auf den Damm, den er mit seinen eigenen fleißigen Händen gebaut hatte, begutachtete anerkennend seine Fähigkeiten im Schwimmloch und mit seinen Angelruten und bemerkte sogar, wie er die seines Erben gewissenhaft beurteilte Aufgrund seines Vermögen, der selbstbewussten Qualität der Sommersprossen auf seiner Nase und des Sonnenbrands auf seinem gesamten Gesicht entschied dieser oberflächliche amerikanische Elternteil leicht, dass sich in den nächsten ein oder zwei Jahren nichts ändern musste. Es war selbst einem gewissenhaften Gewissen unmöglich, aus Raymond Mortimer einen jugendlichen Märtyrer zu machen. Nicht die tollwütigste New-England-Marke konnte das schaffen, und Raymond Mortimer Prescott Sr. hatte mit Sicherheit keinen solchen Besitz. Die Haushälterin, Miss Greene, eine ehemalige ausgebildete Krankenschwester, die den Jungen im

Säuglingsalter betreute, kümmerte sich um seine Kleidung und seine Mahlzeiten. Trotz seiner unerschütterlichen Entschlossenheit war es ihr auch gelungen, ihm äußerst elementare Buchstaben- und Zahlenkenntnisse anzueignen. Darüber hinaus war er arrogant unwissend, sogar bis zu dem Punkt, dass er sich seiner Unwissenheit nicht bewusst war. Er hatte seine Hunde, seine Ruten und Angelgeräte, sein Werkzeughaus, unbegrenzt frische Luft, Sonnenschein und vollkommene Gesundheit; außerdem hatte er Lily Bell .

Wie lange er das Vergnügen der Gesellschaft dieses jungen Menschen unbeobachtet von seinen Älteren genossen hat, ist eine Frage der Vermutung; Es mag durchaus lange her sein, denn die Neugier der Familie kümmerte sich nie um Raymond Mortimer, es sei denn, er war nervig aufdringlich oder ungehorsam. Aber die ersten häuslichen Aufzeichnungen über ihre Ankunft, die selbstverständlich von Miss Greene geführt wurden, deren einsames Jungfernherz der häusliche Zufluchtsort des Jungen war, gingen auf einen Tag im Juni zurück, als er fünf Jahre alt war. Er war in seinem Kinderzimmer und sie in einem Nebenzimmer, dessen Verbindungstür offen stand. Sie hatte ihn, wie sie vermutete, schon lange im Kinderzimmer mit sich selbst reden hören. Schließlich klang seine Stimme kindisch verärgert, und sie hörte seine Worte deutlich .

„Aber so wird es nicht richtig sein", sagte er ernst. „Sehen Sie denn nicht, dass das nicht richtig sein wird? Es wird nichts geben, was die Spitze halten könnte."

Es entstand eine lange Stille, in deren Mitte sich Miss Greene vorsichtig zur Tür des Kinderzimmers schlich und hineinschaute. Der Junge kniete auf dem Boden, ein ehrgeiziges Gebilde aus Blöcken vor sich, das er offensichtlich zurückgezogen hatte, um es zu betrachten. Sein Blick war jedoch davon abgewandt und sein Kopf war ein wenig nach links geneigt. Er wirkte sehr aufmerksam und verärgert. Er schien einem längeren Streit zuzuhören.

„In Ordnung", sagte er schließlich. „Ich werde es tun. Aber es ist nicht richtig, und es wird dir leid tun, wenn du es fallen siehst." Er ordnete die Blockstruktur eilig neu und fügte den zitternd emporragenden Turm auf der linken Seite hinzu. Getreu seiner Vorhersage stürzte es krachend ein und zerstörte bei seinem Einsturz auch andere Teile des Gebäudes. Der Junge wandte seinem unsichtbaren Begleiter ein Gesicht zu, in dem sich Triumph und Abscheu gleichermaßen vermischten. "Jetzt dort!" er verspottete; „Habe ich es dir nicht gesagt, Lily Bell? Aber du wirst nie glauben , was ich sage — du bist wie Mädchen!"

Miss Greene zog sich hastig zurück und blickte voller ehrfürchtiger Überraschung zur Decke. Aus irgendeinem Grund, den sie später nicht erklären konnte, stellte sie dem Jungen keine Fragen; Doch danach beobachtete sie ihn genauer und stellte fest, dass Miss Bell, wie weit das Datum von Miss Bells erstem Erscheinen auch noch entfernt war, nun fest als täglicher Gast etabliert war – eine geehrte Person, deren Einfluss zwar mild, aber nahezu grenzenlos war und deren sanfte Geheiße Ihnen wurde in der Regel ohne Zögern Folge geleistet. Gelegentlich, wie im Fall der Blockaden, bekämpfte Raymond Mortimer sie; ein- oder zweimal gehorchte er ihnen nicht. Aber beim zweiten dieser Gelegenheiten schlenderte er traurig durch den Tag und sah aus, als wäre er im Universum treibend; und die aufmerksame Miss Greene bemerkte, dass der folgende Tag anstrengend war und mit der eifrigen Erfüllung der unausgesprochenen Wünsche von Lily Bell beschäftigt war, die offensichtlich auf seine Seite zurückgekehrt war. Immer wieder tat das Kind Dinge, die es offensichtlich am liebsten nicht getan hätte. Die Haushälterin sah mit tiefem, aber stillem Interesse zu, bis sie ihn vielleicht zum zehnten Mal sagen hörte: „Nun, es gefällt mir nicht , aber ich werde es tun, wenn Sie es wirklich wollen." Dann sprach sie, aber so beiläufig, dass der Junge, der in sein Spiel vertieft war, in der Frage nichts Ungewöhnliches empfand.

„Mit wem sprichst du, Raymond?" fragte sie, während sie den Absatz des Strumpfs, den sie strickte, abgerundet hatte. Er antwortete geistesabwesend, ohne den Blick von seiner Arbeit abzuwenden.

„An Lily Bell", sagte er.

Miss Greene strickte einen Moment schweigend. Dann: „Wo ist sie?" Sie fragte.

„Warum, sie ist hier!" sagte das Kind. „Direkt neben mir!"

Miss Greene zögerte und wagte den Schritt. „Ich sehe sie nicht", bemerkte sie immer noch beiläufig.

Diesmal hob der Junge den Kopf und sah sie an. In seinem Gesicht lag die leichte Ungeduld von jemandem, der mit einem minderwertigen Verständnis zu tun hat.

„Natürlich nicht", sagte er nachlässig. „Das kannst du nicht. Niemand außer mir kann Lily Bell sehen ."

Miss Greene fühlte sich brüskiert, hielt aber durch.

„Sie scheint heute nicht sehr gut zu spielen", riskierte sie.

Er warf ihr einen besorgten Blick zu.

nicht sehr. ‚Meistens ist sie sehr, sehr nett, aber heute ist sie irgendwie sauer „ Ich verstöre sie, indem ich so viel rede."

Miss Greene akzeptierte den subtilen Hinweis und schwieg. Von diesem Zeitpunkt an vertraute Raymond Mortimer jedoch darauf, dass sie Lily Bell als anerkannte Persönlichkeit akzeptierte, und bezog sich freimütig auf sie.

„Lily Bell möchte, dass wir morgen ein Picknick machen", verkündete er eines Tages, als er sechs Jahre alt war. „Sie sagt, wir gehen auf die Insel unter der Weide und essen Eier- Sandwiches und Ginger-Ale zum Mittagessen."

Miss Greene führte das Programm fröhlich durch, denn das Kind stellte ungewöhnlich wenige Wünsche. Thomas, der Gärtner, sollte sie hinüberrudern, und Miss Greene, eine stämmige Person, die sich nur schwer bewegen konnte, setzte sich mit einem Seufzer der Erleichterung auf den Bug des Bootes und zog Raymond Mortimer neben sich herab. Er befreite sich aus ihrem Griff und kam mit gespreizten kräftigen Beinen und entschlossenen braunen Augen auf die Beine.

„Sie können bitte nicht dort sitzen, Miss Greene", sagte er fast streng. „Lily Bell möchte bei mir sitzen. Du kannst den anderen Platz einnehmen."

Diesmal rebellierte die gutmütige Miss Greene.

„Ich werde so etwas nicht tun", verkündete sie bestimmt, „ich werde herumflattern und das Boot umwerfen und uns vielleicht alle ertränken. Du und deine Lily Bell könnt zusammen in der Mitte sitzen und mich in Ruhe lassen."

Ein Ausdruck der Hoffnung huschte über das Gesicht des Kindes. „Geht das, Lily Bell?" fragte er eifrig. Die Antwort war offensichtlich ungünstig, denn ihm fiel die Kinnlade herunter und er errötete. „Sie sagt, dass das nicht der Fall sein wird", verkündete er kläglich. „Es tut mir schrecklich leid, Miss Greene, aber wir müssen Sie stören ."

Wenn Miss Lily Bell solche Forderungen gestellt hätte, hätte die Haushälterin weiter rebelliert. Ohnehin hegte sie ernsthafte Zweifel an der Weisheit, einen so gefährlichen Präzedenzfall wie die Befolgung der absurden Bitte zu schaffen. Aber Raymond Mortimers Kummer war so echt und die Freude am Picknick beruhte so offensichtlich auf ihrer Kapitulation, dass sie es schaffte, wenn auch langsam und mit Stöhnen und düsteren Vorhersagen. Das Gesicht des Jungen strahlte, als er sich bei ihr bedankte.

„Ich hatte solche Angst , Lily Bell könnte böse sein", vertraute er ihr an, während er ruhig auf seiner Hälfte des Hecksitzes saß. „Aber es geht ihr gut, und wir werden eine schöne Zeit haben."

Diese Vorhersage wurde durch die Ereignisse gerechtfertigt, denn der Anlass war großartig und Lily Bells Anteil daran war so beharrlich und überzeugend, dass Miss Greene zeitweise tatsächlich an der Täuschung über die Anwesenheit des kleinen Mädchens teilnahm. Darüber hinaus hatte ihr gutmütiges Nachgeben in der Frage des Sitzplatzes sie offensichtlich der Gunst von Miss Bell empfohlen, und diese junge Person zeigte die erlesenste Auswahl ihrer besten Manieren, um dem erwachsenen Gast Ehre zu erweisen.

„Lily Bell möchte, dass Sie diesen Platz haben, Miss Greene, weil er im Schatten liegt und eine schöne Rückenlehne hat", sagte Raymond erfreut, fast sobald sie die Insel erreicht hatten; und Miss Greene ließ sich mit einem zufriedenen Seufzer darauf ein, als ihr klar wurde, dass Miss Bell nicht die Absicht hatte, alle Spitzenplätze an sich zu reißen, wie ihre Beharrlichkeit früher am Tag einem misstrauischen Geist vielleicht nahegelegt hätte. Während sie dort abwechselnd las und döste, lauschte sie nebenbei dem Gesprächsfluss ihres kleinen Schützlings, der nur durch gelegentliche Opfergaben an sie unterbrochen wurde, die meist von Miss Bell vorgeschlagen wurden und von der Elritze, die er mit einem Wurm gefangen hatte, bis hin zu einer … gebogene Anstecknadel zu den erlesensten Leckerbissen des Mittagessens. Es gab zwei Gläser für das Ginger Ale. Miss Greene hatte das eine und Lily Bell das andere. Raymond Mortimer trank galant aus der Flasche.

„Warum benutzt du nicht Lily Bells Glas?" war Miss Greenes ganz natürliche Frage. Es scheint tatsächlich so, als hätten zwei solch kongeniale Seelen die engere Verbindung, die dieser Vorschlag mit sich brachte, begrüßt, doch Raymond Mortimer zerstreute diese Illusion umgehend.

„Sie will nicht", antwortete er düster.

In anderen Einzelheiten jedoch war Miss Lily Bell von einnehmender Freundlichkeit und einem nachgiebigen Wesen von äußerster Korrektheit. Immer wieder gelang es Raymond Mortimer, sie durch die Kraft und Beredsamkeit seiner Argumente von der Überlegenheit seiner Ideen zum Festungsbau, zur Fischerei und zu anderen Beschäftigungen zu überzeugen, die den Tag erfüllten. Miss Greenes Herz sehnte sich nach dem Jungen, als er in der Mittagshitze zu ihr kam und sich bequem an ihre Seite kuschelte, mit schweren Augen und müde nach seinen Anstrengungen.

„Wo ist Lily Bell?" fragte sie, strich ihm das feuchte Haar aus der Stirn und fragte sich, ob sie auch das Privileg hatte, die unsichtbare Anwesenheit des Ehrengastes zu genießen.

„Sie ist da hinten unter dem Baum und macht ein Nickerchen", murmelte der Junge schläfrig und zeigte mit seiner schmutzigen kleinen Hand auf die genaue Stelle. „Sie hat mir gesagt, ich solle eine Weile bei dir bleiben."

Miss Greene lächelte, tief berührt von dieser süßen Mischung aus Schüchternheit und Nachdenklichkeit auf Seiten des Mädchens.

„Wie nennt dich Lily Bell?" fragte sie interessiert. Der Junge kuschelte sich neben sie ins Gras und legte seinen Kopf bequem in ihren Schoß.

„Sie weiß, dass ich Raymond Mortimer heiße", sagte er schläfrig, „aber sie nennt mich kurz ‚Bill'." Dann, noch schläfriger: „Ich habe sie darum gebeten", fügte er hinzu. Einen Augenblick später fielen ihm die Augen zu, und auch er befand sich im Land Nod, wohin Lily Bell ihm glücklich vorausgegangen war.

Während der nächsten vier Jahre hatte Miss Greene das Privileg, viele Tage in der Gesellschaft von Miss Lily Bell zu verbringen, und die Bekanntschaft zwischen ihnen entwickelte sich zu einer angenehmen Freundschaft. Zu ihrer großen Zufriedenheit empfand sie Miss Bells Namen als eine Erinnerung an jene Momente der Spannung, die in der Beziehung zwischen Alt und Jung unvermeidlich sind.

„Ich glaube nicht, dass Lily Bell das gefallen würde", begann sie zögernd zu sagen, als zwischen Raymond und ihr Meinungsverschiedenheiten über sein Verhalten aufkamen. „Ich glaube, *sie* mag einen Gentleman-Jungen."

Sofern ihr kleiner Schützling nicht in einer sehr hartnäckigen Stimmung war, setzte sich die Erinnerung normalerweise durch, und sie war von immensem Wert, um die frühen Vorurteile des kleinen Jungen gegenüber Seife und Wasser zu überwinden.

„Ist Lily Bell nicht sauber?" Sie hatte sich eines Tages erkundigt, als er acht Jahre alt war, und ihm wurde erneut die Notwendigkeit des täglichen Tubings betont.

Raymond gab zu, dass sie es war.

„Wenn sie zum ersten Mal kommt, ist sie es", fügte er hinzu. „Natürlich wird sie schmutzig, wenn wir spielen. Manchmal wird sie schrecklich schmutzig!"

Die ausgezeichnete und weise Frau erkannte ihre Chance und ergriff sie sofort.

„Ah", rief sie, „das ist der Punkt. Ich möchte, dass du sauber anfängst und sauber zu Bett gehst. Wenn du mir versprichst, morgens vor dem Anziehen eine Wanne zu nehmen und vor dem Schlafengehen noch eine Nachts ist es mir egal, wie schmutzig du in der Zwischenzeit wirst.

Als dieser glückliche Kompromiss zustande kam, war sie bewogen, genauer zu fragen, wie Miss Lily Bell aussehe. Sie erinnerte sich jetzt, dass sie noch nie eine Beschreibung von ihr gehört hatte. Sie stellte fest, dass Raymond Mortimer nicht besser war als der Rest seines Geschlechts, wenn es um die Beschreibung weiblicher Gesichtszüge und Kleidung ging, aber in zwei Punkten war seine Aussage absolut. Lily Bell hatte Locken und trug

Pantaletten. Das letzte Wort war nicht in seinem Wortschatz und es dauerte einige Zeit, bis es ihm gelang, Miss Greene den richtigen Eindruck zu vermitteln.

„Erinnerst du dich nicht an die kleinen Mädchen in Mamas alten Godey-Büchern?" fragte er schließlich sehr besorgt, da er sah, dass seine frühe unvollkommene Beschreibung zu einem offensichtlichen Schwanken von Miss Greenes Vorstellungskraft zwischen der Papierrüsche eines Lammkoteletts und einer gerüschten Sonnenhaube geführt hatte. „Sie haben Hausschuhe und elastische Bänder und bogenförmige Trichter, die bis unter ihre Röcke reichen. Na ja ", – mit einem langen Seufzer der Erleichterung, als sie zustimmend strahlte – „so sieht Lily Bell aus! "

Lange zuvor hatte die Familie Lily Bell als Teil des häuslichen Kreises akzeptiert und sie für eine recht vertrauenswürdige und angenehme Spielkameradin für den Jungen gehalten. Natürlich nicht immer; denn es war sehr unbequem, beim Autofahren einen freien Platz neben Raymond Mortimer zu lassen, aber das musste getan werden, sonst blieb Raymond lieber zu Hause, als seine geliebte Lily im Stich zu lassen. Es dauerte lange, bis sein Vater die edle Zurechtweisung seines Sohnes vergaß, als der ältere Prescott die Anwesenheit von Miss Bell gedankenlos ignorierte und versuchte, den Streit zu beenden, indem er sich an die Seite des Jungen setzte. Die Schreie dieses Jugendlichen, die normalerweise so zurückhaltend sind, zerreißen die Umgebungsluft.

„Vater, *Vater!* ", heulte er und tanzte in seiner Qual buchstäblich auf und ab, „du sitzt auf Lily Bell!" Dann, auf dem Höhepunkt des Aufruhrs, blieb er abrupt stehen, ein Ausdruck überwältigender Erleichterung bedeckte sein Gesicht. „Oh nein, das bist du auch nicht ", rief er begeistert. „Sie ist herausgesprungen. Aber sie wird jetzt nicht gehen, also werde ich es auch nicht tun"; und er schloss sich sofort seinem imaginären Spielkameraden auf der Straße an. Er hielt dort inne und warf seinem beschämten Elternteil einen unbeschreiblichen vorwurfsvollen Blick zu und gab ihm einen hilfreichen Hinweis zur Etikette.

„Wissen Sie nicht", fragte er steinern, „dass Herren niemals *auf* Damen sitzen?" Er schritt düster zum Haus zurück, vermutlich dicht an der Seite des empörten Mädchens, und überließ es seinen erschütterten Eltern, so gut er konnte, den Verlust ihrer Anwesenheit zu überstehen. Dies tat Mr. Prescott nur widerwillig. Er fing an, die Gesellschaft zwischen seinem Sohn und Lily Bell sowohl interessant als auch berauschend zu finden. Tatsächlich zeigte er ein überraschendes Verständnis und Mitgefühl für „die Liebesaffäre", wie er es nannte. „Der arme kleine Bettler musste etwas haben", sagte er nachsichtig, „und ein imaginärer Spielkamerad ist so sicher wie alles, was ich kenne." Deshalb bezog er sich im Gespräch mit seinem Sohn respektvoll auf

Miss Bell und behandelte sie, abgesehen von dem gerade geschilderten tragischen Vorfall, mit hervorragender Rücksichtnahme.

Die Akzeptanz der Situation durch seine Frau war weniger glücklich. Mrs. Prescott, deren völliger Mangel an Humor ihr häusliches Umfeld schon lange traurig gemacht hatte, spürte plötzlich die Geburt eines Menschen, der sie noch trauriger machte, und die Ursache dafür war Lily Bell. Sie bezog sich völlig respektlos auf diesen jungen Menschen und brach in törichtes Gelächter aus, als ihr Sohn nüchtern antwortete. Der Junge ärgerte sich über diese Haltung – erst mürrisch, dann heftig.

„Sie tut so, als *gäbe es Lily Bell gar nicht* ", vertraute er seinem Vater in einem Moment voller Emotionen an. „Ich denke nicht, dass das nett oder höflich ist, und es verletzt Lily Bells Gefühle."

„Das ist schlimm", sagte der Vater nüchtern. „Das dürfen wir nicht haben. Ich werde mit deiner Mutter sprechen."

Später tat er es, und zwar mit so gutem Erfolg, dass der Ausdruck von Mrs. Prescotts Belustigung vorübergehend unterbunden wurde. Doch Raymond Mortimers Selbstvertrauen war vorübergehend geschwächt und er hielt seinen kleinen Freund und seine Mutter so weit wie möglich voneinander entfernt. Danach suchte Lily Bell nur noch selten mit dem Jungen das Zimmer des Kranken auf, obwohl sie ihn häufig in die Bibliothek seines Vaters begleitete, wenn dieser Herr zu Hause war, und vermutlich mit Ehrfurcht ihrer inspirierenden Unterhaltung zuhörte. Mr. Prescott hatte begonnen, mit seinem Jungen „von Mann zu Mann" zu reden, wie er es einmal ausdrückte, und der Satz hatte den mittlerweile zehnjährigen Jungen so begeistert, dass sein Vater ihm freiwillig die unschuldige Befriedigung schenkte, ihn oft anzuhören. Darüber hinaus half es in bestimmten Gesprächen, in denen Fragen der Moral aufkamen. Als kleiner Sohn eines zornigen Vaters war Raymond Mortimer vielleicht nicht besonders beeindruckt von der elterlichen Theorie, dass Wassermelonen nicht aus den Beeten ihres einzigen Nachbarn, eines mürrischen alten Junggesellen, gestohlen werden dürften. Als Mann von Welt jedoch, als er den Ansichten eines Weiseren und Erfahreneren zuhörte, wurde ihm klar, dass es wirklich nicht das ist, was ein anständiger Kerl tun kann, wenn er sich an den Melonen eines anderen bedient. Auch Lily Bell vertrat die Meinung des älteren Mannes.

„Sie sagt, dass es ihr auch nicht gefällt", vertraute der Junge seinem Vater mit einem bewundernden Seufzer an. „Sie würde nie mit mir gehen, weißt du. Meine Güte!" – dies mit einem tieferen Seufzer – „Ich fürchte , wenn ich all die Dinge tue, die du und Lily Bell von mir verlangen, werde ich furchtbar gut sein!"

Sein Vater versuchte ihn in diesem Punkt zu beruhigen, aber er selbst begann, eine lauernde Angst vor einem anderen Charakter zu hegen. War es wirklich klug, diese Traumpartnerschaft länger fortzusetzen? Wenn es den Jungen bisher überhaupt beeinflusst hatte, dann für immer. Aber er wurde älter; er war fast elf. War es nicht an der Zeit, diesen imaginären Kinderfreund zu eliminieren, und zwar zugunsten von – wofür? Der Geist des Vaters stieß auf die Frage und schreckte ausdruckslos zurück. Kein Training, keine Outdoor-Aktivitäten, keine Haustiere, denn Raymond Mortimer hatte all das und noch mehr. Seine kleine Freundin hatte ihn nicht zum Milchtrinker gemacht. Er war ein aktiver, energischer, lebhafter, gesunder Junge mit allen normalen Interessen eines Jungen. Als er Zwinger für seine Hunde und Ställe für seine Kaninchen baute, stand ihm zwar Lily Bell zur Seite, aber ihre freundliche Aufsicht trug nur zur Kraft und Exzellenz seiner Arbeit bei. Tatsächlich schien Lily trotz ihrer Pantaletten eine sportliche Ader zu haben. Dennoch, dachte der Vater beunruhigt, könnte es zu nichts Gutem führen – diese fortgesetzte abnormale Entwicklung der Vorstellungskraft. Denn Lily Bell war für den Jungen mit zehn genauso real wie mit sechs.

Was könnte getan werden? Mit welchem Keil könnte man beginnen, diese hartnäckige Präsenz zu verdrängen? Wenn man den Jungen wegschicken würde, würde Lily Bell natürlich auch gehen. Wenn einer brachte – wenn – einer – brachte –

Mr. Prescott sprang auf und klopfte sich begeistert aufs Knie. Er hatte sein Problem gelöst, und die Lösung war überaus einfach. Was in der Tat, aber noch ein kleines Mädchen! Ein echtes kleines Mädchen, ein kleines Mädchen aus Fleisch und Blut, ein fröhliches, aktives kleines Mädchen, das, wie Mr. Prescott sich unelegant ausdrückte, „Lily Bell mit ihren Locken und Pantaletten wie dreißig Cent aussehen ließ." ." Sicherlich gab es im Kreise ihrer Freunde und Verwandten ein kleines Mädchen, das man sich ausleihen und – oh, beiläufig und mit unendlich viel Fingerspitzengefühl! – für ein paar Monate in ihre Menage einführen konnte. Mr. Prescott, der mit sich selbst zufrieden war, zwinkerte mit einem machiavellistischen Augenzwinkern und suchte seine Frau auf, angeblich um sie um Rat zu fragen, in Wirklichkeit aber , um ihr mitzuteilen, dass er sich entschieden hatte und dass es ihr glückliches Privileg wäre, sich um das Triviale zu kümmern Einzelheiten zur Umsetzung seines Plans.

In genau drei Wochen wurde Margaret Hamilton Perry für einen unbestimmten Besuch auf dem Prescott-Gehöft untergebracht, und genau drei Stunden nach ihrer Ankunft hatte Margaret Hamilton das Prescott-Gehöft und seine Bewohner sowie alles, was dazu gehörte, annektiert und zu ihrem Eigentum gemacht. Sie war das eifrigste und bezauberndste aller kleinen, dicken Mädchen – lebendig vom Scheitel ihres lockigen Kopfes bis zu den Sohlen ihrer praktischen kleinen Schuhe mit Federabsätzen. Wie Mr.

Prescott anschließend in einem Moment äußerster Selbstachtung bemerkte, hätte sie die Rechnung nicht besser erfüllen können, wenn sie auf Bestellung gewesen wäre. In der Stadt geboren und aufgewachsen, war das Land für sie eine Fundgrube unerforschter Freuden. Die Schüchternheit von Raymond Mortimer, der plötzlich mit dieser neuen Persönlichkeit und dem unmittelbaren Bedürfnis, sie zu unterhalten, konfrontiert wurde, wich der Begeisterung des kleinen Mädchens für seine Haustiere, seine Lieblingsplätze, die Werke seiner Hände – alles, woran er Anteil hatte . Während sie die Tiere besuchten, klammerte sie sich voller verzückter Panik an seine Hand und erzählte ihm von den Privilegien dieser glücklichen Wesen, die immer inmitten solcher Freuden lebten.

„Ich wünschte, ich müsste nie wieder weggehen", endete sie wehmütig.

„Ich wünschte, du wärst es auch nicht", sagte Raymond galant und war dann über sich selbst schockiert. War das Loyalität gegenüber Lily Bell? Die Überlegung verlieh seiner nächsten Äußerung einen Hauch von Kälte. Als Margaret Hamilton, erfreut über die Ehrung, selbstbewusst fragte: „Darf ich viel mit Ihnen spielen und Ihnen bei der Herstellung von Dingen helfen?" Die Reaktion des Jungen verzögerte sich.

„Ja", sagte er schließlich, „wenn Lily Bell es zulässt."

„Wer ist Lily Bell?"

„Sie – nun ja, sie ist das Mädchen, mit dem ich spiele! Jeder kennt Lily Bell!"

"Oh!"

Ein Teil der Helligkeit war aus dem eifrigen Gesicht verschwunden.

„Wird sie mich mögen?" fragte sie schließlich.

„Ich weiß es nicht – ich schätze – vielleicht schon."

„Werde ich sie mögen?"

„Ich weiß es nicht. Du kannst sie nicht sehen, weißt du."

„Kann ich sie nicht sehen? Warum kann ich sie nicht sehen? Kommt sie nie hierher?"

„Oh ja, sie ist die ganze Zeit hier, aber –" Der Junge wand sich. Zum ersten Mal in seinem kurzen Leben schämte er sich – *schämte* er sich – für Lily Bell? NEIN; nicht das. Niemals das! Er hielt seinen kleinen Kopf hoch und die Lippen fest; aber er war schließlich ein Junge, und seine Stimme nahm, um die Verlegenheit zu überdecken, einen Ton erhabener Überlegenheit an.

„Niemand außer mir sieht sie jemals", behauptete er. „Sie würden es gerne tun, aber sie tun es nicht."

„Warum nicht?“

Wahrlich, das war ein hartnäckiges Kind. Dem Jungen stand eine völlige Kapitulation bevor, und er hat es geschafft.

„Sie ist kein kleines Mädchen wie du“, erklärte er kurz. „Sie hat kein Zuhause, und ich weiß nicht, woher sie kommt – vom Himmel vielleicht“, riskierte er verzweifelt, als eine Art „Wenn Sie Zweifel haben, spielen Sie Trumpf.“ „Aber sie kommt, und niemand außer mir sieht sie, und wir spielen.“

„Huh!“ Dies ohne die Begeisterung von Margaret Hamilton Perry. Sie betrachtete ihn einen Moment lang aus der Ferne. Dann sprach sie erneut, bemüht, zu verstehen.

„Ich glaube nicht, dass das viel Spaß machen würde“, sagte sie offen. „Tu einfach so , als gäbe es ein kleines Mädchen, obwohl es keines gibt ! Ich denke, es wäre viel schöner –“ Sie zögerte, ein Gefühl der Zartheit hielt sie davon ab, den Punkt darzulegen, den sie so offensichtlich im Sinn hatte.

„Jedenfalls“, fügte sie gutmütig hinzu, „werde ich sie mögen und mit ihr spielen, wenn du das tust.“

Raymond Mortimer war erleichtert, aber zweifelnd. Gelegentlich überkamen ihn Erinnerungen an die extreme Widersprüchlichkeit von Lily Bell.

„Wenn sie dich lässt“, wiederholte er verbissen.

Margaret Hamilton starrte ihn an und ihre Augen wurden groß.

„Wirst du mich nicht lassen, wenn sie es nicht tut?“ sie schnappte nach Luft. „Warum – warum –“ Die Situation überwältigte sie. Die großen, braunen Augen füllten sich plötzlich. Raymond Mortimer wurde ein kleiner karierter Rücken präsentiert, auf dem fette Schluchzer zu hören waren. In ihm wurde sofort die Abneigung des Mannes gegen die Tränen der Frau geboren.

„Oh, sag mal“, bettelte er, „weine nicht, bitte nicht.“ Er näherte sich dem Gingham-Rücken und berührte ihn vorsichtig. „Sie wird dich mit uns spielen lassen“, drängte er. Und dann, völlig rücksichtslos geworden, während das Schluchzen anhielt: „ *Ich werde sie machen!*“ er versprach. Der karierte Rücken hörte auf zu heben; Ein nasses Gesicht war ihm zugewandt, und ein Regenbogen wölbte sich über ihrem kleinen Himmel, während Margaret Hamilton lächelte. Ihr erster Triumph war vollendet.

Es ist zu bedauern, dass Lily Bell sich nicht sofort für die Erfüllung dieser angenehmen Vereinbarung eingesetzt hat. Zwar erschien sie seit jeher täglich, und Margaret Hamilton durfte in ihre Gegenwart eintreten und an ihren Spielen teilnehmen, aber die Forderungen von Lily Bell wurden von Stunde zu Stunde ärgerlicher. Es war offensichtlich, dass Raymond Mortimer sie als solche empfand, denn sein schmerzerfülltes Erröten bezeugte dies, als er sie dem Opfer wiederholte.

„Sie möchte, dass du gehst und dich hinsetzt, damit du nicht hören kannst, was wir sagen", sagte er eines Tages zu Margaret Hamilton. „Ich denke nicht, dass es sehr höflich von ihr ist, aber sie sagt, dass du es tun musst."

Diese kurze Kritik an Lily Bell, die erste, die der Junge jemals geäußert hatte, erheiterte das kleine Mädchen in ihrem Exil. „Macht nichts", sagte sie. „Es ist mir egal – sehr. Ich weiß, dass es nicht deine Schuld ist." Denn zu diesem Zeitpunkt stand auch sie unter dem Einfluss der überzeugenden Realität, die Raymond Mortimer auf seinen imaginären Freund zu werfen vermochte.

„Sie tut Dinge, die Ray nicht tun würde", vertraute sie Miss Greene einmal an. „Ich meine", hastig, als sie plötzlich ihre eigenen Worte erkannte – „Ich meine, sie bringt ihn zum Nachdenken – er denkt, sie denkt – Oh, ich weiß nicht, wie ich es dir erklären soll!" Und Margaret Hamilton gab ein so kompliziertes Problem hastig auf. In Wirklichkeit begegnete sie ihr mit einer Weisheit, die weit über ihr Alter hinausging. Der Junge war von einer Obsession erfasst. Margaret Hamilton wäre von den Worten zutiefst verwirrt gewesen, aber in ihrem klugen kleinen Kopf lag die Idee, die sie vermitteln.

„Er denkt, dass sie wirklich hier ist, und er denkt, er muss nett zu ihr sein, weil sie so sehr alte Freunde sind ", sagte sie sich. „Aber sie ist in letzter Zeit nicht sehr nett, und sie macht ihn wütend, also wird er vielleicht nach und nach müde und bringt sie dazu, sich besser zu benehmen; oder vielleicht –"

Aber dieses letzte „Vielleicht" war zu gewagt, um auch nur im hintersten Teil des Geistes eines kleinen Mädchens Platz zu finden.

Sie reagierte mit lockerer Gutmütigkeit auf Lily Bells Forderungen. Sie hegte keine Vorliebe für diesen jungen Menschen, und sie ließ erkennen, dass sie keine Vorliebe hatte, aber sie war höflich gegenüber einem Mitgast.

„Puh! Es macht mir nichts aus", war ihr üblicher Kommentar zu Miss Bells Geheiß; und diese fröhliche Akzeptanz ließ die dunklen Schatten von Lily Bells Perversität deutlich hervortreten. Ein- oder zweimal schlug sie einen Urlaub vor.

„Könnten wir nicht einfach irgendwohin gehen, um ein Picknick zu machen", riskierte sie eines Morgens – „ und fragen Sie nicht Lily Bell?"

Es war ein kühner Vorschlag, aber das Verhalten von Miss Bell war am Tag zuvor besonders verwerflich gewesen, und selbst der unerschrockene Geist von Margaret Hamilton war von dem Streit verletzt.

„Möchten Sie nicht auch eine – eine Pause?" fügte sie unterschmeichelnd hinzu. Anscheinend würde der Junge das tun, denn ohne Kommentar traf er die Vorbereitungen für den Tag, und bald saßen er und das Kind Seite an Seite in dem Boot, in dem der alte Gärtner sie zu ihrer geliebten Insel ruderte.

Es war ein perfekter Tag. Über Lily Bell wurde nichts gesagt, und ihre Anwesenheit warf keinen Schatten auf diese sonnigen Stunden. Bewundernd an der Seite des Jungen sitzend, wurde Margaret Hamilton in die Geheimnisse des Köders und des Fischens eingeweiht, und der Respekt des Jungen vor seiner Begleiterin wuchs sichtlich, als er entdeckte, dass sie nicht nur seine Haken für ihn ködern, sondern auch den Fisch auffädeln und auslegen konnte Bereiten Sie für das Mittagessen eine festliche Tafel vor und stellen Sie diese bereit. Das war ein Spielgefährte, der sich lohnte . Raymond Mortimer, lange Zeit ein Sklave der Forderungen von Lily Bell, die er undankbar geholt und getragen hatte, entspannte sich problemlos in der angenehmeren Sphäre des Mannes und ließ sich von einer Frau bedienen.

Auf diese und andere Weise verging der Monat August. Margaret Hamilton sang wie das fröhliche Kind, das sie war, durch die Sommertage und schloss die Herzen ihrer Gefährten noch fester um sich.

Mit der fast unheimlichen Weisheit, die ihr eigen war, verzichtete sie darauf, mit den anderen Familienmitgliedern über Lily Bell zu sprechen. Möglicherweise ließ sie sich von Raymond Mortimer inspirieren, der im Laufe der Wochen immer seltener von ihr sprach; aber höchstwahrscheinlich war es Teil eines Instinkts, der es einem verbietet, über die Fehler seiner Freunde zu sprechen. Lily Bell war für Margaret Hamilton ein Fleck auf dem Wappen des Jungen. Sie machte ihn nicht einmal aktiv darauf aufmerksam, da ihre praktische kleine Seele sich gegen seine Selbsttäuschung auflehnte. Einmal jedoch, in einem seltenen Moment der Offenheit, öffnete sie sich gegenüber Mr. Prescott.

„Ich mag sie nicht besonders", sagte sie und bezog sich dabei natürlich auf Lily Bell. „Sie ist so albern! Ich hasse es, so zu tun und Dinge zu tun, die wir nicht tun wollen, wenn wir alleine so eine schöne Zeit haben könnten."

Während sie sprach, vergrub sie ihre Nase in seiner Weste und schnupperte ziemlich düster. Es war ein anstrengender Tag gewesen. Lily Bell war viel *zu sehen gewesen* , und ihre Anwesenheit hatte sich spürbar auf die Stimmung der beiden Kinder ausgewirkt.

„Kannst du sie nicht loswerden?" schlug der Mann schamlos vor. „Ein echtes kleines Mädchen wie du sollte ein Traumkind – ein imaginäres Mädchen – abschaffen, meinst du nicht?"

Margaret Hamilton hob den Kopf und blickte lange in die Augen, die sie ansahen. Der Mann nickte feierlich.

„An deiner Stelle würde ich es versuchen", sagte er. „Ich würde mich sehr anstrengen. Du willst sie nicht in deiner Nähe haben. Sie verdirbt alles. Außerdem", fügte er halb zu sich selbst hinzu, „ist es an der Zeit, dass der Junge mit seinem Unsinn Schluss macht."

Margaret Hamilton dachte nach, ihr kleines Gesicht hellte sich auf.

„Bist du sehr, sehr sicher, dass es nicht böse wäre?" sie fragte hoffnungsvoll.

„Ja. Ganz sicher. Geh rein und gewinne!"

Margaret Hamilton war über diese offizielle Sanktion sehr erfreut und machte am folgenden Tag ihren zweiten Vorschlag, einen Tag *zu zweit zu verbringen* .

„Ganz alleine", wiederholte sie bestimmt. „ Eine ‚nicht Lily Bell', denn sie würde es verderben. Und du ruderst mich zur Insel. Lass uns nicht Thomas mitnehmen."

Das war eindeutig falsch. Den Kindern war es nicht erlaubt, das Boot zu nehmen, es sei denn, sie wurden von Thomas aufmerksam beobachtet; Aber wie bereits erwähnt, hatte Margaret Hamilton ihre Fehler. Raymond Mortimer kämpfte schwach in der Kluft der Versuchung, erlag dann und ging unter.

„In Ordnung", sagte er weitgehend, „das werde ich. Wir werden auch zu Mittag essen, und vielleicht mache ich ein Feuer."

„Wir spielen, wir sind Höhlenbewohner", steuerte Margaret Hamilton bei, deren Erfindungsreichtum seine eigenen immer übertraf und deren Fantasie kürzlich von Miss Greene angeregt worden war, die den Kindern gelegentlich vorlas. „Du jagst, holst das Essen und bringst es nach Hause, und ich koche es. Du bist der große, mutige Mann und ich werde dein – dein Gefährte sein", schloss sie und zitierte frei aus dem neuesten Interessanten Lautstärke, der sie Gehör geschenkt hatte.

Das Bild gefiel Raymond Mortimer. Mit männlichem Schritt näherte er sich dem Boot, half ihm hinein, löste es aus seiner Verankerung und legte ab. Mit vor Sorge dunkler Stirn befahl er ihr hochmütig das Steuer und sprach nichts mehr, bis sie sicher gelandet waren.

Programm des Tages durch . Mit trockenen Ästen, die sein Gefährte gesammelt hatte, machte der unerschrockene Mann bald ein Feuer, und sie zogen sich eilig an einen bequem entfernten Punkt zurück, wo sie ihrer Arbeit zusahen. Angeln und das Reinigen und Kochen ihres Fangs füllten den Morgen aus; Und wenn das Reinigen tatsächlich etwas ist, das der Geist gnädigerweise übergeht, waren diejenigen, die hauptsächlich damit beschäftigt waren, zufrieden und aßen mit ungeheurem Appetit.

„Es ist schrecklich lustig", sagte Raymond Mortimer entspannt, als sie nach ihrer Mahlzeit unter einem Baum ruhten, „aber als Lily Bell und ich hierher kamen –"

Er blieb stehen und blickte ängstlich hinter sich, als fürchtete er, der ungebetene Gast könnte jetzt schon in Hörweite sein. Offenbar beruhigt fuhr er fort: „Wenn Lily Bell und ich kamen, gingen wir meistens nach einer Weile schlafen . Ich – wir – wurden irgendwie müde vom Reden, schätze ich. Aber wenn du und ich reden, tue ich das nicht." müde werden."

Margaret Hamilton errötete vor Freude, doch im selben Moment überkam sie ein Übermaß mädchenhafter Bescheidenheit.

„Warum gehst du nicht?" fragte sie schüchtern.

„ Weil ich dich lieber mag."

Margaret Hamilton schnappte nach Luft, stotterte und sah sich um. Alles war an seinem Platz; Es hatte keinen U-Boot-Aufruhr gegeben. Der Junge war da und hatte das gesagt, dessen volle Bedeutung ihr plötzlich klar wurde. Sie erhob sich und stürzte sich mit der Ungestümheit ihrer intensiven Natur auf ihn.

„Wirklich?" sie keuchte und gurgelte. „Tust du? Oh, tust du? Oh, Ray, ich bin so froh!"

Und sie hat ihn geküsst!

Der empörte Jüngling löste sich würdevoll aus der Umarmung des Mädchens und erhob sich.

„Tu das nie wieder, Margaret Hamilton Perry", sagte er langsam und mit schrecklicher Strenge. „Tu das nie. Lily Bell hat so etwas noch nie getan!"

Sie zog sich zurück, aber unverfroren.

„ Weil ich so froh war", sagte sie glücklich. „Echte Mädchen tun das immer; sie sind so. Aber ich werde es nicht mehr tun. Du magst mich trotzdem am liebsten, nicht wahr?" sie erkundigte sich besorgt.

Er kam vorsichtig näher.

„Ja, das tue ich", sagte er kalt, „aber versuchen Sie das nicht noch einmal, sonst werde ich es nicht tun!"

Dann sprachen sie von Höhlenbewohnern und von der angenehmen Wärme eines offenen Feuers an einem Augusttag und von wunderbaren Dingen, die sie in den kommenden Wochen tun würden. Und die Vertieftheit ihrer Unterhaltung war so groß, dass sie, als der treue Thomas, nachdem er hinter ihnen gerudert war, sich heimlich näherte und dem Jungen auf den Rücken schlug, erschrocken gleichzeitig schrieen.

Dass Raymond Mortimer gegenüber der allzu demonstrativen Margaret Hamilton keinen Groll hegte, bewies die nachlässige Bemerkung, die er seinem Vater gegenüber machte, als dieser einige Tage später eine scherzhafte Frage nach dem Gesundheitszustand von Lily Bell stellte.

Sein Sohn starrte ihn einen Moment lang an, als ob er sich an den Schnee von gestern erinnern wollte.

„Oh", sagte er schließlich, „ich habe sie schon lange nicht mehr gesehen. Sie kommt jetzt nicht mehr zu sich."

Dann, als sein Vater über diese melancholische Nachricht breit grinste, errötete der Sohn purpurn.

„Nun, das ist mir egal", sagte er hitzig. „Es ist alles deine Schuld. Hast du mir nicht gesagt, dass ich über Margaret nachdenken muss? Oder? Nun ja, das tue ich. Ich habe keine Zeit für zwei. Und jedenfalls", schloss er mit adamitischem Instinkt , „Lily Bell hat aufgehört, selbst zu kommen!"

Der Exorzismus von Lily Bell war abgeschlossen. Im Gegensatz zu den stattlicheren Lily Bells mit größerem Wuchs hatte sie es geschafft, ihr Verschwinden mit einem entsprechenden Wunsch ihres Gentleman-Freundes in Einklang zu bringen.

III

IHR LETZTER TAG

Eine Zeit lang – möglicherweise eine Stunde oder länger – saß sie vollkommen still und starrte auf eine schwankende Linie auf dem Boden, die ein verirrter Sonnenstrahl hinterlassen hatte, der durch das Fenster ihres Hotelwohnzimmers gedrungen war. Zuerst wirkte sie unauffällig, mit dem dumpfen, introspektiven Blick einer Melancholikerin . Dann bemerkte sie das Ding und fürchtete sich davor, hielt Ausschau nach den Umrissen eines zitternden menschlichen Gesichts und begann ein wenig zu zittern. Sicherlich hatte es ein Gesicht gegeben – dachte sie vage und zog die Stirn in der Anstrengung zusammen, sich zu erinnern. Es dauerte eine halbe Stunde, bis ihr klar wurde, was es war, und die weiteren fünfzehn Minuten wurden von einer Uhr auf dem Tisch neben ihr abgehakt, als sie ihren Blick weit genug hob, um dem Balken über den Boden und die Wand hinauf zu folgen das Fenster, in das es eingetreten war. Sie stand plötzlich auf. Es war lange her, dass sie eine bewusst freiwillige Bewegung gemacht hatte, und das wusste sie. Als sie aufstand, holte sie tief Luft und verspürte fast augenblicklich ein lebensspendendes Gefühl von Ausgeglichenheit und Freiheit. Die Last fiel ihr von den Füßen, die Schwärze, in der sie wochenlang gelebt hatte, löste sich wie ein aufziehender Nebel um sie herum, ihre schlaffen Muskeln spannten sich an. Sie tastete sich zum Fenster vor und blieb dort einen Moment stehen, lehnte ihre Wange an die kühle Scheibe und blickte in den Himmel. Plötzlich senkte sich ihr Blick auf die Höhe einer fernen Wasserlinie und sie sah den Fluss und die Bäume, die sein fernes Ufer säumten, und die schnell fahrenden Boote auf seiner Oberfläche.

Es ging ihr besser. Sie wusste alles, was das bedeutete, wie viel und wie wenig. Für eine kurze oder lange Zeit war sie wieder ein vernünftiger Mensch. Sie drehte sich abrupt um das Fenster herum und ließ den Blick über den Raum schweifen, wobei sie erkannte, dass es der Raum war, den sie bewohnte, bevor sie „unterging", wie sie es sich ausdrückte, und versuchte, aus der Assoziation mit den vertrauten Gegenständen um sie herum, dorthin zu gelangen Machen Sie sich eine Vorstellung von der Länge dieses Angriffs.

Zu Beginn ihres Zusammenbruchs waren die Abstände zwischen intelligentem Bewusstsein und Wahnsinn lang gewesen. Sie war die meiste Zeit sie selbst oder konnte sich einigermaßen unter Kontrolle halten, und wenn das Chaos kam, dauerte es nur ein paar Tage oder Wochen. Vor Kurzem hatte sich dieser Zustand umgekehrt. Sie hatte das Wissen über die Zeit verloren, aber sie hatte das Gefühl, dass seit den letzten fliegenden, gesegneten Stunden, in denen sie sich zumindest als das erkannte, was sie war, Jahrhunderte vergangen sein mussten. Mit einem verzweifelten, zitternden kleinen Stöhnen ergriff sie nun ihre wiederkehrende Vernunft, die sie schnell unterdrückte. Jemand musste in der Nähe sein, erinnerte sie sich, und auf der Hut sein: ihre Krankenschwester oder ein Hotelmädchen, wenn die Krankenschwester einen ihrer seltenen Ausflüge machte. Wer auch immer für sie verantwortlich war, musste im Nebenzimmer sein, denn die Tür zwischen den beiden stand offen. Die Krankenschwester würde ihre Rückkehr begrüßen, überlegte die Patientin. Es war ihre Angewohnheit – eine besonders erbärmliche Angewohnheit, wie die Krankenschwester festgestellt hatte –, ihre Anfälle immer als „Abwesenheiten" und vorübergehende Genesung als „Wiederkehren" zu bezeichnen.

irgendjemandem zu sprechen , nicht einmal mit der Krankenschwester, für die sie ein beiläufiges, freundliches Gefühl hegte, das auf Abhängigkeit und anhaltender Assoziation beruhte. Sie wollte nachdenken – lieber Gott, wieder denken können ! –, und es schien so viel zu denken und so wenig Zeit dafür zu haben. Ihr Herz setzte einen Schlag aus, als ihr das klar wurde. Sie fragte sich, mit wie viel Zeit sie sicher rechnen konnte. Eine Woche? Ein paar Tage? Bis zur letzten Folge war es nie weniger als eine Woche her. Bei dem Gedanken daran wandte sie sich mit einem Übelkeit erregenden Schauder ab, aber die Erinnerung holte es hervor und hielt es ihr unbarmherzig vor Augen – die Stunde, den Moment, genau den Ort, an dem sie saß, als es geschah. Sie hatte mit einer Freundin gesprochen, die unbewusst etwas sagte, das sie ärgerte und aufregte. Jetzt sah sie, wie das Gesicht dieser Freundin vor ihren Augen immer dunkler wurde – zuerst verwirrt, dann verängstigt, dann sich windend und in schreckliche Formen verformend, dachte sie, bis sie in ihrem Entsetzen darauf zuschlug. Daran durfte sie nicht denken, das wusste sie, als sie die Zähne zusammenbiss und sich zusammenzog. Sie hatte einen außerordentlich starken Willen, das hatten ihre Ärzte und Krankenschwestern zugegeben, und sie beschloss, dass er ihr jetzt dienen sollte. Mit grimmiger Entschlossenheit setzte sie die Erinnerungsfetzen zusammen, die ihr geblieben waren. Sie hatte damals drei Tage gehabt – drei kurze Tage. Sie wagte jetzt nicht einmal mit so viel Ruhe zu rechnen, auch wenn sie vielleicht noch mehr davon bekommen würde. Aber eines Tages – sicherlich würde die Vorsehung ihr einen Tag geben – einen *letzten* Tag. Ihre Freunde und die Spezialisten hatten begonnen, über Asyle zu sprechen. Sie hatte Flüstern von ihnen gehört, bevor sie diesem letzten Angriff erlag; und obwohl ihre Erinnerung an das, was sich darin abspielte, gnädigerweise verschwommen war, erinnerte sie sich undeutlich an die Kämpfe und die Schreie von jemandem in Todesangst – ihre eigenen Schreie, das wusste sie jetzt, obwohl sie es damals noch nicht gewusst hatte. Das alles bedeutete, dass es ihr immer schlechter und „schwieriger" ging. Das alles bedeutete chronische Invalidität, ständige Pflege und schließlich eine Entbindung.

Ihr Gehirn war jetzt ungewöhnlich klar und übernatürlich aktiv. Sie arbeitete mit eifriger Ehrerbietung, als wolle sie die Zeiten wiedergutmachen, in denen sie versagte. Die kleine Uhr schlug zehn. Es war früh – sie hatte einen langen Tag vor sich, einen wunderschönen Frühlingstag; denn sie bemerkte jetzt das zarte Grün der Blätter und die Jugend des Grases. Wie interessant es wäre, überlegte sie beiläufig, in die freie, geschäftige Welt hinauszugehen, sich unter die Menschen zu mischen, durch die Straßen der Stadt zu schlendern und mit dem Leben und den Lebenden in Berührung zu kommen. Sie würde gehen, sie würde den Tag so verbringen; aber leider! Die Krankenschwester würde auch gehen – cool, freundlich, professionell, aufmerksam, ruhig wachsam. Wenn sie ihr irgendwie entkommen und alleine gehen könnte. ...

Ihre Augen verengten sich und bekamen einen schlauen Ausdruck, als sie sie zur offenen Tür drehte. Verstohlen wie eine Katze kroch sie darauf zu und blickte hinein. Auf einem Diwan in der hintersten Ecke lag die Krankenschwester ausgestreckt in einem tiefen Schlaf, dessen Unvorhersehbarkeit sich darin zeigte, dass das Buch, das auf dem Boden lag, offenbar von ihr plötzlich entspannt heruntergefallen war Finger. Die Patientin zog sich ebenso lautlos zurück, wie sie vorgegangen war, und als sie zu einem Kaminsimsspiegel in ihrem Wohnzimmer ging, richtete sie einen langen, erschrockenen Blick auf ihr Spiegelbild. Sie sah eine fünfunddreißigjährige Frau, dünn, blass, hager, vornehm. Ihr Haar war nach den Vorstellungen der Krankenschwester von Bequemlichkeit und Zeitersparnis frisiert worden, und obwohl ihr Kleid in seiner Passform und maßgeschneiderten Strenge perfekt war, war die Spitze an ihrem Hals und in den Ärmeln ihrer seidenen Taille nicht ganz frisch . Ihre Lippen kräuselten sich, als sie hinsah. Das war sie, Alice Stansbury, das Wrack einer Frau, die einst Gesundheit, Schönheit, Reichtum und Stellung besessen hatte. Die letzten beiden blieben bis zu einem gewissen Grad ihr überlassen, aber was machte es für einen Unterschied, wie sie aussah, fragte sie sich barsch. Doch noch während dieser Gedanke kam, nahm sie ihre Taille ab, nähte saubere Spitzenbündchen an die Ärmel und ersetzte den Kragen durch einen neuen. Dann nahm sie ihr Haar herunter und ordnete es schnell, aber vorsichtig neu. Es war ein Leichtes, ihre Hausschuhe gegen Wanderstiefel auszutauschen und Hut, Mantel und Handschuhe an ihrem alten Platz wiederzufinden. Miss Manuel, die Krankenschwester, *sei* zuverlässig, sagte sie sich noch einmal, während sie sie anzog, und verspürte einen Moment lang Dankbarkeit gegenüber der Frau, die versucht hatte, sie auch während ihrer „Abwesenheiten" auf dem Laufenden zu halten, und zwar auf etwas, das dem Standard einer Gentleman-Geburt nahe kam und Zucht gefordert. Ihr Geld, oder zumindest einen großen Teil davon, denn sie hörte nicht auf, es zu zählen, fand sie in der Versandschachtel , in die sie es bei ihrer Ankunft in New York gesteckt hatte, und der Schlüssel befand sich bei anderen an einem Ring die private Schublade ihres Schreibtisches. Eilig wählte sie mehrere große Scheine aus, steckte sie in eine silberne Handtasche und drückte sie tief in die Tasche ihres Gehrocks, mit der leisen Angst, sie könnte sie verlieren. Dann stellte sie die Schachtel wieder zurück, schloss den Schreibtisch ab und ließ den Schlüssel in ihre Tasche fallen. Ihre Bewegungen waren außerordentlich schnell und geräuschlos. Zwanzig Minuten, nachdem sie bei der Krankenschwester vorbeigeschaut hatte, war sie bereit für die Straße.

Ein zweiter Blick in den Innenraum zeigte ihr, dass Miss Manuel noch schlief. Sie betrachtete sie einen Moment lang misstrauisch, setzte sich dann aber plötzlich an ihren Schreibtisch und schrieb eine Nachricht auf ein Blatt Hotelzeitung.

„Ich gehe für den Tag aus. *Ich werde heute Abend zurückkommen.* Tun Sie nichts, fragen Sie niemanden. Ich bin durchaus in der Lage, auf mich selbst aufzupassen. Machen Sie keine Sensation für die Zeitungen! ALICE STANSBURY.“

„Dieser letzte Satz wird sie beruhigen“, überlegte sie mit kühler Befriedigung, während sie die Notiz an die Seite des Spiegels heftete. „Sie wird nicht gerne weit und breit damit werben, dass sie einen Patienten vorübergehend verloren hat!“

Das Schwierigste von allem blieb noch zu tun. Die Außentür ihres eigenen Zimmers war verschlossen und der Schlüssel fehlte. Um die Wohnung zu verlassen, musste sie durch das Zimmer gehen, in dem Miss Manuel schlief. Sie hielt den Atem an, überquerte aber sicher die Straße, obwohl Miss Manuel sich bewegte und etwas murmelte, als würde sie unbewusst vor einer Gefahr gewarnt. Miss Stansbury schloss lautlos die Tür hinter sich und stand einen Moment lang schweigend im Flur, blickte sich um und überlegte, wie sie am klügsten entkommen könnte. Sie wusste es besser, als einen der Hotelaufzüge zu betreten. Es gab zwar keine Gewissheit, dass sie in diesem Fall festgehalten würde, aber als sie im Hotel ankam, bestand großes Interesse an ihr, und es bestand die Möglichkeit, dass irgendein Angestellter es für eine kluge Vorsichtsmaßnahme halten würde, ihre Krankenschwester zu fragen Frage oder zwei, nachdem sie gegangen war. Dann würde Miss Manuel ihr auf der Spur sein und ihr wäre der Tag verdorben. Sie schlich vorsichtig durch die hinteren Flure, hielt sich auf jeder Etage außer Sichtweite, wenn die Aufzüge vorbeifuhren, und traf nur Fremde und einen beschäftigten Gepäckträger. Ihre Zimmer befanden sich im fünften Stock, aber sie stieg sicher die vier Treppen hinunter und verließ triumphierend den Hintereingang des Hotels, um sich in der ruhigen Straße wiederzufinden, zu der es führte. Das große Gebäude stand an einer Ecke, und als sie die Schwelle überquerte, sah sie zu ihrer Rechten eine Straßenbahn entlang der Allee fahren. Einem kurzen Impuls folgend gab sie ein Zeichen . Als es anhielt, trat sie ein, setzte sich in eine Ecke und musterte ihre Mitreisenden scheinbar unbekümmert, obwohl ihr Atem schnell ging. Sie war in Sicherheit; sie war weg! Sie beschloss, weiterzureiten, bis sie ihre Pläne schmiedete und genauer wusste, was mit diesem Geschenk der Götter geschehen sollte, einem Tag, der ganz ihr gehörte.

Es war lange her, seit sie allein gewesen war, fiel ihr plötzlich ein. Natürlich gab es Ausflüge, Einkaufsbummel und Ähnliches, aber immer war Miss Manuel oder eine ihresgleichen an ihrer Seite gewesen – manchmal beruflich fröhlich, manchmal beruflich ernst, aber stets beruflich wachsam. Die Frau jubelte heftig über ihre neu gewonnene Freiheit. Vor ihr standen Stunden – freie, herrliche Stunden. Sie nutzte sie, füllte sie, verschwendete sie verschwenderisch, folgte jedem Impuls und gab jedem Wunsch nach, denn sie gehörten ihr und waren ihre letzten. In den Tiefen ihres Gehirns lag ein Entschluss, der so still und tödlich war wie eine zusammengerollte Schlange, die darauf wartet, zuzuschlagen. Sie würde keine Anstalten mehr betreten, sie würde keine „Abwesenheiten“ mehr ertragen, sie würde keine Aufsicht mehr haben, keine Konsultationen mehr, keine halbverhohlene Angst mehr vor Freunden, kein Mitleid von Fremden mehr. Es gab einen Weg, all dem für immer zu entkommen, und sie wusste es und würde ihn nutzen, obwohl er über die dunkle Schwelle führte, über die sie niemals zurückkehren konnte.

Das Auto summte, während es dahinraste. In einiger Entfernung sah sie einen Eingang zum Central Park, und von innen schienen die Zweige der Bäume ihr zu Ehren ihrer Freiheit zuzuwinken. Sie gab dem Schaffner ein Zeichen , verließ das Auto und ging zurück, bis sie den Park betrat. Sie befand sich weit oben in der Stadt, nahe dem nördlichen Ende, und die in der Frühlingssonne warmen Wege waren fast menschenleer. Eine Weile schlenderte sie müßig umher, ihre Sinne genossen die Frische und Schönheit um sie herum, die grünen Ausblicke, die sich nach rechts und links öffneten, und die sanfte Brise, die ihr Gesicht streichelte. Kinder, die auf Dreirädern fuhren oder Reifen rollten, rannten an ihr vorbei; und einmal, nachdem sie fast eine Stunde gelaufen war, schob ein kleiner vierjähriger Junge seine Hand in ihre behandschuhte Hand und trottete einen Moment lang neben ihr her, was zum offenen Skandal seiner Kinderfrau führte. Sie lächelte auf ihn herab, erfreut über die Berührung seiner kleinen Finger. Als er ging, genauso abrupt, wie er zu ihr gekommen war, und als Reaktion auf einen lautstarken irischen Ruf von hinten, verspürte sie ein ziemlich überraschendes Maß an Bedauern. Der augenblickliche Kontakt hatte ihr ein angenehmes Gefühl der Kameradschaft vermittelt; Zum ersten Mal kam ihr der Gedanke, dass es besser wäre, einen Teilhaber dieses Tages der Tage zu haben – keinen Mietling, keinen wissenschaftlich blickenden Hausmeister, sondern ein kleines Kind oder einen Freund, jemanden , irgendjemanden, den sie mochte und der sie mochte und der wie der kleine Junge nicht die Wahrheit über sie wusste.

Ihre Stimmung sank so plötzlich, wie sie gestiegen war, und sie fühlte sich müde und enttäuscht. Fast unbewusst ließ sie sich auf eine Bank fallen, um sich auszuruhen, ihre Augen folgten immer noch der Gestalt des Kindes, das nun hinter einer fernen Kurve fast außer Sicht war. Die Bank stand abseits des Weges, und als sie sich hinsetzte, war sie zu beschäftigt gewesen, um zu bemerken, dass noch jemand darauf saß. Doch als die Gestalt ihrer kleinen Freundin verschwand und sie seufzend den Blick abwandte, sah sie in den Blick eines Mannes. Er war sehr jung, kaum mehr als ein Junge, und er saß am anderen Ende des Sitzes, einen Arm über die Rückenlehne geworfen, die Knie gekreuzt und sein Körper so gedreht, dass er sie ansah. Das Ding, das sie in seinen Augen sah, blieb an ihnen hängen, zuerst überrascht, dann plötzlich verständnisvoll. Es war Hunger. Mit einem langen Blick betrachtete sie ihn – die schmale Blässe seines glatten, hübschen jungen Gesichts, den fieberhaften Glanz seiner grauen Augen, die Abnutzung seiner gut gemachten, gut sitzenden Kleidung, sogar den Riss an der Seite eines davon seine Lackschuhe. Seine Wäsche war sauber und seine Manschetten waren mit billigen schwarzen Ketten befestigt; Sie dachte instinktiv, dass er diejenigen verpfändet hatte, deren Platz sie offensichtlich einnahmen, und dann kehrten ihre Gedanken sofort zu ihrer ersten Entdeckung zurück, dass er hungrig war. Es war kein Zweifel. Sie hatte noch nie zuvor Hunger in einem Gesicht gesehen, aber jetzt erkannte sie ihn. Er hatte seinen Hut abgenommen und ihn neben sich auf die Bank fallen lassen. Sein braunes Haar war kurz und gewellt und eine Locke an seiner linken Schläfe war weiß. Er hatte mit einem Bleistiftstummel auf einem Stück Papier, das auf seinem Knie lag, eine Notiz oder möglicherweise eine Stellenanzeige geschrieben, und jetzt hob er plötzlich den Blick – entweder in einer zerstreuten Suche nach dem richtigen Wort oder weil Ihr Erscheinen hatte ihn erschreckt.

Ohne zu zögern sprach sie mit ihm.

„Entschuldigen Sie", sagte sie unpersönlich. "Darf ich Ihnen einige Fragen stellen?"

Er sah sie an und das Verständnis seiner Situation, das sich in ihrem Blick offenbarte, trieb ihm das Blut ins Gesicht. Er richtete sich auf und öffnete seine Lippen, um eine Antwort zu erwidern, aber sie ließ ihm keine Zeit zum Sprechen.

„Ich bin hier eine Fremde", fuhr sie fort, „und New York ist nicht immer freundlich zu Fremden. Sie scheinen auch unglücklich zu sein. Ich frage mich, ob wir uns nicht gegenseitig helfen können."

Er lächelte mit einer unjugendlichen Bitterkeit.

„Ich fürchte, ich bin weder für mich selbst noch für irgendjemand anderen von großem Nutzen", antwortete er mit strenger Überlegung. Dann veränderte sich sein Gesicht, als er ihres ansah und darin, unerfahren wie er war, etwas von der tragischen Schrift der unerbittlichen Hand des Schicksals las. Seine Stimme zeigte seine veränderte Stimmung.

„Natürlich", fügte er schnell hinzu, „wenn ich wirklich etwas tun kann. Ich kenne die Stadt gut genug. Vielleicht kann ich Ihnen helfen, wenn Sie irgendwohin wollen. Was möchten Sie?"

Man konnte kaum sagen, dass sich ihr Gesicht unter dem plötzlichen Gedanken, der ihr kam, aufhellte, aber es veränderte sich und wurde weniger maskenhaft, sondern menschlicher. Sie verspürte einen Schauder ungewohnten Interesses, weniger an ihm als vielmehr an dem Plan, den er unbewusst vorschlug. Hier gab es endlich etwas zu tun. Hier war eine Begleiterin, die sie nicht kannte. Er beobachtete sie nun aufmerksam und wurde zum ersten Mal überrascht, dass diese seltsame Frau, die mit ihm gesprochen hatte, nicht alt, sondern sogar attraktiv war.

„Ich denke, Sie können mir helfen, wenn Sie wollen", fuhr sie leise fort. „Wie gesagt, ich bin ein Fremder in New York. Ich habe noch nie etwas davon gesehen, außer den Straßen, die ich heute Morgen zwischen dem Park und meinem Hotel durchquert habe. Aber ich wollte es schon immer sehen, und heute ist meine erste und einzige Gelegenheit, denn ich gehe heute Abend weg.

Er musterte sie nachdenklich. Der Schatten war auf sein Gesicht zurückgekehrt, und es war deutlich zu sehen, dass unter seiner Miene höflichen Interesses die Selbstverzweiflung zum Vorschein kam, die sie bei ihrem ersten Blick auf ihn überrascht hatte.

„ Natürlich kann ich eine Besichtigungsliste für Sie erstellen", sagte er, als sie innehielt, „und das werde ich gerne tun. Ich denke, Sie sollten besser in den Metropolitan Art Galleries vorbeischauen, während Sie im Park sind. " . Ich werde die anderen Orte in ihrer Straßenreihenfolge in Richtung Innenstadt aufschreiben, damit Sie keine Zeit damit verschwenden, Ihre Spuren zu verdoppeln. Haben Sie ein bisschen Papier?"

Während er sprach, fing er an, in seinen eigenen Taschen herumzukramen, aber vage, wie jemand, der weiß, dass die Suche vergeblich ist. Sie schüttelte den Kopf.

„Nein", sagte sie zu ihm, „und ich will auch keins. Das ist überhaupt nicht meine Idee – eine Liste von Orten, die ich ganz alleine aufsuchen kann, und eine trostlose Runde trostloser Besichtigungen. Was ich gerne hätte." – sie lächelte fast zurückhaltend – „ist eine ‚persönlich durchgeführte' Tour. Sind Sie sehr beschäftigt?"

Er errötete erneut und sah sie an, dieses Mal mit einem verschleierten Misstrauen im Blick. Sie begegnete ihm mit so ruhiger Wertschätzung, dass daraus überraschender Zweifel wurde. Sie wusste genau, was in seinem Kopf vorging, und es bereitete ihr nicht mehr Sorgen als das verwirrte Schweigen eines Kindes, das ein neues Wort gehört hat. Sie fuhr so selbstgefällig fort, als wäre er der kleine Junge, der vor wenigen Augenblicken neben ihr hergegangen war.

„In Paris und London", bemerkte sie, „kann man einen Führer, einen Gentleman, für einen Tag zu einem festen Preis engagieren. Wahrscheinlich gibt es solche Führer hier in New York, wenn ich wüsste, wo sie zu finden sind und die hätte." Zeit, nach ihnen zu suchen. Du bist viel jünger als ich. Du könntest fast mein Sohn sein! Außerdem wird es dir nichts ausmachen, wenn ich sage, dass ich mir einbilde, du wärst arbeitslos und suchst möglicherweise nach Arbeit. Du kommst kaum umhin, den eindeutigen Zusammenhang zu erkennen in all dem."

Sein Blick traf ihren für einen Moment und senkte sich dann. Er errötete knabenhaft.

„Ich sehe, du versuchst mir zu helfen", murmelte er entschuldigend.

Sie fuhr fort, als hätte sie ihn nicht gehört.

„Lassen Sie mich Sie für einen Tag beschäftigen. Ich brauche Unterhaltung, Interesse, Beschäftigung – mehr, als Sie sich vorstellen können. Ich bin in der gleichen Stimmung, was Trostlosigkeit und Entmutigung betrifft, wie Sie. Ich muss dabei sein, Leute zu sehen." und meine Gedanken abzulenken. Wir können uns gegenseitig mit einer Sache versorgen, die wir brauchen. Ich habe Geld. Ein bisschen davon beruflich zu verdienen, durch einen humanen Dienst, dürfte Ihnen wirklich gefallen."

Etwas in ihrer Stimme, als sie die letzten Worte aussprach, veranlasste ihn, sich wieder ihr zuzuwenden. Als er hinsah, wurde sein junges Gesicht weicher. Sie wartete schweigend darauf, was er sagen würde.

Er setzte sich auf und straffte mit einer schnellen Geste seine Schultern.

„Sie haben Recht", sagte er, „aber ich habe große Angst, dass Sie das Schlimmste erleiden. Wie Sie sehen, bin ich keine Zierbegleitung für eine Dame." Er blickte auf seinen kaputten Schuh und dann auf sie. Ihr Gesichtsausdruck zeigte völlige Gleichgültigkeit gegenüber dem Punkt, den er angesprochen hatte.

„Wir werden es als geklärt betrachten", sagte sie. „Sie werden meine Handtasche nehmen und unsere gemeinsamen Ausgaben bezahlen. Ich denke", fuhr sie fort, als sie sie ihm reichte, „wir werden das Metropolitan weglassen. Nach Meilen durch den Louvre, Luxemburg und den Vatikan werde ich nicht Ich scheine kein Verlangen nach Kilometern davon zu haben. Angenommen, wir nehmen ein Taxi und fahren herum. Ich möchte die Straßen und die Menschenmassen und die verschiedenen Arten von Männern und Frauen und die Slums sehen. Früher habe ich mich für Siedlungsarbeit interessiert, vor langer Zeit."

„Entschuldigen Sie", sagte er. „Sie haben Ihren Fall gewonnen. Ich werde Ihnen nach besten Kräften zur Seite stehen. Aber zunächst bestehe ich darauf, das Geld in dieser Handtasche zu zählen und sicherzustellen, dass meine Konten in Ordnung sind."

„Machen Sie, was Sie wollen", antwortete sie gleichgültig, aber ihr Blick ruhte mit einem Anflug von Zustimmung auf ihm.

Er zählte bewusst die Scheine. „Es sind dreihundertvierzig Dollar", sagte er und legte sie zurück.

Sie nickte geistesabwesend. Sie war für einen Moment in Träumereien versunken, aus der er sie erst aufweckte, als sie plötzlich auf die Uhr schaute. „Warum, es ist schon nach zwölf!" rief sie mit mehr Lebhaftigkeit, als sie bisher gezeigt hatte. „Wir gehen zum Mittagessen zu Delmonico's oder Sherry's und machen dort unser Programm ."

Er zuckte zusammen, beugte sich vor und richtete seinen Blick auf sie, aber sie begegnete ihnen nicht. Sie steckte ihre Uhr wieder in den Gürtel und setzte eine erfolgreiche Abstraktion voraus, doch sie war voller Zweifel, wie er diesen ersten Vorschlag auffassen würde. Im nächsten Augenblick zitterte die Bank unter der Wucht, mit der er darauf zurückgefallen war.

"Gott!" „Es ist alles ein Aufwand, mich zu ernähren, weil du vermutest, dass ich hungrig bin! Nein, du ahnst es nicht einmal – du weißt, dass *ich* hungrig bin!"

Sie legte ihre Hand auf seinen Arm und die Geste brachte ihn zum Schweigen.

„Sei still", sagte sie. „Angenommen, Sie sind hungrig? Was ist damit? Ist es eine Schande, hungrig zu sein? Männer und Frauen pflegen diesen Zustand absichtlich!

Er steckte die Handtasche zurück in die Innentasche seines Mantels und stand auf. Sie gingen einige Augenblicke wortlos weiter. Sie bemerkte, wie gut er sich trug und wie muskulös und athletisch seine Figur selbst in seiner schäbigen Kleidung wirkte. Während sie zum nächsten Ausgang schlenderten, erzählte sie vom Park und stellte ihm ein paar sachliche Fragen, die er mit wachsender Lebhaftigkeit beantwortete. „Ich kann Ihnen leider keine Zahlen und Statistiken nennen", fügte er lächelnd hinzu.

Sie schüttelte den Kopf. „Es wäre traurig, wenn du könntest", sagte sie. „Geben Sie mir alles andere als Informationen. Was Statistiken betrifft, habe ich eine verfassungsmäßige Abneigung gegen sie. Wo können wir ein Taxi finden?"

„Wir werden kein Taxi finden", erklärte er mit einer souveränen Unabhängigkeit, die ihr irgendwie gefiel. „Wir nehmen diese Straßenbahn und fahren bis auf einen kurzen Spaziergang an Delmonico's heran. Nach dem Mittagessen finden wir an jeder Ecke Taxis."

Während er sprach, half er ihr in ein Auto und bezahlte den Fahrpreis aus ihrer Handtasche, wobei er errötete, da er dafür einen Fünf-Dollar-Schein wechseln musste. Dieser einfache Akt verdeutlichte für ihn, wie es keine Worte hätten tun können, seine besondere Beziehung zu dieser seltsamen Frau, die er bis vor einer halben Stunde noch nie gesehen hatte. Er balancierte die Handtasche in seiner Hand, warf einen Blick auf sie und nahm fast unbewusst den tragischen Blick auf ihre hängenden Lippen, die vorzeitig ergrauten Locken in ihrem dunklen Haar und die unveränderte Düsterkeit ihrer braunen Augen wahr.

„Woher willst du wissen, dass ich das Auto nicht an irgendeiner Ecke abstelle und damit davonkomme?" fragte er mit leiser Stimme.

Sie sah ihn ruhig an.

„Ich glaube, ich weiß, dass du es nicht tun wirst. Aber wenn du es tätest, würde es mir wehtun."

„Würde es dir den Tag verderben?"

„Ja", räumte sie ein, „das würde mir den Tag verderben."

„Nun", verkündete er wohlüberlegt, „du wirst mir nichts in der Art vorwerfen müssen. Dein Tag wird ein Erfolg, wenn ich es schaffe."

Seine Art war mehr als sanft. Seine Stimmung war geprägt von Dankbarkeit und angenehmer Erwartung. Er lernte sie kennen und hatte Mitleid mit ihr – möglicherweise, weil sie ihm vertraute und Mitleid mit ihm hatte. Sie war nicht die Begleiterin, die er sich für einen Tagesausflug ausgesucht hätte, und es war zweifelhaft, ob sie allzu fröhlich sein würde; Aber er würde ihr treu dienen, wohin auch immer dieses seltsame Abenteuer ihn führen würde, und er war jung genug, um seine Möglichkeiten zu erkennen. Innerlich amüsierte sie sich über seine kleine Geste der Erfahrung und des reifen Alters gegenüber der Jugend, aber es geschah so unbewusst, so unbesiegbar jugendlich, dass es das Interesse, das er an ihr geweckt hatte, nur noch verstärkte. Sie mochte auch seine Frische und jungenhafte Schönheit und seine Angewohnheit, seinen Sinn für Ehre über alles zu stellen. Vor allem gefiel ihr, dass er sie nicht kannte. Für ihn war sie lediglich eine Frau wie andere Frauen; Dieser Gedanke erfüllte sie mit einer ebenso tiefen wie unbeschreiblichen Befriedigung. Die einzigen anderen Insassen des Wagens waren ein Bote, der sich in einem in Papier gebundenen Roman in seine Umgebung vertiefte, und ein Geschäftsreisender, dessen Stirn sich wegen der geistigen Anstrengung, die er mit einem Notizbuch beschäftigte, gerunzelt hatte.

„Es gibt einige Dinge, die ich gerne in New York machen würde", gestand sie. „Wir werden sie jetzt machen – bei Delmonico zu Mittag essen, den ganzen Nachmittag auf Besichtigungstour gehen, bei Sherry's speisen und heute Abend ins Theater gehen. Welches ist das beste Theaterstück der Stadt?"

„Nun – ähm – das hängt, wissen Sie, davon ab, was Ihnen gefällt", riskierte der Junge weise. „Bevorzugen Sie Komödie, Tragödie oder Melodram?"

Sie dachte nach.

„Etwas Leichtes", entschied sie; „etwas Luftiges und Spritziges – ohne Probleme oder gar Gedanken darin."

Seine Augen funkelten, als er sie anlächelte. Wenn das ihr Geschmack war, kam sie gut zurecht, überlegte er, und die Aussicht auf den langen Tag, der vor ihm lag, bot Reize.

„‚Peter Pan'!" er rief aus. „Das sind all diese Dinge. Ich habe es nicht gesehen, aber ich habe die Kritiken gelesen und ich kenne einen Kerl, der fünfmal dort war."

„Zeugnis genug", stimmte sein Begleiter zu. „Wir gehen zu ‚Peter Pan'." Jetzt erzähl mir etwas über dich.

„Ist das in der Anleihe?"

„Nein. Das wäre ein Geschenk."

„Ich würde – ich würde lieber nicht, wenn es dir nichts ausmacht."

Während er sprach, schwelgte er in seinem unvermeidlichen schmerzhaften Erröten, aber sie starrte ihn ohne Mitleid und mit einer plötzlichen Hochmut an, die ihm einen Einblick in eine andere Seite ihres komplexen Wesens verschaffte. Diese Frau, die fremde Jugendliche auf der Straße aufhob und den Tag mit ihnen verbrachte, war offensichtlich an bedingungslose Ehrerbietung gegenüber anderen gewöhnt. Er entfernte sich fest, aber unglücklich von ihr.

„Du hast recht", sagte sie schließlich. „Wir werden unserem Vertrag eine Klausel hinzufügen und so tun, als wären wir körperlose Geister. Keiner von uns wird dem anderen eine persönliche Frage stellen."

„Einverstanden, und vielen Dank. Es ist nicht so, dass ich mich über Ihr Interesse und all das nicht geschmeichelt fühlen würde", fuhr er verlegen fort. „Das liegt nur daran, dass es ein so abscheulich erschütterndes Konzert ist und mich in einem so – so ineffizienten Licht zeigt. Es würde dich deprimieren, und es könnte mir nichts nützen. Die Dinge über mich selbst sind es, denen ich entfliehen möchte …" für eine Weile."

Sie waren bald bei Delmonico und sie folgte ihm in den Hauptspeisesaal, wo sie sich einen Tisch an einem Fenster mit Blick auf die Avenue aussuchte. Der Oberkellner warf ihm einen Blick zu, zögerte, musterte sie und zeigte, dass er tatsächlich ein guter Diener war, der sich auskannte. Er blieb mit wachsendem Interesse über ihnen stehen, während sie die Speisekarte überflog.

Der Junge lächelte seinen Begleiter an und versuchte, den Geruch des Essens um sie herum nicht wahrzunehmen, ebenso wenig wie das schreckliche Gefühl des Sinkens, das ihn von Zeit zu Zeit überkam. Eine schreckliche Angst überkam ihn, dass er noch vor dem Mittagessen in Ohnmacht fallen würde – ohnmächtig an den Händen einer Dame, und noch dazu vor Hunger! Er stürzte sich mit rücksichtsloser Lebhaftigkeit ins Gespräch.

Als der Kellner mit den Austern kam , gab sie ihr ein Beispiel dafür, sie sofort zu essen. Ihr Begleiter folgte ihm gemächlich. Sie sagte sich, dass er ein Vollblut sei und dass sie sich nicht in ihm getäuscht habe, aber sie hätte ihn fast lieber wölfisch fressen sehen. Seine Zurückhaltung ging ihr auf die Nerven. Sie konnte nicht essen, obwohl sie es nur so tat . Als er mit der gleichen sorgfältigen Überlegung seine Suppe gegessen hatte, trat ein wenig Farbe in sein Gesicht. Sie beobachtete dies und ihre Anspannung ließ nach.

„Das letzte Mal, dass ich hier war", sagte er geistesabwesend, „war vor zwei Jahren. Einer der Burschen in New Haven hatte Geburtstag, und wir haben ihn im Eckzimmer direkt darüber gefeiert. Es war ein ziemlich lebhaftes Abendessen." Wir hielten es von sieben Uhr bis zwei Uhr morgens durch, und dann gingen wir alle auf die Avenue und setzten uns mitten auf die Straße, wo es kühl war, um zu rauchen und darüber zu reden. Das war Davidsons Idee . Es hat die Taxifahrer und Polizisten furchtbar geärgert. Sie haben so ein temperamentvolles Temperament und einen so trägen Verstand.

Der Vortrag und das Bild, das er hervorrief, amüsierten sie.

"Was hast du noch gemacht?" fragte sie interessiert.

„Ich fürchte, ich kann mich nicht mehr an viel davon erinnern", gestand er. „Ich weiß, wir waren ziemlich albern; aber ich erinnere mich, wie dumm der Oberkellner aussah, als Davidson darauf bestand, ihm im Flur da draußen einen Abschiedskuss zu geben, und weinte, weil er nicht wusste, wann er ihn wiedersehen würde. Von Natürlich kann man nicht sehen, wie lustig das war, weil man Davidson nicht kennt. Er war der würdevollste Kerl am College und hasste Gush mehr als jeder andere, den ich je kannte."

Mit einem zufriedenen Seufzer trank er den Rest seines schwarzen Kaffees aus und blies einen letzten Klang aus der Zigarre, die er unbedingt rauchen sollte.

„Glauben Sie nicht", riskierte er, „dass es lustig wäre, ein oder zwei Stunden lang den Broadway und die Fifth Avenue auf und ab zu fahren? Wenn Sie Menschenmassen wollen, sind sie da; und wenn Sie etwas sehen, das es wert ist, genauer untersucht zu werden." , wir können rausgehen und es uns ansehen.

Sie stimmte zu, und er bezahlte die Rechnung und gab dem Kellner ein diskriminierendes Trinkgeld.

Als ihr Wagen durch die überfüllte Straße schlängelte, lächelte sie selten, aber ihre düsteren Augen erfassten alles, und sie „sagte Dinge", wie der Junge es ausdrückte, die er Jahre später wieder in Erinnerung rief und zitierte. Sie erzählte übrigens von sich selbst, ohne ihm jedoch stets einen Hinweis darauf zu geben, wer sie war und woher sie kam. Mehrmals, wenn ein Gesicht in der vorbeiziehenden Menge ihre Aufmerksamkeit erregte, schilderte sie ihm in ein paar knappen Worten den Charakter seines Besitzers. Er war interessiert, aber er musste unbewusst einen gewissen Unglauben an ihre Intuition angedeutet haben, denn einmal hörte sie auf zu sprechen und sah ihn scharf an.

„Du denkst, ich weiß es nicht", sagte sie, „aber ich weiß es. Wir wissen es immer, bis wir die Gabe mit Konventionalitäten töten. Wir werden mit einer intuitiven Charakterkenntnis geboren. Wilde haben es, und Tiere und Babys." . Wir verlieren es, während wir in der Zivilisation voranschreiten, denn dann misstrauen wir unseren Eindrücken und zwingen unsere Vorlieben und Abneigungen, dem Diktat der Politik zu folgen. Ich habe hart gearbeitet, um meine Einsicht zu bewahren und weiterzuentwickeln, und siehe, meine Belohnung! Ich habe dich erkannt den ersten Blick als perfekten Begleiter eines Tages."

Das Gesicht des Jungen strahlte vor Freude.

„Dann ist es ein Erfolg?"

„Es ist ein Erfolg. Aber es ist auch schon fünf Uhr. Wie geht es weiter?"

„Dann war es ein Erfolg?" Er wiederholte verträumt: „Bis jetzt, meine ich. Wir haben in einer Hinsicht so wenig gemacht, aber ich bin sehr froh, dass es Ihnen gefallen hat. Wir werden jetzt bei Sherry's vorbeischauen und eine Tasse Tee und ein gebuttertes Englisch trinken." Muffin und die schönen

Damen und die ungarische Band. Anstatt dort zu essen, gehen wir dann, wie Sie sagen, in einen fröhlicheren, typischeren New Yorker Ort – eines der großen Broadway-Restaurants? Das wird Ihnen eine andere „Phase" zeigen; und die Küche ist fast genauso gut.

Sie stimmte sofort zu. „Ich glaube, das würde mir gefallen", sagte sie. „Ich möchte so viel Abwechslung wie möglich."

Er beugte sich eindrucksvoll über den kleinen Tisch in der Teestube zu ihr, erinnerte sich an ihre unerwartete Hommage an die „perfekte Begleiterin" und fühlte sich plötzlich überraschend gut mit ihr vertraut.

„Wie schade, dass du heute Abend weg musst!" murmelte er unbefangen. „Es gibt noch so viel zu tun."

Als die Erinnerung sie überwältigte, hörte ihr Herz für einen Moment auf zu schlagen. Er bemerkte, wie sich ihr Gesichtsausdruck veränderte, und sah sie mit einer mitfühlenden Frage in seinen grauen Augen an.

„Können Sie Ihre Pläne nicht ändern?" er schlug hoffentlich vor. „Musst du gehen?"

„Nein, das sind keine solchen Pläne. Ich muss gehen."

Während sie sprach, hatte ihr Gesicht die Farblosigkeit und Unbeweglichkeit , die er in den ersten Augenblicken gesehen hatte, in denen es ihm am Morgen zugewandt war, und ihre Gesichtszüge wirkten plötzlich alt und eingefallen. Als ihm klar wurde, dass es ein Problem gab, das größer war, als er begreifen konnte, senkte der Junge den Blick.

"Von Jove!" „Da ist etwas mit ihr los", dachte er plötzlich. Er fragte sich, was es war, und ihm kam der Gedanke, dass es sich möglicherweise um eine unheilbare Krankheit handelte. Erst ein Jahr zuvor hatte er miterlebt, wie einem Freund in der Praxis eines Facharztes das Todesurteil überreicht wurde, und die Erinnerung an dieses Erlebnis blieb ihm erhalten. Er war so in diese Überlegungen vertieft, dass er für einen Moment vergaß zu sprechen, und sie ihrerseits saß schweigend da.

„Es tut mir leid", sagte er dann verlegen. Dann erkannte er richtig, wie sie ihre Gedanken am schnellsten ablenken konnte, und schlug vor, dass sie vor dem Abendessen noch ein oder zwei Stunden lang fahren sollten, um die Wirkung der Dämmerung und der frühen Lichter am Broadway zu genießen.

Sie stimmte sofort zu, wie sie den meisten seiner Vorschläge zugestimmt hatte, und als sie ihn ansah, war ihr Gesicht wieder gelassen, aber er war nicht ganz beruhigt. Schweigend folgte er ihr zum Taxi.

Während ihres Abendessens an diesem Abend im glitzernden Broadway-Restaurant, mit der schwungvollen Musik französischer und deutscher

Walzer in ihren Ohren, entspannte sie sich wieder von der unpersönlichen Haltung, die sie den größten Teil des Tages beobachtet hatte. Sie sah ihn mehr an, als würde sie ihn sehen, sagte er sich, aber er konnte sich nicht einbilden, dass die Veränderung auf ein stärkeres Interesse an ihm zurückzuführen war. Es lag lediglich daran, dass sie ihn besser kannte und dass ihre stundenlangen Besichtigungen ihr Urteil über ihn bestätigt hatten.

Ihre Rede verbreitete sich um die ganze Welt. Er erkannte, dass sie viel im Ausland gelebt und viele interessante Männer und Frauen gekannt hatte. Aus beiläufigen Bemerkungen, die sie machte, erfuhr er, dass sie eine Waise war, unverheiratet, ohne enge Bindungen und dass ihr Zuhause nicht in der Nähe von New York lag. Als er am nächsten Tag nach einer benommenen Lektüre der Morgenzeitungen sein Wissen über sie zusammenfasste, war das alles, woran er sich erinnern konnte – das gesammelte Treibholz eines Gesprächs, das sich über zwölf Stunden hingezogen hatte.

„Du siehst aus", sagte er einmal und warf ihr einen kritischen Blick zu, „als hättest du Jahrhunderte gelebt und alle Lektionen gelernt, die das Leben lehren kann."

Sie schüttelte den Kopf. „Ich lebe seit Jahrhunderten", sagte sie, „aber von all den Lektionen habe ich nur eine wirklich gelernt."

"Und das ist?"

„Wie wenig das alles ist."

Als er sie erneut betrachtete, verspürte er ein unangenehmes kleines Zittern. Gleichzeitig verspürte er die seltsame Überzeugung, dass diese Frau den ganzen Tag über eine Rolle gespielt hatte und dass sie nun, durch Müdigkeit und Depression, ihrer Rolle überdrüssig wurde und sie ablegen und sich ihm so zeigen würde, wie sie war. Aus irgendeinem Grund wollte er das nicht. Das Gesicht hinter der Maske, von dem er ab und zu einen Blick zu erhaschen begann, war ein Gesicht, von dem er fürchtete, dass es ihm nicht gefallen würde. Er schreckte davor zurück, wie ein Kind vor dem zurückschreckt, was es nicht versteht.

Zu seiner großen Erleichterung überwand sie die düstere Stimmung, die sie zu bedrohen schien, und bei dem Stück wirkte sie menschlicher als je zuvor.

„Ah, dieser erste Akt", sagte sie, als der Vorhang fiel, als Peter Pan mit den Darling Children durch das Fenster flog – „dieser köstliche erste Akt! Natürlich kann Barrie nicht weitermachen – niemand konnte es. Aber der Humor." davon und die Zärtlichkeit und die Naivität! Nur ein Erwachsener mit dem Herzen eines Kindes könnte es wirklich schätzen."

„Und du bist das?" fragte er gewagt. Er wusste, dass das nicht der Fall war.

„Nur für diese halbe Stunde“, lächelte sie. „Ich kann jeden Moment kritisch werden und völlig den Kontakt verlieren.“

Das tat sie jedoch nicht, und als er ihre nachsichtige Wertschätzung für die kleinen Jungen in Never Never Land beobachtete, dachte er unbewusst darüber nach, dass dies schließlich die echte Frau sein musste. Diese andere Persönlichkeit, von der er von Zeit zu Zeit plötzlich eine entmutigende Seite bekam, war nicht seine neue Freundin, die wie ein junges Mädchen über das Krokodil mit der Uhr darin lachte und plötzlich Tränen in ihren braunen Augen zeigte, als die Schauspielerin flehte für die sterbende Fee. Als der Vorhang zum letzten Akt fiel und Peter Pan allein mit seinen funkelnden Feenfreunden in seinem kleinen Zuhause hoch oben zwischen den Bäumen zurückblieb, wandte sich Alice Stansbury mit dem plötzlichen Gesichtsausdruck, den er zu fürchten gelernt hatte, an ihre Begleiterin. Die Pupillen ihrer Augen waren seltsam geweitet, und sie litt offenbar unter einer unterdrückten Erregung. Sie sprach knapp und kühl mit ihm.

„Wir werden irgendwo ein Welsh-Kaninchen haben“, sagte sie, „und dann gehe ich zurück.“ Er war beeindruckt von dieser Verwendung des Wortes und vom Ton ihrer Stimme, als sie es sagte. „Zurück“, wiederholte er im Geiste – „zurück zu etwas sehr Unangenehmem, das wette ich.“

Im Restaurant aß sie nichts und sagte wenig. Aller Glanz und Glanz waren aus dem Tag und aus ihrer Kameradschaft verschwunden. Sogar die Musik war traurig, als wäre sie stillschweigendes Mitgefühl, und die Gesichter der Gäste um sie herum sahen müde und alt aus. Als sie das Esszimmer verließen, blieben sie einen Moment lang zusammen im Vorraum stehen, der zur Straße führte. Niemand war in ihrer Nähe und sie waren für einen Moment außerhalb der Reichweite neugieriger Augen. Sie warf einen kurzen Blick um sich, um sich zu vergewissern, und dann näherte sie sich ihm und legte beide Hände auf seine Schultern. Als sie so stand , wurde ihm zum ersten Mal klar, wie groß sie war. Ihre Augen waren fast auf Augenhöhe mit seinen.

„Du bist ein lieber Junge“, sagte sie schnell und ein wenig atemlos. „Du hast den Tag perfekt gemacht, und ich danke dir. Wir werden uns nicht wiedersehen, aber ich möchte das Gefühl haben, dass du mich nicht vergisst, und ich möchte, dass du mir deinen Vornamen sagst.“

Er legte seine Hände auf ihre.

„Es ist Philip“, sagte er schlicht, „und was das Vergessen betrifft, so werde ich es bestimmt nicht tun. Das ist nicht die Art von Dingen, die man vergisst, und Sie sind nicht die Art von Frau.“

Während er sprach, verstärkte sich der Griff ihrer Hände auf seinen Schultern, und sie beugte sich vor und küsste ihn auf den Mund. Unter der Plötzlichkeit und der Überraschung wirbelten seine Sinne, aber selbst im

Chaos des Augenblicks war er sich zweier widersprüchlicher Eindrücke bewusst – der erste war eine seltsame Enttäuschung bei ihr, seiner Freundin; der zweite, ein absurder Groll gegen die einzigartige Distanz dieser kühlen, weichen Lippen, die für einen Moment seine eigenen berührten. Sie gab ihm keine Gelegenheit zu sprechen.

„Ich habe meine Handschuhe auf dem Tisch liegen lassen", sagte sie knapp. "Schnappt sie."

Er ging wortlos. Als er zurückkam, war der Vorraum verlassen. Mit einer schnellen Ahnung der Wahrheit öffnete er die Tür und stürmte auf die Straße. Sie war nicht da, auch nicht der Taxifahrer, den er angewiesen hatte, auf sie zu warten. Sie hatte sich davongemacht, wie sie es beabsichtigt hatte, und der Kuss, den sie ihm gegeben hatte, war ein Abschied gewesen. Er blieb stehen und schaute dumm die Straße auf und ab, mit ihren Handschuhen in der Hand und ihrer Handtasche, wie er sich jetzt erinnerte, in der Tasche. Nun, er könnte das am nächsten Morgen ankündigen, so dass sie es zurückfordern könnte, ohne ihn wiederzusehen, wenn sie wollte. Er könnte es sogar in einem Umschlag verschließen und im *Herald- Büro hinterlassen, um es* jedem zu geben , der es beschreiben würde. Er ging langsam den Broadway entlang und bog in die Seitenstraße ein, in der sich das Haus und das unattraktive Schlafzimmer im Flur befanden, das er sein Zuhause nannte. Er fühlte sich „enttäuscht", wie er es ausgedrückt hätte, und schrecklich einsam und deprimiert. Sie war so eine gute Frau, dachte er, und es war so schade, dass sie ihn nicht wiedersehen ließ. Er wusste irgendwie, dass er es nie tun würde. Sie war keine Frau, die ihre Meinung über Dinge änderte. Jove! aber die ganze Erfahrung war interessant gewesen; und dieser Kuss – dieser Kuss, den er für einen Moment missverstanden hatte. ... Die tiefste Röte des Tages versengte sein Gesicht, als er sich daran erinnerte.

Miss Stansbury traf im selben Moment am Haupteingang ihres Hotels ein und wies den Fahrer knapp an, sein Fahrgeld am Schalter abzuholen. Sie betrat mit ihm die Halle, ging gleichgültig am Nachtportier vorbei und beantwortete mit einem Nicken die stillschweigende Frage dieses Jugendlichen, als er von ihr zum Kutscher blickte. Sie bemerkte weder die unterdrückte Aufregung in seinem Verhalten noch die Erleichterung des Aufzugsjungen, als er ihr Erscheinen in seinem Wagen freudig begrüßte. Was spielte es für eine Rolle? Was war jetzt wichtig? Ihr Tag war vorbei.

Miss Manuel, die bereits durch eine eilige telefonische Nachricht aus dem Büro über ihre Ankunft informiert worden war, wartete an der Tür ihrer Wohnung auf sie. Sie brach in Tränen aus, als sie ihre Arme um ihre Patientin legte, sie küsste und sie hineinführte.

„Oh mein Lieber, wie *konntest* du?" sie weinte vorwurfsvoll. „Denken Sie an die Qualen, die ich durchgemacht habe. Es ist fast zwölf Uhr."

Die andere Frau sah sie weder an, noch erwiderte sie die Liebkosung. Sie betrat das Zimmer und setzte sich mit einem seltsamen Anschein von Eile an ihren Schreibtisch, worüber sich die Krankenschwester wunderte . Ohne darauf zu warten, Hut oder Mantel abzunehmen, schnappte sie sich Stift und Papier, schrieb diese Zeilen und markierte sie deutlich:

PERSÖNLICH

ZUR EINFÜGUNG IN MORGENS „HERALD"

PHILIP: Die Handtasche wurde absichtlich bei Ihnen gelassen. Der Inhalt gehört Ihnen.

Sie steckte dies in einen Umschlag und schickte ihn an die Werbeabteilung des *Herald* . Dann sprach sie zum ersten Mal mit der Krankenschwester, während sie den Umschlag geistesabwesend in ihrer Hand balancierte, ohne der anderen ins Gesicht zu schauen. Ihre Stimme war ruhig und eintönig, fast so, als würde sie eine Lektion wiederholen.

„Sie hätten sich keine Sorgen machen müssen", sagte sie und antwortete schließlich auf die ersten Worte der Krankenschwester. „Ich hatte schon seit Jahren, was ich wollte – einen ganzen Tag für mich. Ich habe getan, was ich tun wollte. Es hat sich gelohnt . Aber", fügte sie langsamer hinzu, „das brauchen Sie mich nicht zu fragen." darüber, denn ich werde Ihnen nichts sagen. Rufen Sie bitte einen Boten an. Ich möchte, dass dies sofort zum *Herald- Büro gebracht wird. Geben Sie ihm das Geld, um es zu bezahlen.*

Schweigend gehorchte Miss Manuel. Als der Junge kam, ging sie in den Flur, um ihm den Umschlag zu reichen, und warf dabei einen Blick auf die Adresse. In dem Moment, als sie die Schwelle überschritt, schlüpfte Alice Stansbury in den Nebenraum und öffnete ein Fenster mit Blick auf einen Hof. Dabei wimmerte sie wie ein verängstigtes Kind.

„Ich muss es tun", flüsterte sie. „Ich muss – ich muss – jetzt – jetzt – jetzt! Wenn ich warte, werde ich – es nicht wagen."

Als die Krankenschwester das Zimmer betrat, gab es nur das offene Fenster, um ihr zu erzählen, was passiert war. Keuchend beugte sie sich vor und schaute mit erschrockenen Augen nach unten. Tief unten, auf dem Asphaltboden des Gerichts, befand sich eine dunkle Masse, die sich einmal bewegte und dann still lag.

Die kleine Uhr auf dem Tisch im inneren Raum schlug zwölf. Draußen im Flur pfiff der Bote leise, während er auf den Aufzug wartete. Als die Krankenschwester diese vertrauten Geräusche hörte, löste sie die Lähmung, die sie festgehalten hatte, und der stille Korridor des großen Hotels hallte von ihrem nutzlosen Hilferuf wider.

IV

DAS EINFACHE LEBEN VON GENEVIEVE MAUD

Genevieve Maud lag in einer ungeübten Leichtigkeit in einem Geranienbeet. An ihrem fetten Körper trug sie ein weißes Kleid, um ihre Taille hing eine breite, blaue Schärpe, auf einer Seite ihres Kopfes prangte eine prachtvolle blaue Schleife, und in ihrem Herzen war Bitterkeit. Es war ein wenig beruhigend, sich in all dieser Pracht hinzulegen, aber es half nicht wirklich viel. Sie grübelte düster über ihr Unrecht. Sie waren zahlreich, und ihr engelhaftes kleines Gesicht wurde noch düsterer, als sie sie zusammenfasste. Erstens war sie aufgefordert worden, brav zu sein – ein Vorschlag, der der hochmütigen Seele von Genevieve Maud stets unwillkommen war, und das um so mehr an diesem Morgen, als sie keine andere Wahl sah, als ihm zu gehorchen. Zweitens gab es niemanden, mit dem man spielen konnte – eine Situation, die für jedes umgängliche Wesen deprimierend war, und noch schlimmer für jemanden, der alle Männer als seinesgleichen, alle Frauen als ihre bedingungslosen Sklaven und alle Tiere als dankbare Verwalter ihrer Bedürfnisse in niederen Bereichen der Freude betrachtete.

Man muss zugeben, dass diese Wahnvorstellungen während der vier kurzen, aber ereignisreichen Lebensjahre von Genevieve Maud genährt wurden. Ihre Herangehensweise war außerordentlich überzeugend; Alt und Jung zögerten nicht, um zu streiten, sondern entledigten sich frei aller Schmuckstücke und Tiere, von dem Kätzchen, das sie an einem Ohr herumtrug, bis zum großen Bernhardiner, den sie in immer wiederkehrenden Momenten der Zärtlichkeit halb erdrosselte, den sie anbetend mit sich trug Demütig folgte sie der Kuchenspur, die sie zurückließ, als sie ihrer überdrüssig wurde, und machte sich auf die Suche nach neuen Attraktionen. Diese waren normalerweise zahlreich; und wenn sie seltener gewesen wären, wäre der Einfallsreichtum von Genevieve Maud der Prüfung gewachsen gewesen. In ihrer individuellen Welt gab es keine sozialen Unterschiede. Aber vor einem kurzen Jahr war sie einem Orgelmann und einem Affen an einen Ort gefolgt, der sicher von allzu aufmerksamen Verwandten und Dienern entfernt war; Dort hatte sie neben dem plappernden Affen gesungen und getanzt, um ein paar Pennys gekämpft und ein Tamburin geschüttelt und sich im Allgemeinen wie eine Mänade einer *Debütantin benommen* .

Das war ein herrlicher Tag gewesen. Sie erinnerte sich nun mit glühender Glut und Groll daran. Anders war tatsächlich die tragische Gegenwart. Niemand zum Spielen – das war schon schlimm genug. Aber es gab noch schlimmere Bedingungen. Sie durfte nicht einmal alleine spielen! Rover war zu einem Nachbarn verbannt worden, das Kätzchen war den Joyce-Kindern großzügig geliehen worden, ihre menschlichen Spielgefährten waren gewarnt worden, das Gelände zu verlassen, und Genevieve Maud war aufgefordert worden, ein liebes kleines Mädchen zu sein und sehr, sehr still zu bleiben, weil Mama es war krank. Als ob das nicht genug wäre, fuhr das Schicksal mit seinem unerbittlichen Messer und verpasste ihm eine letzte Wendung. Weit hinten in einer Ecke des Gartens, in dem sie lag, fast versteckt von den herabhängenden Zweigen einer alten Weide, saßen ihre beiden Schwestern, Helen Adeline und Grace Margaret, höchst erhabene Wesen von stattlicher Würde, selbst über ihr reifes Alter von elf und neun Jahren hinaus Jahre. Sie waren zu alt, um mit kleinen Mädchen zu spielen, wie sie Genevieve Maud gegenüber oft erwähnt hatten, aber sie waren nicht ganz außerhalb der Macht ihres Zaubers, und es hatte Gelegenheiten gegeben, in denen sie sich selbst so weit vergessen hatten, dass sie auf ihr Niveau herabstiegen und Genießen Sie Puppenteepartys und ähnliche kindliche Freuden. Heute waren sie jedoch weit entfernt. Ihre dicken Rücken waren ihr zugewandt, ihre Köpfe waren dicht beieinander, und in der sanften Nachmittagsbrise, die über den Garten wehte, erklang zischendes Flüstern. Sie erzählten einander Geheimnisse – Geheimnisse, von denen Genevieve Maud aufgrund ihrer zarten Jahre unwiderruflich ausgeschlossen war.

Genevieve Maud richtete sich plötzlich im Blumenbeet auf, als der volle Schrecken dieser Wahrheit über sie hereinbrach, und begann dann energisch mit der Aktion, die darauf abzielte, den Frieden und die Ruhe der Szene zu verändern. Ihr kleines, fettes Gesicht wurde lila, ihre großen, braunen Augen waren fest geschlossen, ihr runder Mund öffnete sich, und aus der winzigen Öffnung drang eine Reihe von Schreien, die eine Sirene in beschämtes Schweigen eingelullt hätten. Die Wirkung dieser Demonstration, die selten lange auf sich warten ließ, war jetzt augenblicklich. Eine Krankenschwester mit einer weißen Mütze kam an ein Fenster im Obergeschoss und schüttelte warnend den Kopf; die beiden kleinen Schwestern standen auf und huschten über den Rasen; eine Nachbarin kam an die Hecke und klatschte leise in die Hände und schnalzte mystische einsilbige Worte, die beruhigend sein sollten; Nachbarskinder in Hörweite nahmen halbfeierliche Mienen an und stürmten an die Seite des eklatant Geplagten. Als Genevieve Maud dies alles mit halb geschlossenen Augen betrachtete und das stetige Trampeln des entgegenkommenden Hilfskorps hörte, ruhte für einen Moment ein Ausdruck triumphierender Zufriedenheit auf Genevieve Mauds Gesicht. Dann band sie es erneut zu Knoten mit einem noch entstellenderen Muster zusammen, holte noch einmal tief Luft und bemühte sich offenbar ernsthaft, die Aufmerksamkeit der Bürger der nächsten Gemeinde auf sich zu ziehen. "Ich bin müde!" war die Botschaft, die Genevieve Maud auf den Flügeln dieses megaphonen Gebrülls an eine mitfühlende Welt sandte.

Die ausgebildete Krankenschwester, die die Treppe hinunter und in den Garten geeilt war, trat nun an ihre Seite und unterdrückte Genevieve Mauds Histrionismus drastisch , indem sie eine großzügige Handfläche über den breiten kleinen Mund streckte. Mit der anderen Hand hob sie Genevieve Maud aus dem Blumenbeet und begleitete sie auf neutralen Boden auf dem Rasen.

„‚Müde!‘“, wiederholte die wütende Krankenschwester, während der Aufruhr in ein Gurgeln überging. „Himmel! Ich würde denken, dass du es danach wärst!“ Helen Adeline und Grace Margaret trafen gleichzeitig ein, und das ältere Kind nahm die Situation und das Kind in die Hand, indem es das Verhalten seiner Mutter bestmöglich nachahmte.

„Es tut mir so leid, dass Sie gestört waren, Miss Wynne“, sagte sie, „und auch der armen Mama. Wir werden uns um Genevieve Maud kümmern, und sie wird nicht mehr weinen. Wir haben gerade ein paar Pläne für ihre Zukunft geschmiedet, " endete sie hochmütig.

Der Mund von Genevieve Maud, der zu einem weiteren Schrei vorgestreckt war, blieb in seiner Ausdehnung stehen. Ihre kleinen Ohren öffneten sich weit. War sie doch im Geheimnis? Es scheint so, denn die scheinbar zufriedene Krankenschwester ließ die drei Kinder allein und ging zu ihrer Patientin zurück, während Helen Adeline ihre kleine Schwester sofort zu dem erlesenen Rückzugsort unter der Weide führte.

„Wir werden mit Ihnen reden, Genevieve Maud“, begann sie, „ sehr ernst, und wir möchten, dass Sie aufmerksam sind und versuchen, es zu verstehen.“ So viel war einfach. Mama eröffnete ihre beeindruckenden Ansprachen normalerweise auf diese Weise.

„Seien Sie aufmerksam und versuchen Sie zu verstehen“, wiederholte Genevieve Maud und grinste in freudigem Interesse.

„Ja, versuchen Sie es wirklich“, wiederholte Helen Adeline bestimmt. Dann fuhr sie ziemlich ungeduldig und als jemand, der die schmerzlichen Einschränkungen der Jugend ertragen konnte, fort:

„Du bist so klein, Maudie, weißt du, du weißt es nicht; und du wirst es nicht wissen, selbst wenn wir es dir sagen. Aber du bist ein verwöhntes Kind; jeder sagt es, und Mama hat neulich so etwas gesagt.“ sollte erledigt werden. Sie ist krank, also kann sie es nicht tun, aber wir können es. Wir müssen uns auf jeden Fall um dich kümmern, also ist dies eine gute Zeit. Nun, was es wirklich ist, ist eine Art Spiel. Gracie und ich werden es spielen, und du wirst – nun ja, du wirst das Spiel sein.“

Genevieve Maud nickte feierlich und zufrieden. Sie war jedenfalls dabei. Was zählten die kleinen Details? „Das wird das Spiel“, wiederholte sie, wie es immer ihre Gewohnheit war, mit der Miene, einen originellen Gedanken auszusprechen.

Helen Adeline machte eindrucksvoll weiter.

„Man nennt es das einfache Leben", sagte sie, „und die Erwachsenen spielen es jetzt. Ich hörte den Pfarrer und die Mutter stundenlang in der Woche darüber reden. Sie verzichten auf Pomp und" Eitelkeiten , sagt der Minister, und sie dürfen keinen Luxus haben, und sie müssen wie die Natur leben und ihre Seelen retten. Sie können ihre Seelen nicht retten, wenn sie Pomp und Eitelkeiten haben . Wir dachten, wir Ich würde es zuerst mit dir probieren, und dann, wenn es uns gefällt – äh – wenn es schön ist, meine ich, vielleicht Grace , und ich werde es auch tun. Aber Mama ist krank, und du hast zu viele gegessen Dinge sind eine „zu große" Aufmerksamkeit , also ist es eine gute Zeit für dich, ein einfaches Leben zu führen und auf Dinge zu verzichten."

Genevieve Maud, die mit großen, interessierten Augen in das Gesicht ihrer Schwester blickte, war sich vage, unbewusst bewusst, dass das neue Spiel diese Seite des perfekten Inhalts stoppen könnte; Aber sie war ein experimentierfreudiger Mensch und drückte keine Skepsis aus, bis sie wusste, was auf sie zukam. In der Zwischenzeit waren die Augen ihrer Schwester Grace Margaret missbilligend über Genevieve Mauds weißes Kleid, die blaue Schärpe, die ihren Bauch umgab, und die wuchernde Schleife in ihrem Haar gewandert. Katie hatte all diese Dinge gewissenhaft angezogen und sich dann freudig für den Rest des Nachmittags von der Last der Gedanken an das Kind befreit.

„Glauben Sie nicht", fragte Grace Margaret zögernd, „Schärpen und Schleifen sind Pomp ?"

Helen Adeline warf dem Redner einen ernsten, ausdruckslosen Blick zu. Sie stimmte zu.

„Lass sie uns ausziehen", sagte der jüngere und praktischere Geist. „Dann müssen wir sie auch nie für sie festbinden , wenn sie sich lösen."

Sie zogen Genevieve Maud zunächst die Schärpe und die Schleifen aus, dann das weiße Kleid, dann ihre weiche Unterwäsche und schließlich, als der Eifer zunahm, sogar ihre Schuhe und Strümpfe. Sie stand vor ihnen, gekleidet in Unschuld und voller freudiger Erwartung.

„Alle diese schönen Kleider sind Pomps und Eitelkeiten ", bemerkte Helen Adeline bestimmt. „Das sagte der Pfarrer, als er mit Mama über das einfache Leben sprach, und Gracie und ich hörten zu. Es war sehr interessant ."

Mit einem nachdenklichen Blick betrachtete sie die unschuldige Nacktheit ihrer kleinen Schwester, „nackt, aber nicht beschämt".

„Katie wird sich freuen, nicht wahr?" sie dachte laut nach. „ Sie sagt , es wird zu viel gewaschen. Jetzt muss sie nichts mehr für dich tun. Fühlst du dich nicht besser und glücklicher ohne diesen Pomp ?" sie fragte Genevieve Maud.

Diese junge Person wälzte sich bereits im Gras, steckte ihre kleinen Zehen in die kühle Erde und jubelte über ihre neu entdeckte modische Emanzipation. Wenn dies das „neue Spiel" war, war das neue Spiel ein Gewinner. Grace Margaret, die sie zweifelnd ansah, war sich schwach einer Wirkung der Unvollständigkeit bewusst.

„Ich denke, sie sollte einen Hut haben", murmelte sie schließlich. Helen Adeline war gutmütig nachgiebig.

„In Ordnung", antwortete sie fröhlich, „aber nicht aufgeblasen . Papas großer Strohhalm reicht auch." Sie fanden es und legten es dem Säugling an, dessen Augen und Gesicht dadurch glücklicherweise vor dem heißen Glanz der Augustsonne geschützt waren. Noch bevor es auf ihrem Kopf war, war sie schon davongeglitten und rannte in das Gebüsch hinein und wieder heraus, wobei ihr weißer Körper zwischen den Blättern aufblitzte.

„Wir werden hier zu Mittag essen", verkündete Helen Adeline bestimmt, „und ich werde es herausbringen, um Katie Ärger zu ersparen. Maudie kann natürlich kein reichhaltiges Essen haben, weil sie ein einfaches Leben führt ." Wir geben ihr Brot vom Blechteller."

Grace Margaret sah erschrocken aus.

„Wir haben kein Weißblech", wandte sie ein.

„Rover hat."

Grace Margarets Augen senkten sich plötzlich, dann hoben sie sich und begegneten denen ihrer Schwester. Eine unfreiwillige Bewunderung beschlich sie.

„Wie lernt Maudie gute Tischmanieren?" sie protestierte schwach. „Mama sagt, sie muss es tun, wissen Sie."

„Leute haben keine guten Tischmanieren, wenn sie ein einfaches Leben führen ", verkündete Helen Adeline hochmütig. „Sie essen nur. Ich schätze, wir werden ihr auch keine Messer, Gabeln und Löffel geben."

Grace Margaret kämpfte gegen die Versuchung und erlag schwach.

„Lass uns ihr aber etwas vom Milchreis geben", schlug sie vor. „Es wird so viel Spaß machen, ihr dabei zuzusehen, wie sie es isst, besonders wenn es sehr cremig ist!"

Über weitere Einzelheiten dieses Mittagessens weigerten sich alle drei Kinder danach, zu sprechen. Für Genevieve Maud war der einzige erwähnenswerte Punkt, dass sie das hatte, was die anderen hatten. Nachdem dieser Kompromiss zustande kam, war die Art des Essens für sie ein unbeschreiblich unwichtiges Detail. Was waren für Genevieve Maud Messer, Gabeln, Löffel oder deren Fehlen? Der Zinnteller war lediglich eine erfreuliche Neuheit, und dass sie in engem Kontakt mit Milchreis gestanden hatte, bezeugten beredt die Proben dieser Delikatesse, die sich im Laufe des Nachmittags liebevoll an ihre Gesichtszüge und ihren dicken Körper schmiegten.

Während sie aßen, war Helen Adelines lebhafter Geist beschäftigt gewesen. Großzügigerweise gewährte sie ihren Schwestern den Vorteil, dass es ohne Verzögerung funktionierte.

„Sie dürfte kein Geld haben", bemerkte sie nachdenklich und verfolgte mit blinden Augen den letzten sorgfältigen Schliff, den die kleine Zunge von Genevieve Maud Rovers geliehenem Teller gab. „Im einfachen Leben hat niemand Geld, also müssen wir ihr die Bank nehmen und das ganze Geld herausholen und …"

„Gib es aus!" schlug Grace Margaret begeistert mit ihrer zweiten Inspiration vor. Helen Adeline dachte nach. Die Versuchung war groß, aber in ihrem klugen kleinen Kopf schlummerte eine düstere Vorahnung über die möglichen Konsequenzen.

„Nein", entschied sie schließlich konsequent. „Ich denke, es muss den Armen gegeben werden. Wir werden die Bank sprengen und es herausnehmen, und Maudie kann es den Armen ganz allein geben. Wenn dann jemand schimpft, hat *sie* es getan! Das wirst du." Genießen Sie diese Art von edler Tat, nicht wahr, Maudie?" fügte sie in ihrer stattlichsten erwachsenen Art hinzu.

Maudie beschloss, dass sie es tun würde, und bestätigte prompt Helen Adelines Eindruck. Die sanfte Augustbrise wehte um ihren Körper, das Gras war kühl und frisch unter ihren Füßen und ihr kleiner Bauch sah aus, als wäre er durch ihr üppiges Mittagessen einem Fußball nachempfunden worden. Sie sollte die zentrale Figur bei der Verteilung ihres Reichtums sein, und Weisheit, die über sie hinausging, würde sich mit den unbedeutenden Details belasten. Genevieve Maud sammelte das Material für große, matschige Schlammkuchen, sang fröhlich vor sich hin und empfand das einfache Leben als ihre eigene Belohnung.

„Wir werden sie mit ihren Puppen zurücklassen", fuhr Helen Adeline fort, „und wir werden die Armen aufspüren, die es verdienen . Dann bringen wir sie hierher und Maudie kann ihnen alles geben, was sie hat. Aber zuerst" —

Ihre kleinen, scharfen Augen ruhten unzufrieden auf Genevieve Mauds Familie – sechs Puppen, die in einer glückseligen Reihe in einem Stiefmütterchenbett ruhten – „Zuerst müssen wir *diese* entfernen." Pomp und Eitelkeiten .

Grace schnappte nach Luft.

„Die Puppen wegnehmen?" sie ejakulierte schwindelig.

„Nein, nicht unbedingt . Ich ziehe ihnen einfach alle Klamotten aus. Findest du es nicht albern, wenn sie Klamotten anhaben, wenn Maudie keine hat?"

Grace Margaret stimmte dem zu, und sofort war der Fehler behoben, die Kleidung wurde dem Haufen von Genevieve Mauds Kleidungsstücken hinzugefügt, und es herrschte eine angenehme Wirkung der Harmonie. Die kleinen Mädchen betrachteten es mit unschuldiger Befriedigung.

„Ich vermute, wir konnten ihre Puppen nicht wirklich mitnehmen", überlegte Helen Adeline laut. „Sie würde furchtbar viel Aufhebens machen, und sie ist so gut und ruhig, jetzt ist es schade, sie anzufangen. Aber ihre Spielsachen *müssen weg* . Sie sind sehr teuer, und es sind Pomps und Eitelkeiten , ich. " Weißt du. Also nehmen wir sie mit und geben sie armen Kindern."

„Du denkst an viele Dinge, nicht wahr?" gurgelte Grace Margaret mit warmer Bewunderung. Ihre Schwester nahm den Tribut bescheiden an, da sie nicht mehr war, als ihr gebührte. Nachdem sie Genevieve Maud mit ihren Schlammkuchen und ihren nackten Puppen zufrieden zurückgelassen hatten, suchten die beiden das Kinderzimmer auf und legten dort eine anspruchsvolle Sammlung ihrer erlesensten Schätze an. Ihre Arche Noah, ihre Bilderbücher, ihre bunten Bälle und Blöcke, ihre Wolllämmer, die sich auf Rädern bewegten, ihr Miniatur-Krocketspiel, alles fiel in ihre rücksichtslosen jungen Hände und wurde als krönender Abschluss des Verbrechens in den kleinen Gokart geworfen Das war der Apfel von Genevieve Mauds runden Augen. Es quietschte unter seiner Last, als die Kinder es vorsichtig durch den Flur zogen. Sie trugen es mit übertriebener Vorsicht die Treppe hinunter, aber Genevieve Maud sah es von weitem und näherte sich, tief bewegt von ihrer Nachdenklichkeit, mit einem Gurgeln selbstsüchtiger Wertschätzung. Die Verschwörer tauschten verzweifelte Blicke aus. Es war der unerschrockene Geist von Helen Adeline, die mit der belastenden Situation zurechtkam. Sie setzte sich vor ihr Opfer, nahm Maudies widerwillige Hände in ihre und schaute ihr tief in die Augen, wie Mama es immer zu tun pflegte, wenn es darum ging, ernsthafte Gespräche zu führen.

„Nun, Genevieve Maud", begann sie, „ du. " Sie müssen zuhören und sich Gedanken machen, sonst können Sie nicht spielen. Hast du nicht eine schöne

Zeit? Wenn du nicht tun willst, was wir sagen, ziehen wir deine Kleider wieder richtig an und lassen dich inmitten deines Pomps und deiner Eitelkeiten zurück : und was wird dann aus deiner Seele?" Sie machte eine beeindruckende Pause, um dieser wichtigen Frage ihre volle Wirkung zu entfalten. Genevieve Maud wand sich und wand sich.

„Aber", fuhr Helen Adeline feierlich fort, „wenn Sie genau das tun, was wir sagen, lassen wir Sie noch mehr spielen." Das größere Thema wurde dieses Mal vorübergehend aus den Augen verloren, aber das vorgestellte Thema schien Genevieve Maud lebhaft anzusprechen.

„Lass Genevieve Maud noch etwas spielen", flehte sie.

„Und wirst du alles tun, was wir sagen?"

„Tu alles, was du sagst", versprach Genevieve Maud leichtsinnig.

„Sehr gut" – dies mit einer Treue in der Nachahmung des Verhaltens ihrer Mutter, die diese bewundernswerte und leidgeprüfte Frau erschüttert hätte, wenn sie es gehört hätte. „ Zuallererst müssen wir unsere Spielsachen an arme Kinder verschenken."

Der Mund von Genevieve Maud öffnete sich. Helen Adeline hob warnend die Hand und die Tür schloss sich.

„Das sind *Pompons* ", wiederholte die ältere Schwester positiv, „und wir bringen dir einfache Spielsachen, wenn arme Kinder mit uns tauschen."

Das war zumindest mildernd. Genevieve Maud zögerte und schniefte. Beim Ausziehen waren Spielzeuge wichtiger als Kleidung.

„Wenn du das nicht tust, kannst du nicht spielen", erinnerte Grace Margaret sie.

„ Okay ", bemerkte Genevieve Maud kurz. „Gib armen Kindern Spielzeug . "

Sie verließen sie eilig, bevor ihr edles Ziel dies tun konnte, und Genevieve Maud, sich selbst überlassen, backte cremige Schlammkuchen und verfütterte sie an ihre Familie. Grace Margaret und Helen Adeline kehrten triumphierend innerhalb einer Stunde zurück und legten ihrem kleinen Opfer bescheidene Opfergaben zu Füßen, bestehend aus einer armlosen Gummipuppe, einem schmutzigen und stark zerrissenen Bilderbuch und einem zerbrochenen Oberteil.

„Das ist einfach", erklärte Helen Adeline wahrheitsgemäß, „und die armen Murphy-Kinder haben deinen Pomp , Maudie. Bist du froh?"

Genevieve Maud, die zweifelnd die unscheinbare Sammlung vor ihr betrachtete, murmelte ohne sichtbare Begeisterung etwas, was so interpretiert werden konnte, dass sie froh sei. Tatsächlich war der Charme des einfachen Lebens nicht überzeugend für sie spürbar. Sie akzeptierte das Oberteil, bis sie feststellte, dass es nicht gehen würde. Sie weigerte sich, die Gummipuppe anzufassen, bis Grace Margaret vermutete, dass sie in einem Krankenhaus gewesen sei und ihr die Arme amputiert worden seien, genau wie Mrs. Clarks Sohn Charlie. Tief bewegt vom Pathos dieses tragischen Schicksals fügte Genevieve Maud die Gummipuppe ihrer aristokratischen Familie hinzu, deren Mitglieder beiseite zu schrumpfen schienen, als sie unter sie fiel. Sie weigerte sich, das Bilderbuch überhaupt anzufassen.

„Es ist schmutzig", bemerkte sie mit einer Endgültigkeit, die die Diskussion endgültig beendete. Zu diesem Zeitpunkt war sie selbst kein besonders wirkungsvolles Denkmal der Sauberkeit. Der Milchreis und die Schlammpasteten hatten zusammen einen etwas bizarren Effekt erzeugt, und der Schmutz, den sie beiläufig von den Wegen, den Blumenbeeten und den Hecken gesammelt hatte, belebte das Ganze, verbesserte es aber nicht.

„Sie sollte bald gewaschen werden", schlug Grace vor und musterte sie kritisch. Doch Helen Adeline reagierte prompt auf diese stillschweigende Kritik.

„Das ist gar nicht so sehr nötig", wandte sie ein, „wenn es um das einfache Leben geht. Das ist eines der schönen Dinge."

Mit dieser Entscheidung war Genevieve Maud sehr zufrieden. Ihre zarten Jahre verbot Haarspalterei und subtile Unterscheidungen; Der Begriff „angesammelter Schmutz" oder „alter Schmutz" hatte für sie keine Bedeutung. Sie hätte nicht sagen können, warum sie das durch und durch verschmutzte Bilderbuch des Murphy-Kindes ablehnte, und dennoch wälzte sie sich glücklich in einer dünnen Schicht aus Schlamm und Staub umher, aber sie tat beides instinktiv.

Ihre Aufmerksamkeit wurde angenehm durch gedämpfte Schreie von der Straße hinter der Gartenhecke abgelenkt. Drei italienische Frauen, alle alt, standen da und gestikulierten frei und gaben den Kindern Zeichen , und ein kleiner, zerlumpter Junge auf Krücken schwebte nervös in ihrer Nähe. Helen Adeline sprang mit einem plötzlichen Ausruf auf.

„Es sind die Armen!" sagte sie aufgeregt. „Für dein Geld, Genevieve Maud. Ich habe ihnen gesagt, sie sollen kommen. Hol die Bank, Gracie, und sie muss alles weggeben!"

Grace machte sich umgehend auf den Weg, um ihre Besorgung zu erledigen, doch als sie zurückkam, verzögerte sich die Eröffnung der Bank etwas – eine Zeitspanne, die die Besucher angenehm mit interessierten Blicken auf die schamlose Genevieve Maud füllten, deren luftige Unbewusstheit ihres unkonventionellen Aussehens auf einzigartige Weise ihre Jugend bezeugte.

Als das Geld endlich kam und in Pennys, Fünf-Cent-Stücken und seltenen Zehn-Cent-Stücken ausgerollt wurde, verwandelte sich der Ausdruck gutmütiger Verwunderung in den alten schwarzen Augen, die wölfisch über die Hecke spähten, schnell in einen Ausdruck leidenschaftlicher Gier, aber die Kinder sahen nichts von diesem. Helen Adeline teilte das Geld so gleichmäßig wie möglich in vier kleine Häufchen auf.

„Das ist alles, was sie hat", erklärte sie großartig, „also muss sie dir alles geben, denn Reichtum ist Pomp und ruiniert Seelen. Gib es, Genevieve Maud", fuhr sie fort und überließ großmütig die Mitte der Bühne für den Neuling im einfachen Leben.

Genevieve Maud überreichte es mit einer dicken und schmutzigen kleinen Pfote, und die Frauen und der lahme Junge nahmen es unkritisch, mit Dankesworten und sogar mit freundlichem Lächeln entgegen. Merkwürdigerweise gab es untereinander keinen Streit über die Verteilung der Beute. Für einen goldenen Moment waren sie berührt und sanft von der Gabe der Babyhand, die so großzügig alles gab . Dann kam ihnen die Weisheit eines baldigen Verschwindens in den Sinn, und sie verschwanden und ließen die ruhige Straße wieder verlassen zurück. Helen Adeline holte tief Luft, als der helle Glanz ihrer Tücher um eine Ecke verschwand.

„Das ist schön", rief sie zufrieden. „Was können wir sie sonst noch tun?"

Die beiden Augenpaare ruhten nachdenklich auf der bewusstlosen kleinen Schwester, die sich beim Bau ihres dreiundzwanzigsten Lehmkuchens erneut in ihrer Umgebung verlor. Nicht einmal der Verzicht auf ihr Vermögen ließ sie von dieser ungesäuerten Freude des einfachen Lebens abbringen. „Wir haben sie gezwungen, ‚das meiste' zu tun , schätze ich", gab Grace Margaret mit offensichtlichem Widerwillen zu. Es schien tatsächlich so. Genevieve Maud wurde ihrer Kleidung, ihres Geldes und ihrer Spielzeuge beraubt, und es scheint, als sei von irdischen Besitztümern kaum noch etwas übriggeblieben; Doch als sie noch einmal hinsahen, hatte Grace Margaret eine andere Inspiration.

„Arbeiten sie nicht, wenn sie ein einfaches Leben führen?" fragte sie plötzlich.
„Natürlich funktionieren sie."

„Dann lassen wir Genevieve Maud unsere Arbeit machen."

Für einen Moment herrschte Stille – Stille erfüllt von der seelenbefriedigenden Freude einer edlen Vorstellung.

„Grace Margaret Davenport", sagte Helen feierlich, „du bist ein kluges Mädchen!" Sie stieß einen glücklichen Seufzer aus und fügte hinzu: „Natürlich lassen wir sie! Sie muss arbeiten. Sie kann die Geranien für dich und die Stiefmütterchen für mich gießen und die Krocket-Sachen für mich einsammeln und mitnehmen." rein, das Wasserbecken des Rovers füllen, Samen für die Vögel holen und das ganze Papier und die Blätter auf dem Rasen aufsammeln.

Es ist bedauerlich, dass das so beschriebene aktive und sogar anstrengende Leben Genevieve Maud zunächst nicht gefiel, als sie auf seine Reize aufmerksam gemacht wurde. Der Nachmittag neigte sich dem Ende zu, und auch Genevieve Maud begann zu verblassen; ihre kleinen Füße waren müde, und ihre dicken Beine schienen sich in der Müdigkeit, Gutes zu tun, noch mehr zu krümmen; Aber die schreckliche Gefahr, aus dem Spiel ausgeschlossen zu werden, bestand immer noch, und sie kämpfte tapfer mit ihrer Aufgabe, während die beiden Erzverschwörer träge ruhten und ihre Bemühungen unter der Weide beobachteten.

„Bald ist es Zeit für sie, ins Bett zu gehen", deutete Helen Adeline an, in der Bemerkung lauerte der Verdacht eines schlechten Gewissens. „Sie kann ihr Brot und ihre Milch haben, wie sie es immer tut – das ist ganz einfach . Aber meinst du, sie sollte in diesem hübschen Messingbettchen schlafen?"

Grace Margaret glaubte das nicht, aber sie war traurig darüber, einen Ersatz zu finden.

„Mama lässt sie auch nirgendwo anders schlafen", betonte sie.

„Mama wird es nicht wissen."

„Annie oder Katie werden es wissen – vielleicht ."

Die „ p'r'aps " waren vorläufig. Annie und Katie hatten die Freiheit, die Krankheit ihrer Geliebten zu begleiten, voll ausgenutzt, und ihre Politik gegenüber den Kindern war von meisterhafter Untätigkeit geprägt. Solange die kleinen Mädchen ruhig waren , waren sie vermutlich brav und daher mit Sicherheit ungestört. Dennoch ist es kaum möglich, dass selbst ihre Nachlässigkeit Genevieve Mauds unbesetztes Bett außer Acht ließ, wenn es sich als unbelegt erwies.

„ Ein Papa wird es bestimmt wissen."

Helen Adelines letzte Hoffnung starb mit dieser plötzlichen Erinnerung. Sie seufzte. Natürlich kam Papa, um seinen Küken einen Gute-Nacht-Kuss zu geben, aber das dauerte noch Stunden. In diesen Stunden konnte viel getan werden. Ihr Problem wurde plötzlich einfacher, denn gerade als sie die Augenbrauen senkte und nachdachte, machte Grace Margaret sie auf ein verführerisches Bild hinter sich aufmerksam. Im Schutz einer blühenden weißen Hortensie lag Genevieve Maud und schlief tief und fest. Es war eine schmutzige und erschöpfte Genevieve Maud, erschöpft von der Hitze und Mühe des Tages, zerkratzt von Busch und Dornen, aber wunderbar anziehend in ihrer Hilflosigkeit – so anziehend, dass Helen Adelines Herz sich nach ihr sehnte. Sie überwand die momentane Schwäche.

„ *Ich* denke", schlug sie beiläufig vor, „sie sollte in der Scheune schlafen."

Grace Margaret keuchte.

„Es ist kein einfaches Leben , in schönen Gärten zu schlafen ", fuhr die Autorität mit einfacher, aber aufregender Überzeugung fort. „Und – wurde das Jesuskind nicht in Scheunen geboren?"

Grace Margaret protestierte schwach.

„Papa wird es nicht mögen", begann sie schwach.

„Er wird es nicht wissen. Natürlich werden wir sie nicht dort *bleiben lassen* ! Aber nur eine kleine Weile, damit alles richtig endet – so, wie es sein sollte."

Das Aufrechterhalten solch hoher Ideale der Beständigkeit eroberte Grace Margaret – und zwar so gründlich, dass sie half, die schlafende Genevieve Maud nicht nur in die Scheune, sondern in einer glorreichen Inspiration sogar in Rovers Zwinger zu tragen – eine geräumige Wohnung und … wunderschön sauber. Das Paar legte den noch schlafenden Unschuldigen dort ab und trat zurück, um die Wirkung zu begutachten. Helen Adeline atmete tief und zufrieden ein. „Nun", sagte sie mit der Gelassenheit eines Künstlers, der das perfekte Werk betrachtet, „wenn das keine einfachen Leben sind, weiß ich nicht, was es ist!"

Sie stahlen sich aus dem Ort und ins Haus. Die Schatten auf dem Boden der großen Scheune wurden länger, und die Stimmen der Kinder auf der Straße dahinter wurden schwächer und verklangen schließlich.

In den benachbarten Fenstern begannen Lichter zu funkeln. Rover, der von seinem freundlichen Besuch zurückkehrte, suchte sein Zuhause auf, näherte sich selbstbewusst dem Eingang und zog sich mit einem leisen Knurren zurück. Das Baby schlief weiter, und als der Hund seinen Spielkameraden endlich erkannte, streckte er sich vor dem Eingang seines Zwingers aus und beritt treu die Wache, mit einem verwirrten Blick in seinen treuen braunen Augen. Die älteren Kinder, vertieft in angenehme Gespräche und den Reizen von Bratäpfeln und Milchtoast, vergaßen Genevieve Maud und die Flugstunden völlig.

Es war fast dunkel, als ihr Vater nach Hause kam und sich nach einem Besuch am Krankenbett seiner Frau um das Wohlergehen seiner Kinder kümmerte. Der Ausdruck auf den Gesichtern der beiden Älteren, als sie plötzlich die Tatsache seiner Anwesenheit begriffen, erklärte zum Teil die Abwesenheit des Dritten. Herr Davenport hatte die Vorzüge des elfjährigen täglichen Umgangs mit seiner Tochter Helen Adeline genossen.

"Wo ist sie?" fragte er kurz und mit einem leichten Kribbeln auf der Kopfhaut.

In feierlicher Prozession führten sie ihn in ihren Nachthemden an ihre Seite; und der Frieden der parfümierten Nacht, als sie durch den Garten gingen, wurde von Erklärungen und gegenseitigen Vorwürfen und Äußerungen vergeblichen Bedauerns unterbrochen. Rover erhob sich, als sie sich näherten, blickte seinem Herrn in die Augen und wedelte eifrig mit dem Schwanz.

„Hier ist sie", schien er zu sagen. „Es ist alles in Ordnung. *Ich* habe mich um sie gekümmert."

Die Augen des Vaters wurden trübe, als er den schönen Kopf des Hundes tätschelte und den nackten Körper seiner jüngsten Tochter in seine Arme nahm. Ihr kleiner Körper war kalt und sie zitterte, als sie aufwachte und ihn ansah. Dann blickte sie in die von Gewissensbissen geplagten Gesichter ihrer Schwestern und die Erinnerung kehrte zurück. Es entlockte ihr eine ihrer seltenen spontanen Bemerkungen.

„Mach dir keine einfachen Gedanken ", verkündete Genevieve Maud mit beträchtlicher Bestimmtheit. „ Ich will nicht mehr spielen ."

„Das sollst du nicht, meine Babys ", versprach ihr Vater heiser. „Kein einfaches Leben mehr für Genevieve Maud, da können Sie sicher sein."

Später, nach dem heißen Bad und dem Abendessen, das sowohl ihr Vater als auch die ausgebildete Krankenschwester beaufsichtigt hatten, wurde Genevieve Maud gemütlich in dem kleinen Messingbett versteckt, das zuvor die strenge Missbilligung ihrer Schwestern hervorgerufen hatte. Ihr rundes Gesicht glänzte mit kalter Creme. Ein silberner Becher voller Milch stand neben ihrem Kinderbett, auf ihren Vorschlag hin, damit sie nachts zur „ Ersten " werden könnte. Da sie diesen Anlass als einen Anlass grenzenloser Nachsicht und Zugeständnisse empfand, hatte sie das Privileg gefordert und sich gesichert, ihr bestes Nachthemd zu tragen – eines, das mit einer großen rosa Schleife glänzte. In ihrer Hand hielt sie einen dicken Keks.

Helen Adeline und Grace Margaret beobachteten diese sybaritische Szene aus der äußeren Dunkelheit des Saals.

„Sehen Sie sich ihren armen, sterbenden Körper voller Trost an", seufzte Helen Adeline düster. Dann mit konzentrierter Bitterkeit: „Ich nehme an , wir werden es nie wieder wagen, auch nur an ihre Seele zu *denken !*"

V

SEIN JUNGE

Hauptmann Arthur Hamilton von der – . Infanterie bewegte sich auf seiner schmalen Pritsche, stöhnte teils vor Verärgerung, teils vor Schmerz, murmelte ein paar unverständliche Worte und blickte mit starker Missbilligung auf die Öffnung des Krankenhauszeltes, in dem er lag. Durch sie wehten die sanften Brisen der kubanischen Nacht, ein flüchtiger Blick auf die strahlend leuchtende Horizontlinie und die fröhliche Stimme von Private Kelly, die zum Gesang erhoben wurde. Die Worte drangen deutlich an die widerstrebenden Ohren des hilflosen Offiziers.

„„Oh, Liza, liebe Liza "" , sang Kelly als fröhliche Reaktion auf die Schönheit des Abends.

Kapitän Hamilton murmelte erneut, während er den verführerischen Wunsch unterdrückte, dem Iren etwas an den Kopf zu werfen, dessen Silhouette sich am Himmel abzeichnete, als er am Eingang vorbeihumpelte. Sechs Wochen waren seit der Schlacht von San Juan vergangen, in der auch Hamilton und Kelly schwer verletzt worden waren. Kelly, Zeuge dieses unnötigen Gesangsdienstes, war bereits genesen. Er konnte in wohlmeinenden, aber vergeblichen Bemühungen von Zelt zu Zelt wandern, um weniger glückliche Kameraden aufzuheitern. Auch Baker war wieder da, erinnerte sich Hamilton, und Barnard, Hallenbeck , Lee und – oh, jede Menge andere. Er überflog ihre Namen, wie er es unzählige Male zuvor in den langen Tagen und Nächten getan hatte, seit er, wie er sich selbst ausdrückte, „aus dem Nichts" gewesen war. Er allein von seinen Offizierskameraden im Regiment lag immer noch gefesselt an seinem elenden Feldbett, einem wahren Klotz der Hilflosigkeit, in dem ein feuriger Geist flammte und verzehrte. Er war nicht der Typ, der Untätigkeit mit Anmut akzeptierte; und in letzter Zeit hatte ihn ein kaltes, widerwärtiges Gefühl der Angst befallen, neu, wie seine Hilflosigkeit, dass Untätigkeit für eine lange, lange Zeit sein Teil sein würde. Zuerst hatte der Gedanke sein Bewusstsein nur in großen Abständen berührt, aber jetzt wurde er zu einem ständigen, lauernden Schrecken, immer bei ihm oder einfach in Reichweite, bereit zum Ausbruch.

Er war „aus dem Ganzen raus", nicht für Wochen oder gar Monate, aber sehr wahrscheinlich für alle Zeit. Die Zurückhaltung des Arztes verriet ihm das; das Gleiche galt für sein eigenes krankes Herz; ebenso die pflichtbewusste Fröhlichkeit seiner Männer und seiner Offiziersbrüder. Sie haben es übertrieben, erkannte er, und die Bemühungen, die sie so gewissenhaft unternommen hatten, zeigten, wie tief ihr Mitgefühl sein musste und wie tragisch die Ursache dafür war. Seine Lippen verzogen sich sardonisch, als er sich an ihre optimistischen Vorhersagen über seine baldige Genesung und die Würdigung seines Mutes im Feld erinnerte. Es stimmte, dass er sich im Einsatz hervorgetan hatte (zufällig, versicherte er sich und ihnen), und dass er in den folgenden Berichten über die Schlacht als Held aufgefallen war. Aber die anderen Kerle hätten sich kaum die Mühe gemacht, eine Kleinigkeit wie diese erwähnt zu bekommen, sagte er sich, wenn das kleine leuchtende Zeichen des Ruhms, das er vom Feld getragen hatte, jetzt nicht sein alleiniger Besitz gewesen wäre. Er hatte mehr als sein Leben dafür gegeben. Er hatte seine Karriere, seinen Platz in den aktiven Reihen, seinen perfekten, athletischen Körper geopfert. Im Vergleich dazu wäre sein Leben ein einfaches Geschenk gewesen. Warum konnte es nicht genommen werden? fragte er sich zum hundertsten Mal. Warum konnte er nicht wie andere ruhmvoll gestorben sein und mit der um ihn geschlungenen Fahne beigesetzt werden? Aber das, überlegte er bitter, wäre zu viel Glück gewesen. Stattdessen muss er sich immer weiter hinziehen, ohne dass ihm oder irgendjemandem sonst etwas davon nützt .

Immer wieder dachte er über die düsteren Aussichten nach, ging im Geiste die Einzelheiten der Vergangenheit durch, die deprimierenden Erlebnisse, die noch kommen würden, die Hoffnungslosigkeit des Ganzen; und während seine Gedanken müde in dem kleinen Kreis herumschwirrten, verachtete er sich selbst für die Sinnlosigkeit des gesamten mentalen Prozesses und für seine Unfähigkeit, seine Gedanken auf andere Dinge als sein eigenes Unglück zu richten. Ein Mann gelähmt; ein Ding, das von der Hüfte abwärts tot war – das war es, was aus ihm geworden war. Er stöhnte erneut, als die Erkenntnis an seiner Seele nagte, und als er das Geräusch hörte, erhob sich eine weißbedeckte Krankenschwester von einem Tisch, an dem sie gesessen hatte, und kam mit einem Lächeln professioneller Fröhlichkeit an sein Bett. Sie hatte ein müdes, abgenutztes Gesicht und verblasste blaue Augen, die aussahen, als hätten sie zu viel menschliches Leid gesehen. Aber ein unbezwingbarer Geist blickte aus ihnen heraus und sprach auch in ihrem wachen Schritt und in der feinen Haltung ihres Kopfes und ihrer Schultern.

„Deine Post ist angekommen", sagte sie ihm, „und es scheinen ein paar nette Briefe dabei zu sein – dicke. Einer aus Russland hat eine goldene Krone auf dem Umschlag. Vielleicht sollte ich dich besser in Ruhe lassen, während du ihn liest."

Hamilton lächelte grimmig, als er träge seine Hand ausstreckte. Er mochte Miss Foster. Sie war eine gute Frau und hatte den Jungen in den schrecklichen Tagen nach dem Kampf edel zur Seite gestanden. Er mochte auch ihren Humor, obwohl er manchmal Zweifel an seiner Spontaneität hatte. Dann fiel sein Blick auf den obersten Umschlag des Päckchens, das sie ihm gegeben hatte, und beim Anblick der Handschrift stockte ihm der Atem, und das Blut schoss ihm plötzlich ins Gesicht. Er schloss für einen Moment die Augen, um sich zusammenzureißen. War es ihm nach zehn Jahren immer noch egal, und zwar so! Aber möglicherweise, sehr wahrscheinlich, war es lediglich ein Ausdruck seiner erbärmlichen Schwäche, die ohne diese absurden körperlichen Auswirkungen nicht einmal eine angenehme Überraschung ertragen konnte. Mit einem fröhlicheren Grinsen erinnerte er sich daran, dass er im vergangenen Jahr kaum an sie gedacht hatte. Die Kriegsvorbereitungen und sein kleiner Anteil daran hatten ihn mit Herz und Seele in Anspruch genommen. Ohne weitere Selbstanalyse öffnete er den Brief und las mit wachsendem Interesse die dicht geschriebenen Zeilen auf dem dünnen ausländischen Papier, in dessen linker Ecke sich ein Duplikat der Goldkrone auf dem Umschlag befand.

„LIEBER ALTER FREUND, – du hast mich zweifellos in all den Jahren vergessen. Zehn, nicht wahr? Aber ich habe dich und meine anderen Freunde in Amerika nicht vergessen, obwohl ich im Exil bin und so ahnungslos ich auch schien . Ich weiß nicht genau, warum ich nicht schon lange vorher zu Besuch nach Hause gekommen bin. Eigentlich habe ich geplant, dies von Jahr zu Jahr zu tun, aber ein erfülltes Leben und viele verschiedene Interessen haben die Reise auf die eine oder andere Weise verzögert. I Ich habe drei Jungen – neun, sieben und fünf – und es wäre schwierig, sie mitzunehmen, und unmöglich, sie zurückzulassen. Also, sehen Sie –

„Aber mein Herz sehnt sich oft nach meiner Heimat, und in einem Turm dieser alten Burg habe ich ein großes Zimmer voller Erinnerungsstücke an meine Heimat. Es ist der Ort, den ich in meinem neuen Land am meisten liebe. Hier lese ich meine Post und schreibe meine Briefe und verfolge amerikanische Nachrichten in den Zeitungen , die mir Freunde schicken. Hier, während meine Jungs vor dem Kamin übereinander stolperten, lese ich von der Besteigung des San Juan Hill und von dir, mein Freund, und deinem großartigen Mut und deiner Verletzung .

„Bis dieser Brief Sie erreicht, wird es Ihnen ohne Zweifel wieder gut gehen und Sie brauchen mein Mitgefühl nicht mehr. Aber Sie werden sich von mir sagen lassen, wie stolz ich auf Sie bin."

„Ich las meinen Jungs die Zeitungsberichte vor, die sehr interessiert und beeindruckt waren, als sie erfuhren, dass Mama den Helden kannte. Der Jüngste, Charlie, fand ich sehr amüsant – zu klein, dachte ich, um alles zu verstehen. Aber er stand davor Seine Hände auf meinen Knien und seine großen braunen Augen blickten auf mein Gesicht, und als ich mit dem Lesen fertig war, stellte er viele Fragen über den Krieg und über dich. Er ist das amerikanischste meiner Kinder und liebt es, vom Land seiner Mutter zu hören. Nachdem die anderen gegangen waren, kuschelte er sich auf meinen Schoß und verlangte, dass die „Geschichte" vollständig wiederholt würde;

und als ich noch einmal die großartige Art und Weise beschrieb, wie Sie Ihre Männer gerettet haben, sagte er bestimmt: „Ich bin *sein* Junge."

„Ich dachte, Sie könnten an dieser ungebetenen, spontanen Hommage interessiert sein, und meine Absicht beim Schreiben ist es, sie an Sie weiterzugeben – obwohl ich zugeben muss, dass es lange gedauert hat, bis ich dazu gekommen bin!"

„Sie werden mir diesen weitschweifigen Brief verzeihen, und Sie werden mir glauben, auch heute noch,

„Mit freundlichen Grüßen Ihr Freund,

„MARGARET CHALLONER WALDRONOVNA."

Hamilton faltete den Brief langsam wieder zusammen, steckte ihn wieder in den Umschlag und ließ dabei den Trost seiner süßen Freundlichkeit in sein schmerzendes Herz sinken. Sie hatte ihn also nicht ganz vergessen, diese schöne Frau, die er geliebt hatte und die ihm als Gegenleistung für die Hingabe seines Lebens eine liebenswürdige und charmante *Kameradschaft* geschenkt hatte . Er war nicht so dumm gewesen, ihre Gefühle falsch zu interpretieren, also hatte er nie gesprochen; und sie hatte nach zwei glänzenden Saisons in Washington einen großen russischen Adligen geheiratet und war davongesegelt, ohne zu ahnen, da war er sich sicher, was sie für ihn bedeutete. Er hatte sich erholt, wie es Männer tun, aber er hatte weder wieder geliebt noch geheiratet. Er fragte sich, ob sie es wusste. Sehr wahrscheinlich; denn die Zeitungen, die seinen Leistungen so viel Raum einräumten, hatten detaillierte biografische Skizzen beigefügt, bei denen er aus instinktiver Abneigung gegen eine so vertrauliche Erörterung seiner persönlichen Angelegenheiten zusammengezuckt war. Die früheren Berichte (offensichtlich diejenigen, die sie gelesen hatte) enthielten irreführende Angaben zu seinen Verletzungen. Nach Angaben dieser Behörden waren sie schwerwiegend, aber nicht gefährlich. Erst vor Kurzem tauchten Gerüchte über seinen wahren Zustand auf. Die Prinzessin hatte diese nicht gelesen. Darüber war Hamilton froh.

Er erinnerte sich verträumt an die verschiedenen Passagen ihres Briefes und den Rest seiner Post, der vernachlässigt auf seinem Bett lag. Dieser Junge – ihr Junge – *sein* Junge. Er lächelte vor sich hin, zuerst amüsiert, dann mit einer plötzlichen Zärtlichkeit, die seine strengen Lippen angenehm weich machte. Er war schwach genug, verängstigt genug, einsam genug, um mit einem wirklich kläglichen Herzschlag die winzige Hand zu ergreifen, die ihm über das Meer entgegengestreckt wurde. Er mochte diesen Jungen – *seinen* Jungen. Er muss ein guter Kerl sein. Er fragte sich müßig, wie er aussah. „Drei Jungs – neun, sieben, fünf" – ja, Charlie war fünf und hatte tolle braune Augen.

Wie die seiner Mutter, erinnerte sich der geplagte Mann. Sie hatte braune Augen – und so braune Augen. Solche freundlichen, freundlichen, weiblichen braunen Augen – wahre Spiegel der starken Seele, die aus ihnen blickte. Etwas Heißes und Nasses brannte auf Hamiltons Wange. Er berührte es ahnungslos und fluchte dann allein in tiefem, offenem Ekel.

„Na ja, von allen sentimentalen Idioten!" er murmelte. „Meine Nerven sind in einem guten Zustand, wenn ich wie ein Baby heule, weil mir jemand einen freundlichen Brief schickt. Ich schätze, ich werde darauf antworten."

Miss Foster brachte ihm Stift, Tinte und Papier, und er begann mit einiger Mühe zu schreiben, während er flach auf dem Rücken lag.

„MEINE LIEBE PRINZESSIN, – Ihr Brief hat mich gerade erreicht, und Sie können sich sicher nicht vorstellen, welche Freude und welchen Trost er mit sich brachte. Ich bleibe immer noch widerwillig auf der Krankenliste, aber es gibt jetzt Gerüchte darüber, mich nach Norden zu schicken auf dem *Relief* nächste Woche, wenn ich hoffe, einen besseren Bericht über mich selbst geben zu können. In der Zwischenzeit und danach werde ich viel an Sie und die Jungs denken, besonders an den Jüngsten und seine schmeichelhafte Adoption von mir. Ich bin schon unerträglich stolz darauf und auch ziemlich sentimental, wie Sie daran sehen werden, dass ich sein Foto haben möchte! Werden Sie es mir schicken, in der Obhut der Morton Trust Company, New York? Ich weiß noch nicht genau, wohin ich soll Sei.

„Zwischen den Zeilen Ihres Briefes liegt eine angenehme Offenbarung von Wohlbefinden und Glück. Glauben Sie mir, ich freue mich über beides."

"Mit freundlichsten Grüßen,

„ARTHUR HAMILTON."

Als er den Brief las, wirkte er knapp und unbefriedigend, aber er war bereits erschöpft und hatte nicht die Kraft, sich noch einmal anzustrengen. Also versiegelte und adressierte er es müde und gab es Miss Foster für die nächste Post. Ihre müden Augen weiteten sich ein wenig, als sie ungekünstelt die Inschrift las.

Während der scheinbar endlosen Tage und Nächte, die folgten, kämpfte Hamilton mannhaft, aber verzweifelt mit seiner kranken Seele. Wohin er auch blickte, überall herrschte Schwärze, ein- oder zweimal und nur für einen Moment aufgehellt durch die plötzlich flüchtige Erinnerung an ein kleines Kind. Es wäre übertrieben zu sagen, dass die Erinnerung ihn tröstete. Das konnte bisher noch nichts. Alles, worauf er zu hoffen wagte, war die Kraft, seine Tortur mit etwas annähernd Männlichkeit und Würde zu überstehen. Die Besuche seiner Freunde waren für ihn und sie eine Belastung, und es war leider leicht zu erkennen, wie deprimiert das Gefühl seiner hoffnungslosen Lage sie war. Er konnte sich den langen Atem vorstellen, den sie holten, als sie sein Zelt verließen und sich wieder in der reichen, warmen, gesunden Welt befanden. Er gab ihnen keine Vorwürfe. An ihrer Stelle hätte es ihm zweifellos genauso ergangen. Aber er wurde unweigerlich immer mehr in sich selbst getrieben, und in seinen hartnäckigen Bemühungen, von egozentrischen Gedanken wegzukommen, wandte er sich mit fester Entschlossenheit Fantasien über ferne Dinge zu und vor allem den Vorstellungen von dem Jungen – dem kleinen Kerl, der ihn liebte , und der Gott sei Dank noch nicht „Mitleid mit ihm" hatte! Seltsamerweise schien die Mutter in Hamiltons Gedanken in den Hintergrund gerückt zu sein. Es war ihr Sohn, der ihn anzog – das unschuldige männliche Kind, halb Amerikaner, halb Russe, der so glücklich und unbewusst in die erhöhten Unsicherheiten des Lebens im tragischen Land seiner Geburt eintritt.

Während der anstrengenden, stürmischen Reise nach Norden auf dem großen Krankenhausschiff hatte Hamilton seltsame, halbwache Visionen von einem lockigen Jungen mit braunen Augen, der vor einem großen Kamin über einen Bärenfellteppich stolperte oder am Knie seiner Mutter stand sah ihr ins Gesicht, während sie von Amerika und einem amerikanischen Soldaten sprach. Er begann sich einzubilden, dass die Vision die anderen drängenden Schrecken, die auf ihn lauerten, in Schach hielt. Wenn er das im Kopf behalten konnte, war er in Sicherheit. Er war froh, dass die Mutter und der Sohn sich ihrerseits nicht vorstellen konnten, wie er war.

Als die Fotos kurz nach seiner Ankunft in New York eintrafen, öffnete der hilflose Beamte das sperrige Paket mit eifrigen Leuten. Es gab zwei „Schränke", beide für das Kind. Eines zeigte ihn im zarten Alter von zwei Jahren, ein rundliches, grübchenförmiges, wunderschönes Baby, luftig gekleidet in ein besticktes Handtuch. Der zweite war offenbar recht neu. Ein fünfjähriger Junge in schwarzem Samt und einem verwirrend weiten Spitzenkragen blickte mit tragischen dunklen Augen direkt aus dem Bild, dessen direkter Blick dem seiner Mutter so ähnlich war, dass zehn Jahre plötzlich ausgelöscht schienen, als Hamilton ihren Blick erwiderte. Dazu gehörte ein kleiner Brief auf dem Briefpapier eines Kindes, in gedruckter Form, der betrunken von links nach rechts über die Seite rollte. Hamilton las es mit einem Lachen.

„LIEBER KAPITÄN HAMILTON, ich liebe dich sehr. Ich liebe dich , weil du im Krieg gekämpft hast. Ich habe dein Bild. Ich habe eine Kerze vor dein Bild gestellt. Die Kerze brennt. Ich liebe dich sehr. Dein Junge ,

"CHARLIE."

Zu diesem Briefmeisterwerk gehörte eine kurze Notiz der Mutter des Schriftstellers, in der sie erklärte, dass das „Bild" von Captain Hamilton, von dessen Besitz ihr Kind prahlte, aus einer illustrierten Zeitung ausgeschnitten und auf steifen Karton geklebt worden war, um der Laune des Kindes nachzukommen .

„Er besteht darauf, davor eine Kerze anzuzünden", schrieb sie, „offensichtlich aus einer vagen Verbindung zu Kerzenkerzen, Altären und dergleichen. Da es sich dabei um eine neue Manifestation seines Charakters handelt, geben wir ihm großzügig nach. Mit Sicherheit kann es ihm genügen ." Es schadet nicht, einen tapferen Mann zu lieben und zu bewundern. Außerdem eine Kerze für dich brennen zu lassen! Ist das nicht ein neuer Glanz des Ruhms?"

Hamilton, der immer noch von einer dumpfen Depression befallen war, die er niemandem gegenüber zum Ausdruck bringen wollte, war ein wenig amüsiert und eher berührt. In seiner abscheulichen Einsamkeit und seinem Schrecken erlangte der hübsche Vorfall, über den er noch vor einem Jahr gelächelt und ihn vergessen hätte, eine Bedeutung, die in keinem Verhältnis zu seiner Bedeutung stand. Er verspürte plötzlich ein unerklärliches Gefühl angenehmer Kameradschaft. Das Kind wurde zu einer geliebten Persönlichkeit – das einzige menschliche, nahestehende, lebenswichtige Ding in einer Welt, über der ein dichter schwarzer Nebel zu hängen schien, durch den Hamilton vage und elend tastete. Er selbst wusste nicht, warum ihn das Kind so sehr interessierte, und versuchte auch nicht, die Tatsache zu analysieren. Er war lediglich dankbar dafür und für die Tatsache, dass er keine sentimentalen Gefühle für die Mutter des Jungen hegte. Das war aus seinem Leben verschwunden, wie scheinbar alles andere, was zur alten Ordnung der Dinge gehörte. Er war immer ein ruhiger, zurückhaltender, selbstbezogener, emotionsloser Mann gewesen, der sich vielleicht ein wenig seiner mangelnden Abhängigkeit von der Menschheit rühmte. In seiner Not hatte er sich vergebens an seine Mitmenschen gewandt. Da ihm ein kostbares Ding unverhofft zugefallen war, hatte er nicht die Absicht, es zu verlieren.

Durch seine Ärzte zog er verschiedene journalistische Drähte, was dazu führte, dass die Zeitungen die hoffnungslosen Tatsachen seines Falles unterdrückten. Er beschloss, dass er nicht vorhatte, dass sein Junge ihn als an die Couch eines Kranken gefesselt betrachtete. Dann, da er etwas über die menschliche Natur und die Vergänglichkeit kindlicher Fantasien wusste, ließ er verschiedene amerikanische mechanische Spielzeuge nach Russland schicken, die dazu bestimmt waren, den stolzen Busen des kleinen Jungen, der sie empfing, zu bereichern. Dieser schamlose Versuch, weiterhin Gunst zu erlangen, hatte sofort Erfolg. Ein ekstatischer, unzusammenhängender kleiner Freudenschrei kam aus dem Land des Zaren in Form eines weiteren

Briefes; und die Kerze, die möglicherweise fast heruntergebrannt oder sogar erloschen wäre, flammte wieder fröhlich auf.

Das war der Beginn eines Geschlechtsverkehrs, der Hamilton monatelang interessierte und ablenkte. Er scheute keine Mühe, seine Briefe dem Interesse und Verständnis seines kleinen Korrespondenten anzupassen, und die kindlichen Gekritzel, die er als Antwort erhielt, bereiteten ihm eine unglaubliche Befriedigung. Es handelte sich um völlig kindische Dokumente über den Esel, die Amme, die Spielsachen und Spiele des Alltags des kleinen Jungen. Normalerweise wurden sie in seinen eigenen gedruckten Briefen geschrieben. Manchmal wurden sie seiner Mutter diktiert, die jedes wichtige Wort, das dem Säugling über die Lippen kam, treu wiedergab. Aber immer waren sie erfüllt von der Heldenverehrung des kleinen Kindes für den großen, starken amerikanischen Kämpfer; und in jedem Brief, manchmal am Anfang, manchmal am Ende, gelegentlich an beiden Stellen, als die Begeisterung des Schriftstellers zunahm, stand die befriedigende Versicherung: „ *Ich bin dein Junge.* “ Hamiltons Augen rasten über die kleinen Seiten, bis er sie fand diese Linie, und dort ruhte zufrieden.

Im Laufe der Monate entfaltete der heilende Einfluss der Zeit seine Wirkung. Obwohl Hamilton eingesperrt war, passte er sich der engen Welt eines Invalidenzimmers und seinen wenigen Interessen an. Mit dem Reichtum, den er glücklicherweise geerbt hatte, holte er führende Spezialisten an seine Seite, die ihm möglicherweise helfen könnten, und erlebte abwechselnd ekstatische Hoffnungen und abgründige Ängste, während die großen Männer kamen und gingen. Ganz im Stillen half er auch anderen, denen es finanziell weniger gut ging als ihm selbst. Die Krankenschwestern und Ärzte im Krankenhaus, in dem er lag, lernten ihn zu schätzen und zu schätzen, und andere Patienten, Rekonvaleszenten oder Neuankömmlinge, die sich bewegen konnten, suchten seine fröhlichen Räume auf und brachten einen Hauch der Außenwelt in sie. Wie ein scharlachroter Faden des Lebens und der Hoffnung schlängelten sich die kindlichen Briefe aus Russland durch die neutralen Wochen, und jede Woche ging ein dicker Brief zurück, kunstvoll gestaltet, um die Liebe und das Interesse eines Menschen am Leben zu erhalten fantasievoller kleiner Junge.

Nach sechs Monaten fiel der junge Charles von seinem Esel und brach sich den linken Arm, aber dieser unbedeutende Vorfall durfte die erfreuliche Regelmäßigkeit, mit der seine Briefe eintrafen, nicht beeinträchtigen. Es war jedoch interessant, da es ein Schlaglicht auf den Platz warf, den sein amerikanischer Held in der Fantasie des Kindes einnahm. Seine Mutter erwähnte dies in ihrem Brief, in dem sie den Unfall schilderte.

„Der Arm musste sofort fixiert werden“, schrieb sie, „und natürlich war es sehr schmerzhaft. Aber ich sagte Charlie, dass Sie sehr enttäuscht wären, wenn Ihr Junge nicht mutig wäre und dem Arzt nicht gehorchte. Er sah die Kraft von." dies sofort und vergoss keine Träne, obwohl sein liebes kleines Gesicht weiß und vor Schmerz verzerrt war.

Meister Charlie selbst besprach denselben erfreulichen Vorfall im ersten Brief, den er nach der Episode diktierte.

„Ich habe nicht geweint", sagte er mit natürlicher Befriedigung. „Mama hat geweint, und Sonya hat geweint. Männer weinen nicht. Oder? Du hast nicht geweint, als du verletzt warst, oder? Ich werde genauso sein wie du."

Hamilton lachte über den Brief und seine blassen Wangen erröteten gleichzeitig ein wenig. Er *hatte* ein- oder zweimal geweint; jetzt erinnerte er sich beschämt daran. Er muss versuchen, es besser zu machen, und sich daran erinnern, dass er als heldenhaftes Vorbild für die Jugend aufragte.

Er las immer noch den kleinen Brief, als Dr. Van Buren, sein Klassenkamerad am Point, sein einziger Vertrauter seitdem und jetzt sein Arzt, das Zimmer betrat, ihn knapp begrüßte, einen Moment am Fenster stand und mit den Fingern trommelte heftig gegen die Scheibe. Hamilton kannte die Symptome; Van Buren war nervös und machte sich wegen etwas Sorgen. Er ließ den kleinen Umschlag auf seinen Schoß fallen und blickte auf.

"Also?" sagte er knapp.

Van Buren antwortete einen Moment lang nicht. Dann drehte er sich um, durchquerte abrupt den Raum und setzte sich neben den Liegesessel, in dem der Offizier seine Tage verbrachte. Das Gesicht des Arztes war angespannt und blass. Sein normalerweise direkter Blick veränderte sich und fiel unter den fragenden Blick seines Freundes.

"Also?" wiederholte Letzteres eindringlich. „Ich nehme an, ihr Jungs habt mich schon wieder überredet. Was ist das Ergebnis?"

Van Buren räusperte sich.

„Ja, das haben wir, alter Mann", begann er ziemlich heiser, „da drin, wissen Sie." Während er sprach, zeigte er die Richtung des Sprechzimmers an. „Die jüngsten Symptome gefallen uns nicht."

Unbewusst straffte Hamilton seine Schultern.

„Heraus damit. Nimm kein Blatt vor den Mund, Frank. Glaubst du, dass das Leben für mich so kostbar ist, dass ich mich nicht davon trennen kann, wenn es sein muss?"

Van Buren krümmte sich auf seinem Stuhl.

„Es geht nicht darum", sagte er, „Leben oder Tod. Es geht um die Welt – ich meine, es ist anders. Es – es sind diese." Er legte seine Hand auf die hilflosen Beine des Offiziers, die steif unter einer bunten roten Decke ausgestreckt waren . "Gott!" Er brach plötzlich aus: „Ich weiß nicht, wie du es aufnimmst, alter Junge; und es hat keinen Sinn, so etwas sanft zu zerbrechen. Wir haben Angst – wir denken –, dass sie es tun müssen." komm raus!"

Unter dem Schock biss Hamilton die Zähne zusammen.

"Warum?" fragte er leise.

„Weil – nun ja, weil sie nichts taugen. Sie sind tot. Sie stellen eine ständige Bedrohung für dich dar. Ein Kratzer oder eine Verletzung jeglicher Art – sie müssen weg – das ist alles, Arthur. Aber wir haben es getan." Ich habe es besprochen und wir können dich wieder in Ordnung bringen, damit du dich fortbewegen kannst und es dir viel besser geht als jetzt. Er beugte sich vor, während er sprach, und seine Worte kamen schnell und eifrig. Das Schlimmste war überstanden; er war bereit, sich die andere Seite vorzustellen. Hamilton stoppte ihn mit einer Geste.

„Angenommen, ich weigere mich, sie gehen zu lassen?" fragte er grimmig.

Van Buren starrte ihn an.

„Das kannst du nicht!" er stammelte.

"Warum nicht?"

„Weil – warum, weil dein Leben davon abhängt, dass sie rauskommen!"

Hamiltons Lippen wurden schmal.

„Mein *Leben!* ", wiederholte er. „Mein kostbares, frohes, junges Leben! So voller Glück! So nützlich!" Er ließ den bitterbitteren Ton plötzlich fallen. „Nein, Frank", sagte er leise, „ich werde nicht wie ein halber Mann durchs Leben gehen. Ich lasse die Sache ihren Lauf nehmen; oder wenn das zu langsam und zu – schrecklich sein wird, dann werde ich es tun." Ich werde dem humpelnden Biest auf seinem Weg helfen. Ich denke, ich hätte Recht. Es ist zu viel verlangt – Sie wissen es –, als Überbleibsel durch das Leben getragen zu werden."

Van Buren stand auf, rückte seinen Stuhl näher an den von Hamilton heran und setzte sich dicht an die Seite seines Freundes. Alle Nervosität hatte ihn verlassen. Er war wieder cool, wissenschaftlich, professionell; Aber mit all dem war das tiefe Mitgefühl und Verständnis eines Freundes verbunden.

„Nein, das wirst du nicht", sagte er bestimmt; „Du wirst so etwas nicht tun, und ich werde dir sagen, warum du es nicht tun wirst. Weil es nicht in deiner Verfassung liegt, den Feigling zu spielen. Deshalb. Du musst es durchziehen." und nimm, was kommt, und tue alles wie der starke Kerl, der du bist. Wenn du glaubst, dass im Leben nichts mehr übrig bleibt, irrst du dich. Du kannst von großem Nutzen sein, du kannst viel Gutes tun. Du wirst Zeit, Lust und Geld haben. Du wirst dich fortbewegen können, nicht so schnell, aber genauso sicher. Mit einem guten Diener bist du völlig unabhängig von Almosen oder Mitleid. Geld hat einige schöne Verwendungsmöglichkeiten. Wenn Sie ein armer Teufel wären, der keinen Cent auf der Welt hätte und auf den widerwilligen Dienst anderer angewiesen wäre, würde ich Ihnen vielleicht wünschen, dass Sie ihn akzeptieren und ertragen, aber ich könnte Sie nicht dazu drängen. Nun, Ihr Leben ist es hilfreich für andere. Du kannst geben, helfen und segnen. Du kannst ein größerer Held sein als der Mann, der den San Juan Hill hinaufstieg, und es gibt diejenigen, die es spüren werden."

„Das heißt, mein Geld wird gebraucht, und weil ich es habe , sollte ich Jahre des Elends hinauszögern, während ich kleine finanzielle Umschläge auf die Krankheiten anderer Menschen ausbreite", entgegnete Hamilton. „Nein, danke; es ist nicht gut genug. Sie können das Geld trotzdem haben. Das kann mit Gewinn für alle Beteiligten amputiert werden. Ich überlasse es Krankenhäusern und Heimen für die Hilflosen, insbesondere für Bruchteile der Menschheit – bedürftige Überreste." Aber ich lehne es ein für alle Mal ab, die edle Zukunft zu akzeptieren, die Sie skizziert haben. Ich gebe Ihnen zu, dass sie heroisch wäre. Aber haben Sie jemals von großem Heldentum gehört, das keinen Anreiz hatte, es zu wecken?"

Während er sprach, hob er die Hand und senkte sie mit einer Geste der Endgültigkeit. Als es fiel, fiel es auf den kleinen Brief. Mechanisch schlossen sich seine Finger darum.

Sein Junge! Sein tapferer kleiner Junge, der weder gezuckt noch geweint hatte, weil er genau wie Kapitän Hamilton sein wollte. Was würde *er* denken, wenn die Wahrheit in einigen Jahren zu ihm käme, und zwar wie sie es tun musste? Was würde sie jetzt denken, die Mutter, die froh war, dass ihr Sohn „einen tapferen Mann lieben und bewundern" sollte? Das kleine Schreiben war ein Ansporn.

Hamilton wandte sich wieder an Van Buren und überprüfte mit einem leichten Kopfschütteln die ungestüme Rede, die diesem Herrn über die Lippen kam.

„Warte nur einen Moment", sagte er nachdenklich. Er lehnte sich zurück und schloss die Augen, und während er das tat, tauchte plötzlich die vertraute Szene vergangener Monate vor ihnen auf – das urige alte fremde Zimmer, der große Kamin mit seinen lodernden Holzscheiten, die Mutter, der lockige Junge. Sein Leben sei immer einsam gewesen, dachte Hamilton. Soweit er wusste, würden nur wenige, erbärmlich wenige, von seinem Fortbestehen oder seinem Ende betroffen sein. Aber die *Art und Weise* seines Endes – das war eine andere Sache. Das könnte durch sein tragisches Beispiel für andere verzweifelte Seelen Menschen auf der ganzen Welt berühren. Dennoch war er nicht ihr Hüter. Was Charlie betrifft –

Ach, *Charlie!* Charlie mit seiner kindischen, aber völligen Heldenverehrung; Charlie mit seiner brennenden Kerze; Charlie, mit seiner kleinen Jungenliebe und seinem Vertrauen – Charlie würde eine kleine Geschichte erzählen und Charlie würde es bald vergessen. Aber – was würde Charlie eines Tages von ihm denken, wenn die Wahrheit ans Licht kam – Charlie, der mit fünf Jahren die Zähne zusammenbeißen und Schmerzen stoisch ertragen konnte, genau wie sein Held es tat! Weil er „Sein Junge" war! Hamiltons Gedanken kehrten immer wieder zu diesem Problem zurück und verweilten dort. Nein, er konnte Charlie nicht enttäuschen. Außerdem hatte Van Buren Recht. Es gab Arbeit, anerkennenswerte Arbeit zu erledigen. Und mutig zu sein, und sei es nur, um das Ideal eines tapferen kleinen Kerls aufrechtzuerhalten, um seine hilfsbereite Tätigkeit aufrechtzuerhalten, war etwas, das eines standhaften Mannes würdig war. Würde er sich wünschen, dass sein Junge untergeht, wenn der Druck gegen das Richtige erdrückend ist?

Er legte den Brief sanft und bedächtig hin, drehte sich zu seinem Freund um und lächelte, wie Van Buren ihn seit ihrer unbefangenen Kindheit nicht mehr lächeln gesehen hatte. In seinem Lächeln lag diese Sanftheit, die wir als Hommage an die Frau „weiblich" bezeichnen, und etwas davon auch in der Art, wie er seiner Freundin die Hand auf die Schulter legte.

„Alles klar, alte Sägeknochen", sagte er langsam. „Du darfst tun, was auch immer getan werden muss. Ich werde mich der Musik stellen. Der Aufbau eines Menschen kann einen anderen aufbauen."

VI

DER SONNENSTRAHL DER GEMEINSCHAFT

Miss Clarkson sah den kleinen Jungen an, und der kleine Junge blickte Miss Clarkson mit runden, starren Augen an. Im Blick der Frau waren Mitgefühl und verwirrtes Staunen zu erkennen; Der Blick des Kindes drückte nur eine ruhige und völlige Distanziertheit aus. Auf subtile, aber unmissverständliche Weise gelang es ihm, den Eindruck zu vermitteln, dass er dieses menschliche Objekt vor sich betrachtete, weil es sich in seiner Blickrichtung befand, dass er jedoch weder Interesse daran noch einen guten Grund fand, ein Interesse anzunehmen, das er nicht empfand: das Wenn er sich überhaupt irgendeiner Emotion bewusst war, so lag es in der Natur eines vage aufkeimenden Wunsches, dass der Gegenstand sich entfernen und nicht mehr die Sicht aus dem einzigen Fenster des Mietsraums versperren sollte, in dem er wohnte. Aber es spielte wirklich keine große Rolle. Bereits in seinen sieben Lebensjahren hatte der kleine Junge entschieden, dass nichts wirklich wichtig sei, und sein dunkles, grimmiges kleines Gesicht mit seinen tief eingeschnittenen, unkindlichen Linien zeugte von der unerschütterlichen Stärke dieser Überzeugung. Wenn das Objekt lieber bleiben wollte – Er setzte sich fester auf den wackligen Stuhl, den er einnahm, schlug die Füße mit unendlicher Sorgfalt übereinander und betrachtete das Objekt weiterhin mit Augen, die den unveränderlichen Ausdruck hatten, mit dem sie den Ereignissen des Lebens begegneten, seien es diese Zu den Vorfällen gehörte, dass Miss Clarkson eine Banane aus den Händen erhielt, oder, wie es eine halbe Stunde zuvor geschehen war, das Schauspiel, wie seine tote Mutter die Treppe hinuntergetragen wurde.

Es war kein dummer Blick; es war gleichzeitig Absicht, unsympathisch, unpersönlich. Darunter erlebte sein Objekt nun einen Moment echter Verlegenheit. Miss Clarkson war den gleichgültigen Blick menschlicher Augen nicht gewohnt, und bei ihrer philanthropischen Arbeit in den Mietskasernen war sie im Umgang mit Kindern auffallend erfolgreich. Sie schienen sie immer zu mögen und zu akzeptieren; und wenn ihr unbestrittener Charme ihres Gesichts, ihrer Kleidung und ihres Lächelns sie nicht überzeugen konnte, war Miss Clarkson nicht davor zurück, auf die Hilfe kleiner Geschenke, von Spielzeugen und sogar auf die schädliche Macht von Pennys zurückzugreifen. Sie hat Gutes getan, aber sie hat es auf ihre eigene Weise getan. Sie war jung, sie war reich, sie war unabhängig. Sie half den Armen, weil sie Mitleid mit ihnen hatte und ihnen helfen wollte, aber ihre Methoden waren einzigartig und wurden dennoch mit Gelassenheit befolgt, wenn sie, wie es häufig vorkam, im Widerspruch zu allen akzeptierten Vorstellungen organisierter Philanthropie standen.

Sie sei fast täglich in dieses Zimmer gekommen, erinnerte sich Miss Clarkson, seit sie dort vor einem Monat die mittellose Russin und ihr Kind entdeckt hatte. Die Mutter starb an Schwindsucht; das Kind war vernachlässigt und hungrig – und doch wirkten beide unverkennbar geboren und erzogen; und das Französisch der Mutter war ebenso perfekt wie das vorzügliche Auftreten , das Anne Clarkson in dem elenden Mietszimmer ihre größte Ehrerbietung und Höflichkeit entlockte. Auch das Kind hatte einen Hauch von Lack. Pünktlich öffnete er Türen, stellte Stühle auf und verbeugte sich; Pünktlich stand er auf, wenn die Dame stand, setzte sich, wenn die Dame saß, und erfüllte ihre Bitten um kleine Dienste mit Gelassenheit und Wertschätzung. Und (hier lag das Problem) jedes Mal, wenn sie kam und ihr großzügig die Annehmlichkeiten brachte, die seiner Mutter die trostlose Reise in eine andere Welt erleichterten, empfing er sie mit der Miene von jemandem, der einen Fremden höflich begrüßt, oder bestenfalls von jemandem, der auf der Suche ist eine schwer fassbare Erinnerung, wenn man ein halb vertrautes Gesicht betrachtet.

Beharrlich hatte Anne Clarkson ihre Aufmerksamkeit auf beide gerichtet. Die Mutter war dankbar – daran bestand kein Zweifel. Unter der Fürsorge der Krankenschwester, die Miss Clarkson versorgte, unter dem Einfluss von Nahrung, Medikamenten und Pflege erwachte sie aus der Apathie, in der ihre neue Freundin sie gefunden hatte. Aber bis zuletzt behielt sie etwas von der Reaktionslosigkeit ihres Sohnes und einer Unkommunikativen bei, die seinen Sohn als erblich etikettierte. Sie sprach nie über sich selbst, über ihre Freunde oder über ihr Zuhause. Sie stellte keine letzten Anfragen, hinterließ keine letzten Nachrichten. Als sie einmal ihren Jungen ansah, bildete sich aus ihren Augäpfeln ein feuchter Film. Miss Clarkson interpretierte dieses Phänomen richtig und sagte ruhig:

„Ich werde dafür sorgen, dass es ihm gut geht." Die kranke Frau warf ihr einen langen Blick zu und nickte dann.

„Das wirst du", antwortete sie. „Du gehörst nicht zu denen, die versprechen und es nicht halten. Du bist sehr gut – du warst sehr gut zu uns. Deine Belohnung sollte kommen. Sie kommt nicht immer zu denen, die gut sind, aber sie sollte zu dir kommen. Du sollte heiraten und Kinder haben und dieses schreckliche Land verlassen und glücklich sein.

Die Worte beeindruckten Miss Clarkson, denn wie sie sich jetzt erinnerte, waren es fast die letzten Worte ihres Schützlings. Sie hielt sie für übermäßig unmodern und völlig fehl am Platz auf den Lippen einer Person, deren Romanze in Ernüchterung geendet hatte.

Nun, es war vorbei. Die Mutter war weg. Aber das Kind blieb und seine Zukunft – zumindest seine unmittelbare Zukunft – muss hier und jetzt entschieden werden. Mit einer unruhigen Bewegung beugte sich Anne Clarkson zu ihm. In ihrer Gedankenlosigkeit hatte sie ihren Blick für einige Augenblicke von ihm abgewandt, und er hatte die Pause genutzt, um leidenschaftslos die Spitzen der neuen Schuhe zu betrachten, die sie ihm geschenkt hatte. Jetzt blickte er auf und begegnete ihrem Blick mit der eigentümlichen Gleichgültigkeit, die ihm zu eigen zu sein schien.

„Wir gehen weg, Ivan", sagte sie und sprach mit dieser künstlichen Fröhlichkeit, die so allgemein bei Hilflosen und Jungen praktiziert wird . „Mutter ist weg, weißt du, und wir können nicht mehr hier bleiben . Wir gehen aufs Land, an einen wunderschönen Ort, wo es Blumen und Vögel und Hunde und andere kleine Jungen und Mädchen gibt. Also geh deine Mütze, Liebling.

Ivan wirkte unbeeindruckt, aber er stand sofort gehorsam auf und durchquerte den Raum zu seinem einsamen Schrank. Seine kleine Figur sah in dem neuen Anzug, den sie für ihn gekauft hatte, sehr gepflegt aus; Sie bemerkte, wie gut er sich trug. Seine Vorbereitungen für die Abreise waren humorvoll einfach. Er nahm seine Mütze vom Haken, setzte sie auf seinen Kopf und öffnete ihr die Tür, damit sie ihm in der völligen Verlassenheit seines „Zuhauses" vorausgehen konnte. Früher am Tag hatte Miss Clarkson zufriedenen Nachbarn die Möbel und Kleidung der toten Frau übergeben und sie vorsichtshalber in einem leeren Raum des Gebäudes begasen lassen. Aus dem gleichen Impuls heraus hatte sie einer alten, bettlägerigen Irin ein paar kleine Gegenstände geschenkt, die dem Russen in seinen letzten Tagen Linderung verschafft hatten: eine kleine Nachtlampe, ein Betttablett und dergleichen. Ivans Outfit, das ausschließlich aus den Dingen bestand, die sie ihm selbst geschenkt hatte, war in den einzigen kleinen ausländischen Koffer seiner Mutter gepackt, dessen Inhalt bis dahin, wie Miss Clarkson bemerkte, eine Ikone in einem hübschen Rahmen war. Es gab keine Briefe, keine Souvenirs, keinen Hinweis auf die Identität von Mutter und Sohn. Sie war sich sicher, dass die Namen, die sie ihr gegeben hatten, falsch waren.

Steif aufgerichtet wartete Ivan neben der offenen Tür. Miss Clarkson warf einen methodischen letzten Blick in den aufgelösten Raum und verließ ihn, das Kind folgte ihm. Am oberen Ende der Treppe drehte sie abrupt den Kopf, eine plötzliche Neugier überkam sie. Warf er einen Blick zurück? Sie wunderte sich. Zeigte er irgendwelche Emotionen? Hat er etwas gespürt? Er schien so schrecklich erwachsen zu sein – er *musste* etwas davon verstehen, was dieser Abschied bedeutete. Brauchte er zufällig Trost? Aber Ivan war dicht an ihrer Seite, seine düsteren schwarzen Augen blickten direkt vor sich hin, und seine neuen Schuhe knarrten frisch, als er die wackligen Stufen hinunterstieg. Miss Clarkson seufzte. Wenn er nur hübsch wäre, dachte sie.

Es gab immer sentimentale Frauen, die bereit und willens waren, ein hübsches Kind zu adoptieren. Aber selbst Ivans Mutter hätte ihn für nicht hübsch erklärt. Er war lediglich klein und dunkel und fremdartig und zurückhaltend und schrecklich zurückhaltend. Sein schwarzes Haar war vollkommen glatt, seine Lippen bildeten eine gerade Linie in seinem Gesicht. Er hatte keine Grübchen, keine Locken, nichts von den anziehenden Anmuten und dem Charme der Kindheit. Er war sieben – sieben Jahrzehnte, dachte sie fast, und plötzlich empfand sie Mitleid mit ihm. Aber er hatte eine Eigenschaft der Kindheit: Hilflosigkeit. Darauf würde zumindest die Gemeinschaft, der sie ihn schließlich anvertrauen wollte, sicherlich reagieren. Sie nahm seine kleine Hand in ihre, als sie die Straße erreichten, und nach einer instinktiven Bewegung des Rückzugs, wie das erschrockene Flattern eines Vogels, ließ er es zu, dort zu bleiben. Gemeinsam gingen sie zur nächsten Ecke und warteten dort auf die Ankunft einer Straßenbahn. Die Hitze der Augustsonne strahlte auf sie, und die erstickenden Gerüche des Mietshauses stiegen ihnen in die Nase. Unhöfliche, halbnackte kleine Jungen verspotteten sie und machten böse Bemerkungen über Ivans neue Kleidung; ein kleines Mädchen lächelte ihn schüchtern an; ein elender gelber Hund schnappte hinter ihm her. Auf diese unterschiedlichen Aufmerksamkeiten warf das Kind den gleichen ruhig beobachtenden Blick zu, einen Blick ohne Groll und ohne Interesse. Miss Clarkson verspürte ein Gefühl völliger Hilflosigkeit, als sie ihn beobachtete.

„Kanntest du das kleine Mädchen, Ivan?" fragte sie auf Englisch.

"Ja Madame."

"Gefällt sie dir?"

„Nein, meine Dame."

„Warum nicht? Sie schien ein nettes kleines Mädchen zu sein."

Es gab keine Antwort. Sie versuchte es noch einmal.

„Bist du müde, Liebes?"

„Nein, meine Dame."

„Bist du froh, dass du aufs Land gehst und weg von der heißen, schmutzigen Stadt?"

„Nein, meine Dame."

„Würdest du lieber hier bleiben?"

„Nein, meine Dame."

Die Qualität des Negativs war insgesamt gleich.

Miss Clarkson hat ihn aufgegeben. Als sie ins Auto stiegen, verfiel sie in ein deprimiertes Schweigen, das anhielt, bis sie die Grand Central Station erreichten. Dort, nachdem sie mehrere Telegramme abgeschickt und ihre Fahrkarten gekauft hatte und es sich und ihrem Schützling bequem nebeneinander auf dem hinteren Sitz eines Salonwagens gemütlich gemacht hatte, versuchte sie erneut eine lebhafte Konversation, die dem Verständnis der Jugend angepasst war.

„Kennst du das Land, Ivan?" fragte sie einschmeichelnd. „Waren Sie jemals dort, um das Gras, die Kühe und den blauen Himmel zu sehen?"

„Nein, meine Dame."

„Sie werden Ihnen sehr gefallen. Alle kleinen Jungen und Mädchen mögen das Land und sind dort sehr glücklich."

"Ja Madame."

"Magst du es zu spielen?"

„Nein, meine Dame."

„Schauen Sie sich gern Bilderbücher an?"

„Nein, meine Dame."

"Was machst du gerne?"

Da war keine Antwort. Miss Clarkson stöhnte innerlich. War er nur eine kleine einsilbige Maschine? Mit ruhigen Augen betrachtete das Kind die Landschaft New Yorks, durch die der Zug fuhr. Seine Gönnerin schlug den neuen Roman auf, mit dem sie sich glücklich ausgestattet hatte, stürzte sich in die Seiten und gönnte sich eine Pause, indem sie ihn für eine Weile vergaß. Er saß regungslos und aufmerksam an ihrer Seite und strahlte weiterhin unendliche Geduld aus.

„Er sollte auf dem ägyptischen Sand gepflanzt werden", überlegte Miss Clarkson einmal, als sie ihn ansah. „Er wäre ein lieber kleiner Bruder der Sphinx." Sie hielt einen Zugjungen an, der durch den Wagen ging, und kaufte ihm eine kleine Schachtel Pralinen, die er ununterbrochen aß, so wie der winzige Zeiger einer Uhr die Sekunden anzeigt. Später überreichte sie ihm eine Kopie eines Fotopapiers. Fünf Minuten lang betrachtete er die Illustrationen mit fleißiger Aufmerksamkeit und legte dann das Papier auf den Sitz neben sich. Miss Clarkson flüchtete in ihrem Roman erneut in Zuflucht und fragte sich, wie lange reine Verneinung Interesse wecken konnte.

An dem kleinen Bahnhof, an dem sie den Zug verließen, entspannte sich die Spannung etwas. Eine rundliche kleine Frau mit einem runden rosa Gesicht, scharfen, sehr direkten blauen Augen und lebendigem grauem Haar zog geschickt ein dickes Pony auf den Asphalt und begrüßte sie mit fröhlicher Ungezwungenheit.

„Steigen Sie ein", sagte sie energisch, nachdem sie Miss Clarkson kurz die Hand geschüttelt hatte. „Im Phaeton ist viel Platz. Manchmal packen wir fünf rein. Ich war sehr versucht, zwei der Kinder mitzubringen; sie bettelten darum, mitzukommen, um den neuen Jungen kennenzulernen; aber es schien das Beste zu sein, ihn am Anfang nicht zu überstürzen, nicht wahr? Weißt du, also ließ ich Josephine schreiend hinter dem Holzstapel zurück und Augustus Adolphus mannhaft an einem Glas Limonade erwürgen, um ihn zu trösten.

Sie lachte, während sie sprach, aber ihre blauen Augen musterten den Jungen abschätzend, als sie ihn in den Raum zwischen sich und Miss Clarkson steckte. Er hatte während des Treffens zwischen den Damen mit der Mütze in der Hand gestanden; Jetzt setzte er seine Mütze wieder auf den Kopf, richtete seine schwarzen Augen auf den unruhigen Schwanz des dicken Ponys und blieb unter den weiten Sommergewändern der beiden Frauen versunken. Mrs. Eltner , Vorsitzende der Lotus Brotherhood Colony, wechselte einen beredten Blick mit Miss Clarkson, während sie mit dem Pony das gewundene Band der Landstraße entlangführte. Das Herz des New Yorkers wurde leichter. Sie hatte unendliches Vertrauen in die dicken, fähigen Hände, die die Zügel hielten; Sie glaubte, dass sie allem gewachsen waren, selbst der verwirrenden Aufgabe, die junge Karriere von Iwanowitsch zu leiten . Frau Eltner plapperte weiter.

„Nun", zitierte sie als Antwort auf Miss Clarksons Frage, „es geht ihnen so gut, dass Fräulein von Hoffman wegen ihnen verzweifelt. Sie hat ein paar neue Theorien, die sie unbedingt ausprobieren möchte, wenn sie krank sind, aber das ganze Jahr über hat sie es nicht getan." Ich hatte keine einzige Chance. Jedes gesegnete Kind ist außerordentlich robust. Meine Güte! Warum sollten sie das nicht sein? Von acht Uhr morgens bis sechs Uhr abends in der Sonne. Sie haben ihren Unterricht in einem kleinen überdachten Sommerhaus unter freiem Himmel , ihre Mahlzeiten in einem anderen, und sie schlafen fast im Freien. Sie sind jetzt zehn – Ihren Jungen mitgezählt" – sie nickte in Richtung des bewusstlosen Ivan – „vier Mädchen und sechs Jungen. Keiner der Eltern stört sie. Sie Schlafen Sie mit Fräulein im Schlafsaal, sie unterrichtet sie ein paar Stunden am Tag, und den Rest der Zeit lassen wir sie in Ruhe. Fräulein versichert mir, dass der Einfluss auf ihre Seelenentwicklung wunderbar ist. Frau Eltner lachte fröhlich. „Das ist alles ein Experiment", fuhr sie ernster fort. „Wer kann sagen, wie es ausgehen wird? Aber eines ist sicher: Wir haben diese armen Waisen von den Straßen New Yorks geholt und sie zumindest von Anfang an gesund und glücklich gemacht. Der Rest muss später kommen."

„Eine Leistung", stimmte Miss Clarkson zu. „Ich hoffe, dass du mit meinem kleinen Schützling genauso erfolgreich sein wirst. Er ist nicht gesund und ich bezweifle, dass er jemals einen Moment des Glücks erlebt hat. Möglicherweise kann er ihn nie verarbeiten. Ich weiß es nicht – er verwirrt mich."

Ihre Freundin nickte und sie fuhren schweigend weiter. Es war fast Sonnenuntergang, als das dicke Pony in ein offenes Tor einbog, das zu einem großen weißen Kolonialhaus führte, auf dessen breiten Veranden Hängematten, Sessel und ein dickes kleines Mädchen standen, das auf einer Fußmatte schlief. Auf dem weitläufigen Rasen vor dem Haus saß ein alter Mann bequem in einem Gartenstuhl und beobachtete mit stiller Zustimmung die Bemühungen eines hübschen Mädchens mit einem breiten Sonnenhut, das in seiner Nähe ein Blumenbeet jätete. Durch das offene Fenster eines entfernten Zimmers ertönte der Klang eines Klaviers. Links vom Haus stolzierte ein einzelner Pfau, sein ausgebreiteter Schwanz lebendig in den letzten Sonnenstrahlen. Der Ort wirkte wahnsinnig „heimelig". Mit leicht geweiteten Augen betrachtete Ivan das monströse Geflügel und drehte den Kopf, um seine Bewegung zu verfolgen, während der Phaeton um die Auffahrt rollte und vor der breiten Vordertür anhielt. Die beiden Frauen tauschten erneut Blicke aus.

„Absolut der erste Beweis menschlichen Interesses", bemerkte Miss Clarkson mit gedämpfter Feierlichkeit. Der andere lächelte mit ruhiger Zuversicht. „Es wird kommen", sagte sie voraus; „Es wird alles gut werden. Wir tun mit ihnen hier Wunder."

Als sie die weite Halle betraten, löste sich eine malerische Gruppe plötzlich auf. Eine schlanke deutsche Frau, groß, grauhaarig, leicht gebeugt, löste sich von einer umringenden Masse kindlicher Hände, Arme und Beine, begrüßte Miss Clarkson, die sie eher missbilligte, hastig und richtete ihre Augen vor Interesse auf neue Klägerin für ihre Dienste. Ivan blickte mit der Mütze in der Hand zu ihr auf. Frau Eltner stellte sie kurz vor.

„Ihr neuer kleiner Junge, Fräulein", sagte sie, „Iwan Iwanowitsch . Er spricht Englisch, Französisch und Russisch. Er wird seinen neuen Lehrer und seine neuen kleinen Freunde lieben und hier sehr glücklich sein."

Fräulein von Hoffmann bückte sich und küsste die kühle Oberfläche von Ivans blasser Wange.

„Aber ja", rief sie, „mit Sicherheit wird er glücklich sein. Wir sind alle hier glücklich – alle, alle. Er wird seinen Platz haben, seine Lektionen, seine kleinen Pflichten – aber ach, er ist so jung! Er ist der Jüngste von uns. Dennoch muss er seine Pflicht haben." Sie überprüfte ihr schnelles Englisch, um Miss Clarkson eine höfliche Erklärung zu geben.

„Jeder hat seine Pflichten", sagte sie zu dieser Dame, während die Kinder in der Schlange ihren Worten höfliches Interesse schenkten und sie offenbar mit offenem Mund in sich aufnahmen. „Jeder von uns muss der Gemeinschaft in irgendeiner Weise nützlich sein, egal wie klein. Das ist unser Prinzip. Ja. Die kleine Josephine gießt jeden Tag die Blumen im Esszimmer, und sie blühen dankbar für die kleine Josephine – ach, wie sie blühen." ! Augustus Adolphus hält die Holzkiste gefüllt. Es ist Henrys Aufgabe, die Gartenpflanzen zu gießen, und Henry vergisst es nie. So ist es auch mit den anderen. Aber Ivan – Ivan ist sehr jung. Er ist erst sieben, sagst du . Ja, ja, was soll man um sieben machen?"

Ihr schnelles, gebrochenes Englisch hörte wieder auf, als sie das Kind musterte und ihre blonden Brauen tief nachdenklich zusammenzog. Dann erhellte sich plötzlich ihr schmales Gesicht.

„Ach", rief sie enthusiastisch, „ich habe eine Inspiration! Er ist noch zu jung zum Arbeiten, dieser kleine Ivan, aber er wird seine Aufgabe haben, wie die anderen. Er wird unser kleiner Sonnenstrahl sein. Er wird lachen und spielen und uns glücklich machen.

Mit einem gemeinsamen hysterischen Impuls drehten Miss Clarkson und Mrs. Eltner ihre Köpfe, um einander nicht in die Augen zu sehen, wobei erstere verzweifelt versuchte, sich zu beherrschen, während sie streng durch ein Fenster in ihrer Nähe blickte. Es war nicht lustig, dieses Ding, erinnerte sie sich streng; Es war zu gruselig, um lustig zu sein, aber es stand außer Frage, dass die Wahl von Iwan Iwanowitsch zum fröhlichen, alles durchdringenden Sonnenstrahl der Gemeinde in Locust Hall etwas unpassend war. Als sie sich selbst vertrauen konnte, blickte sie ihn an. Er stand da, wie er zuvor gestanden hatte, sein kleines, altes, unkindliches Gesicht war der Deutschen zugewandt, seine schwarzen Augen waren unerschütterlich auf ihre grauen gerichtet. Unter diesem Blick veränderte sich Fräuleins Gesichtsausdruck. Einen Moment lang lag ein Ausdruck der Verwirrung auf ihrem Gesicht, ein Zweifel an der Weisheit ihrer Wahl einer Mission für diesen ungewöhnlichen Neuankömmling, aber dieser Ausdruck verschwand so schnell, wie er gekommen war. Mit wiedererlangter Gelassenheit wandte sie sich an ihn und die Menschen um ihn herum.

„Aber er muss heute Nacht nicht anfangen", fügte sie freundlich hinzu, „nicht, wenn er müde ist. Er wird essen, er wird sich ausruhen, er wird schlafen. Dann wird er morgen seinen Platz unter uns einnehmen und der Kleine sein." Sonnenstrahl. Ja, ja – denken Sie daran, wie weit der Sonnenstrahl zurücklegen muss!" sie murmelte inspirierend.

Miss Clarkson kniete vor dem Jungen nieder und nahm ihn in ihre Arme. Der Akt war spontan und aufrichtig, aber während sie ihn tat , wurde ihr klar, dass er in den Augen des Deutschen und sogar in denen von Frau Eltner theatralisch wirkte. Das war eines der Dinge, die Fräulein von Hoffman an ihr missbilligte – diese Neigung zu Momenten voller Emotionen.

„Gute Nacht, Ivan", sagte sie. „Ich werde bis zum Morgen bleiben, also sehe ich dich dann. Schlaf gut. Ich bin sicher, dass du ein glücklicher kleiner Junge in diesem angenehmen Zuhause sein wirst."

Die unergründlichen Augen von Iwan Iwanowitsch blickten in ihre.

„Gute Nacht, Madam", sagte er leise. Dann, als sie sich gerade abwenden wollte, nahm sein kleines Gesicht für einen Moment den Anflug eines Ausdrucks an. „Gute Nacht, Madam", sagte er noch einmal, schwächer.

So geringfügig die Veränderung auch gewesen war, Miss Clarkson bemerkte sie. Sie schwankte auf ihn zu.

„Hast du Heimweh, Ivan?" fragte sie streichelnd, fast liebevoll. „Soll ich dich nach oben bringen und ins Bett bringen?"

Fräulein von Hoffmann unterbrach ihre Rede.

„Aber sie sollen alle gehen!" Sie weinte. „Es ist ihre Zeit. Er wird nicht allein sein. Josephine wird ihn bei der Hand nehmen; Augustus Adolphus wird ihm den Weg weisen. Es wird eine kleine Prozession sein – ach, ja! Und er wird sein Abendessen im Kinderzimmer einnehmen."

Ein pummeliges, selbstbewusstes kleines Mädchen von neun Jahren löste sich von der Gruppe um sie herum und ergriff fest die Hand von Iwan Iwanowitsch . Er betrachtete sie einen Moment lang stoisch; Dann richtete er seinen Blick wieder auf Miss Clarkson, die aufgestanden war und ihn aufmerksam beobachtete. Sie flackerten schwach, als er auf ihre Frage antwortete.

„Nein, Madam", sagte er ernst. „Vielen Dank, Madam. Gute Nacht, Madam."

Er verneigte sich tief und zog dabei die widerstrebende Gestalt der erschrockenen Josephine in den Gruß mit ein. Ein kräftiger deutscher elfjähriger Junge mit scharfen braunen Augen stellte sich vor die Kinder, seine Füße im Takt schlagend, seinen Kopf sehr hoch erhoben. "Vormarsch!" er weinte in klarem, jungenhaftem Ton. Die triumphierende Josephine gehorchte dem Befehl und zog ihren Schützling hinter sich her. So im Konvoi marschierte Iwan Iwanowitsch , ein Begleiter voran, ein anderer ziehend, die übrigen hinterher, unter vielem fröhlichen Kichern, die Treppe hinauf zu seinem Bett. Sein Leben als Sonnenstrahl der Gemeinschaft hatte begonnen.

Am nächsten Morgen traf Fräulein von Hoffman Miss Clarkson im Flur und blickte sie mit besorgten grauen Augen an. Miss Clarkson erwiderte den Blick, ihr Herz sank dabei.

„Es ist dieses Kind", begann der Deutsche. „Er ist von Interesse – und ach, ja! von einer Entmutigung", fügte sie mit einem böigen Seufzer hinzu. „Ich kann es schon sehen – was es sein wird. Er spricht nicht, er spielt nicht. Er schaut immer aus dem Fenster, und wenn jemand spricht, sagt er: ‚Ja, meine Dame' – nur das. Heute Morgen habe ich nachgeschaut, um zu sehen Er ist strahlend und glücklich, aber das ist nicht so. Ist es so, dass sein kleines Herz für seine Mutter bricht? Liegt es daran, dass er immer so ist?"

Miss Clarkson schüttelte den Kopf und nickte dann, wobei sie unbewusst das Zeichen des Kreuzes formte. Die Kombination schien die Fragen des Deutschen zu beantworten. Auch Fräulein von Hoffmann nickte langsam und verständnisvoll.

„Ich weiß nicht, was man mit ihm machen kann", sagte der Amerikaner ganz offen.
„Er ist die ganze Zeit so. Ich habe seine Mutter gefragt, und sie hat es zugegeben. Ich habe ihn hierher gebracht, weil ich hoffte, dass die anderen Kinder ihn aufheitern würden, und ich wusste, dass du ihn erregen könntest, wenn irgendjemand es könnte."

Die seltene Ehrung von Miss Clarkson jubelte Fräulein von Hoffman zu. Ihr Gesicht klärte sich. Sie begann, ihr Selbstvertrauen zurückzugewinnen.

„Ach, nun ja", sagte sie entspannt, „wir werden sehen. Wir werden unser Bestes geben – ja, mit Sicherheit. Und wir werden sehen." Nach dieser orakelhaften Äußerung schlenderte sie davon, und Miss Clarkson ging zum Frühstück. Somit war keiner von beiden Zeugen einer Szene, die sich zu diesem Zeitpunkt auf dem Rasen in der Nähe der vorderen Veranda abspielte. Dort stand Iwan Iwanowitsch , mit dem Rücken an eine Säule gelehnt, umgeben von den anderen Kindern der Gemeinde . Im Vordergrund, ihm gegenüber, stand August Adolf, sprach den Neuankömmling mit festem Akzent an und unterstrich seine Bemerkungen, indem er mit dem schmutzigen Zeigefinger vor Iwan Iwanowitschs desinteressiertem Gesicht wedelte. Die hohen, positiven Töne von Augustus Adolf erfüllten die Luft.

„Na, warum machst du es dann nicht?" fragte er heftig. „Du *musst* es tun! Du *musst* ! Fräulein sagt es , und jetzt bist du keiner mehr. Warum bist du nicht? Du *musst* ! Warum fängst du nicht an?" An diesem Punkt ärgerte ihn die anhaltende Untätigkeit Iwan Iwanowitschs , und er wandte sich aufgeregt hilfesuchend an die anderen.

„ Muss er das nicht ?" er weinte. „ Muss er nicht ein Sonnenstrahl sein?
Fräulein sagte, er solle heute Morgen damit beginnen. Nun, warum fängt er
dann nicht an?'

Ein kindisches Summen der Bestätigung antwortete ihm. Es war
offensichtlich, dass der Auftrag von Ivans Mission, der am Abend zuvor
öffentlich gemacht worden war, die Kinder der Gemeinde zutiefst
beeindruckt hatte. Sie schlossen sich um die beiden Jungen herum. Die kleine
Josephine legte eine treibende Hand auf Ivans Schulter und versuchte, ihn
vorwärts zu stoßen, in der vagen Vorstellung, dadurch seine Aufgabe zu
beschleunigen.

„Fangen Sie jetzt an", schlug sie ermutigend vor. „Tu es und lass es hinter
dir.
So mache ich es."

Iwanowitschs Lippen .

„Ich weiß nicht, wie ich das machen soll", verkündete er deutlich. „Wie soll
ich das machen?"

Augustus Adolf brach erneut ein. „Ach, sag mal, mach weiter", drängte er.
„Du *musst* es tun! Warum tust du es dann *nicht ?*"

Iwan Iwanowitsch blickte ihn mit einem Blick an, in dem sich der gewohnte
Ausdruck der Geduld nur noch verstärkte.

„Ich weiß nicht, wie ich das machen soll", sagte er noch einmal und sprach
langsam und mühsam. „Du sagst mir wie; dann werde ich es tun."

Unter der Wucht dieser Gegenbeschuldigung wich August Adolf zurück.

„Ich – ich – weiß es auch nicht", murmelte er schwach. „Ich dachte, du
wüsstest   es.
Du *musst* es wissen, weil du es tun musst."

Die Augen des kleinen Russen schweiften über die kleine Gruppe und
verweilten auf dem runden Gesicht von Josephine.

„Erzähl es mir " , sagte er zu ihr. „Dann werde ich es tun."

Josephine war der Situation gewachsen.

„Warum, warum", begann sie zweifelnd, „ *ich* weiß, was es ist. Du bist ein
Sonnenstrahl, weißt du. Ich weiß, was ein Sonnenstrahl ist. Es ist ein kleines
Stück Sonne. Es ist lang und hell. Es kommt durch." das Fenster und fällt
auf den Boden. Manchmal fällt es auf uns. Manchmal fällt es auf Blumen.

Als ihm diese Wahl angeboten wurde, äußerte Ivan sofort seine Präferenz.

„Ich werde mich in Blumen verlieben", verkündete er entschlossen.

Die braunen Augen von Augustus Adolphus glitzerten, als er plötzlich die Möglichkeiten der Situation begriff.

„Nein, das wirst du nicht, auch nicht!" er weinte aufgeregt. „Du musst alles tun ! Du solltest jetzt besser anfangen. Du kannst durch das Fenster fallen; es ist offen." Während er sprach, zeigte er auf ein niedriges französisches Fenster, das vom Wohnzimmer auf die breite Veranda führte. „Er muss!" er weinte erneut. „ Muss er das nicht ?" Mit einem einstimmigen Ruf erklärte die Versammlung, dass er es geschafft habe. Einige der Kinder wussten es besser; andere taten es nicht; aber alle kannten Augustus Adolphus Schmidtt
.

Ohne ein Wort drehte sich Ivan um, stieg die Verandastufen hinauf, betrat die weite Halle, wandte sich nach links, durchquerte das Wohnzimmer, näherte sich dem Fenster und fiel mit dem Kopf voran heraus. Die Stille und Schnelligkeit seines Handelns hatte etwas zutiefst Beeindruckendes, das Aufprallen seines kleinen Körpers auf dem unnachgiebigen Holz hatte etwas wahnsinnig Reizvolles für die Zuschauer. Die Gruppe der Kinder stieß einen langen Seufzer des Glücks aus. Sicherlich war dies eine neue Pflicht – eine seltsame, aber zweifellos würdig, da sie von Fräulein ausging, und zweifellos interessant als Schauspiel. Augustus Adolphus beschloss in diesem Moment, sich jeden Tag frühmorgens um seine persönlichen Aufgaben zu kümmern, damit er ununterbrochen Muße hätte, neue Stürze aus Ivans Haus zu holen. Der Säugling hatte nun seine Füße gefunden und wischte systematisch den Staub von seiner Kleidung. Über einem Auge bildete sich schnell eine Beule, aber sein Gesichtsausdruck blieb unverändert. Josephine kam mit fröhlichem Gurgeln auf ihn zu. Ihr Herz war erfüllt von weiblichem Mitgefühl, aber ihre Seele blieb unerschrocken. Sie gehörte zu den Spartanern, die Söhne in den Krieg schicken und ihnen einen Empfang bereithalten, wenn sie – vom Sieg – auf ihren Schilden zurückkehren. Sie gurrte in bewusster Nachahmung von Fräuleins bestem Benehmen. „Jetzt kannst du auf Blumen fallen."

Ihr Opfer folgte ihr widerstandslos bis zu der Stelle, die sie ihr zeigte, und als sie dort ankam, warf sie sich heftig auf ein Bett aus glühenden Kapuzinerkresse. Die begeisterte und anerkennende Gruppe von Kindern schloss sich um ihn, als er aufstand. Sogar August Adolf zollte Iwans treuer Hingabe an seine Rolle mit einem neidischen Seufzer Tribut, als er das verbliebene Wrack betrachtete.

„Jetzt kannst du uns überfallen", schlug er freudig vor. Bevor die Worte seine unschuldigen Lippen verlassen hatten, hatte Ivan seine Entscheidung getroffen. Im nächsten Augenblick war die Luft voller Arme, Beine, Mützen und Haare.

„Lass mich gehen!" schrie Augustus Adolphus und kämpfte wild mit der unerwarteten und schrecklichen Macht, die ihn plötzlich angegriffen hatte. „Lass mich gehen, ich sage es dir!"

Die Antwort von Ivan kam mit zusammengebissenen Zähnen, als er einen Absatz fest in das linke Ohr des liegenden Jugendlichen pflanzte. „Ich muss mich auf dich stürzen", erklärte er sanft und passte die Handlung dem Wort an. „Zuerst falle ich auf dich, dann lasse ich dich los."

Für die Zuschauer bestand kein Zweifel daran, dass dies die brillanteste und erfolgreichste der seltsamen und interessanten Aufgaben von Ivan war. Sie drängten sich um ihn herum, um es ihm zu sagen, während Augustus Adolphus wegen notwendiger Reparaturen den Schlafsaal aufsuchte. Zu den Regeln der Gemeinschaft gehörte, dass die Kinder ihre kleinen Streitigkeiten untereinander regeln sollten. Zum Glück für Augustus Adolphus fand er den Schlafsaal vielleicht leer vor und konnte aus seiner Person die offensichtlichsten Anzeichen dafür entfernen, dass er von seiner eigenen Petarde hochgezogen worden war. In der Zwischenzeit erlebte Iwan Iwanowitsch ein neues Gefühl: das angenehme Gefühl, das das Lob seinesgleichen auslöst. Aber er zeigte nicht, dass es angenehm war – er schaute nur zu und hörte zu.

„Ich finde deine neuen Aufgaben schön", informierte Josephine ihn, während sie ihn mit anerkennenden Augen ansah. „Das muss man jeden Tag machen", fügte sie gefräßig hinzu.

Ivan stimmte zu, aber in seinem Herzen herrschte ein Zweifel. Auf der Suche nach Licht näherte er sich an jenem Nachmittag Fräulein von Hoffmann, die unter einem schützenden Baum döste und strickte.

Er blieb vor ihr stehen und fixierte sie mit seinem ernsten Blick.

„Fällt ein Sonnenstrahl durch Fenster?" erkundigte er sich höflich.

Fräulein von Hoffmann betrachtete ihn mit schläfrigem Desinteresse.

„Aber ja, sicher, manchmal", gab sie zu.

„Fällt es immer durch das Fenster – jeden Tag?"

„Aber ja, sicher, wenn es an der richtigen Stelle ist."

Der Sonnenstrahl der Gemeinde seufzte.

„Fällt es auf Blumen und auf Jungen und Mädchen?" er blieb hartnäckig.

„Aber ja, es fällt auf alles, was in der Nähe ist."

Ein Ausdruck schmerzlicher Überraschung dämmerte auf den Zügen von Iwan Iwanowitsch .

"Stets?" fragte er schnell. „Immer – es fällt auf *alles* , was in der Nähe ist?"

Fräulein von Hoffmann zählte ruhig ihre Stiche und bestätigte mit einem Seufzer ihre Vermutung, dass sie im Schlaf drei Stiche verloren hatte.

„Nicht immer", murmelte sie abwesend. „Aber nein. Nur wenn die Sonne scheint."

Ivan trug diesen Strahl des Trostes mit sich, als er wegging, und es ist sehr gut möglich, dass er sich nach einer verdunkelten Welt sehnte. Aber wenn seine tägliche Aufgabe tatsächlich schwierig war, was sich im Laufe der Tage immer wieder herausstellte, gab es dafür einen Ausgleich – in den Schulspielen, in der Gesellschaft seiner neuen Freunde, in der Freundlichkeit der Menschen um ihn herum. Sogar August Adolf war zeitweise gut zu ihm. Zweifellos und unergründlich nahm Ivan die Atmosphäre auf und leistete seinen Teil zur Arbeit der Gemeinschaft, wie er sie sah.

Die Theorien der Gemeinschaft wurden konsequent umgesetzt. Im Sommer waren die Kinder nach wenigen Stunden Unterricht sich selbst überlassen. Gemeinsam lösten sie die Probleme ihrer kleinen Welt; Gemeinsam diskutierten sie, oft mit unheimlicher Einsicht, über die Erwachsenen um sie herum. Manchmal gerieten die Aufgaben der anderen in Vergessenheit; oft blieb August Adolfs Holzkiste im Stress der Arbeit und des Vergnügens unerfüllt; Josephines Blumen waren unbewässert . Aber die Mission von Ivan als fleißiger und anstrengender Sonnenstrahl wurde regelmäßig und konsequent ausgeführt – dafür sorgten alle Kinder. Regelmäßig, also an dunklen Tagen sparen. Hier zog er die Grenze.

„Fräulein sagt, es fällt nur auf Dinge, wenn die Sonne scheint", erklärte er knapp und erfüllte seinen Auftrag entsprechend. Fräulein fragte sich, wo er die erlesene Sammlung von Beulen und Prellungen angesammelt hatte, die seinen Körper zierten; aber er erzählte es nie und anscheinend wusste es auch niemand sonst. Frau Eltner staunte düster über die Zerstörung ihres liebsten Kapuzinerkressebeets. Täglich zerriss das unterdrückte Geheul von Augustus Adolphus die Luft, wenn der Sonnenstrahl auf ihn fiel; aber er unterließ es, sich zu beschweren, und erduldete heldenhaft diesen unangenehmen Teil des Programms , damit der Rest nicht gekürzt würde. Tatsächlich hatte er einmal rebelliert.

„Warum fällst du nicht auf jemand anderen?" hatte er mürrisch gefordert. „Du musst nicht ständig auf mich hereinfallen."

Die Antwort des Sonnenstrahls überzeugte in ihrer einfachen Wahrheit.

„Das tue ich", erklärte er. „Fraulein hat es gesagt. Es muss immer an die gleiche Stelle fallen, wenn es da ist."

Augustus Adolf wurde zum Schweigen gebracht. Er war tatsächlich immer da. Es war bedauerlich, schien aber unvermeidlich, dass er seinen Teil zu der täglichen Unterhaltung beisteuerte, die alle so sehr genossen.

Passenderweise endete Ivans Mission als aktiver Sonnenstrahl zur Thanksgiving-Zeit. Er war in der Gegenwart von Miss Clarkson, die zu ihm gekommen war, um ihn zu sehen, in seine übliche tiefe Meditation vertieft und verarbeitete gerade die Nachricht, die sie erhalten hatte, dass er in seinen Monaten in Locust Hall nicht ein einziges Mal lächeln gesehen worden sei . Es stimmt, es schien ihm gut zu gehen und er war zufrieden. Seine dünne kleine Figur wurde schnell rundlich; er war braun und hatte leuchtende Augen. Als Miss Clarkson ihn musterte, bemerkte sie einen kleinen blauen Fleck an seinem Kinn und einen weiteren auf seiner geistigen Stirn.

„Wie hast du die bekommen, Ivan?" Sie fragte.

Aus irgendeinem Grund beschloss Ivan plötzlich, es ihr zu sagen.

„Ich bin durch das Fenster gefallen. Dieses habe ich gestern bekommen" – er berührte es – „dieses habe ich Montag bekommen; dieses habe ich letzte Woche bekommen." Er enthüllte einen anderen, den sie nicht entdeckt hatte und der hinter seinem linken Ohr lauerte.

„Aber so oft bist du bestimmt nicht durch das Fenster gefallen!" keuchte Miss Clarkson. Der kleine Junge musterte sie müde.

„Aber ja", murmelte er in unbewusster Nachahmung von Praulein . „Ich muss jeden Tag durch das Fenster fallen, wenn die Sonne scheint."

Miss Clarkson hielt ihn auf Armeslänge von sich und starrte ihn an.

„Um Himmels Willen, *warum?* ", wollte sie wissen.

Ivan erklärte geduldig. Miss Clarkson hörte zu, stellte ein paar Fragen und gab einen Moment unkontrollierbarer Emotionen nach. Dann rief sie die anderen Kinder zusammen und hörte sich die Geschichte noch einmal an. Es kam der Reihe nach unzusammenhängend, aber am fließendsten, malerischsten und überzeugendsten aus den Lippen von Augustus Adolphus Schmidtt und der schönen Josephine. Als sie ihr schlichtes Konzert beendet hatten, suchte Miss Clarkson Fräulein von Hoffman auf. An diesem Nachmittag wandte sich Fräulein von Hoffman am großen offenen Feuer im Winterspielzimmer der Kinder mit kurzen, aber deutlichen Worten an ihre jungen Schützlinge, und während sie sprach, bekam die Mission von Ivan in Locust Hall eine neue Bedeutung, die selbst dem Langweiligsten klar war Geist.

„Du warst sehr grausam zu Ivan – ach, äußerst grausam! Und er darf nirgendwo mehr auf irgendetwas fallen, verstehst du", erklärte der Deutsche deutlich. „Er hat keine Aufgaben mehr. Er soll nur glücklich sein, und man sollte ihn lieben und auf ihn aufpassen, weil er so klein ist. Das ist alles."

Ivan atmete tief zufrieden auf. Dann sah er sich um. Die großen Scheite auf den Feuerböcken brannten fröhlich. In den Händen von Josephine wedelte ein Maiskolben über ihnen, der Mais darin brannte unbemerkt, während sie Fräuleins ernsten Worten lauschte. Zehn an Schnüren aufgehängte Äpfel hingen vom Kaminsims und drehten sich langsam, während sie rösteten. Für den kleinen Iwan war es ein erholsamer und angenehmer Anblick.

Josephine fühlte sich berufen, ihre Freunde zu verteidigen.

„Wir wollten nicht grausam sein", erklärte sie ernst und antwortete auf den Vorwurf von Fräulein, der sie am meisten beeindruckt hatte. „Wir lieben Ivan. Wir lieben ihn sehr. Wir sehen ihn gerne als Sonnenstrahl, und wir dachten, er wäre gerne einer. Er hat nie gesagt, dass er das nicht tut."

Die Gesichter seiner kleinen Gefährten waren überall um ihn herum. Ivan musterte sie der Reihe nach. Sie liebten ihn – sehr. Hatte Josephine das nicht gerade gesagt? Und erst gestern hatte August Adolf mit ihm Murmeln gespielt. Es tat sehr gut, geliebt zu werden, ein Zuhause zu haben und nicht länger ein kleiner Sonnenstrahl zu sein. Dann trafen seine Augen auf die von Miss Clarkson, die mitfühlend auf ihn gerichtet war.

„Möchtest du weggehen, Ivan?" fragte sie leise. „Wären Sie woanders glücklicher?"

Ivans Augen weiteten sich vor plötzlicher Angst. Das zu haben und es zu verlieren! – jetzt, wenn überhaupt, muss er sprechen! „Oh *nein* ", rief er ernst; „Nein, *nein* , meine Dame!"

Beruhigt lächelte sie ihn an, und als sie das tat, öffnete etwas in ihrem Blick, in der Atmosphäre, in dem Moment das verschlossene Herz des Jungen. Er holte tief Luft und lächelte sie an – ein schüchternes, zögerndes, ungewohntes Lächeln, aber ein sehr charmantes auf seinem ernsten kleinen Gesicht. Miss Clarksons Herz machte einen plötzlichen Triumphsprung. Es war sein erstes Lächeln, und zwar für sie.

„Mir gefällt es hier", sagte er. „Es gefällt mir sehr gut, meine Dame."

Miss Clarkson hatte Momente der Weisheit.

„Dann sollst du bleiben, mein Junge", sagte sie. „Du sollst so lange bleiben, wie du willst. Aber denk dran, du darfst kein Sonnenstrahl mehr sein ."

Ivan antwortete mit einem Wort – einem einfachen, wirkungsvollen Wort, das von seinen Mitarbeitern häufig als Reaktion auf erfreuliche Ankündigungen von Feiertagen und Feiertagen verwendet wurde, aber bisher ein Fremdwort auf seinen Lippen war. Er warf den Kopf zurück und straffte die Schultern.

"Hurra!" schrie er mit tiefer Inbrunst. Das reichte August Adolf und der schönen Josephine. "Hurra!" Sie schrien im jubelnden Duett: „Hurra! Hurra!"

Die anderen stimmten ein. „ Hurra !" riefen die neun kleinen Gefährten von Ivan. Er sah sie einen Moment lang an, sein schmaler Mund zuckte. Sie waren also auch froh, dass er bleiben würde! Er ging direkt zu Miss Clarkson, vergrub sein Gesicht in ihrem Schoß und brach in Tränen aus. Einen Moment lang hielt sie ihn fest und strich ihm mit sanfter Hand über den schwarzen Kopf. Fast sofort richtete er sich auf und trat an Josephines Seite zurück, schüchtern, beschämt, aber wieder lächelnd – ein neuer Ivan.

„Warum hast du geweint?" fragte die junge Dame stumpfsinnig. „Weil es dir schlecht geht?"

Augustus Adolphus antwortete im Namen seines Freundes mit einer Einsicht, die über seine Jahre hinausging.

„Du hast ihn in Ruhe gelassen", sagte er streng. „Er weint nicht nie, wenn es ihm schlecht geht; *er* weint nur, wenn es ihm gut geht!"

VII

IN ERINNERUNG AN HANNAHS LACHEN

Sein Name war „ Rastus Calhoun Breckenridge", er gab am Morgen bekannt, dass er seine neuen Aufgaben als Hausmeister der Adelaide-Wohnungen antreten würde, und er gab den Mietern sofort zu verstehen, dass damit keine Freiheiten genommen werden sollten. Er erklärte ihnen, dass ihm *alles lieber* sei, wenn man ihn in einem gewöhnlichen Gespräch anspreche, aber er habe keine Einwände gegen den Titel „Mistah Breckenridge", wenn sie sich in Eile fühlten. Dies interessierte jeden Insassen des Adelaide und amüsierte einige Tage lang erstaunlicherweise einige, die ihrer Fantasie freien Lauf ließen, Abkürzungen zu verwenden, die ihnen komisch vorkamen. Ihre Witze verloren später ihren Sinn, als sich herausstellte, dass „Mistah Breckenridge" zu keinem Zeitpunkt auf ihre Anrufe reagierte oder ihren Forderungen nachkam – wohingegen sein Service für alle anderen schnell, fachmännisch und phänomenal perfekt war. Danach schworen die Witzbolde, ihrem Sinn für Humor nachzugeben, und wandten sich ausführlich und mit größerer Ehrerbietung an den Hausmeister, um ihren Lohn mit denen zu ernten, deren Wohnungen warm waren, deren vernünftige Wünsche erfüllt wurden, deren Flure sauber waren und deren Türklinken glänzten sogar wie das seltene Lächeln von „Mistah Breckenridge" selbst.

Es bedurfte keiner außergewöhnlichen Beobachtungsgabe, um herauszufinden, dass der neue Mann als Hausmeister das seltene und perfekte Exemplar war, das in einer kalten Welt die zarte Pflanze des Glaubens am Leben erhält. Lange bevor die Sonne aufging, waren sein geschäftiger Mopp und Besen im Land zu hören, und das Klatschen seiner Teppichpantoffeln, die bei seinem nächtlichen Rundgang durch die Flure flatterten, war das Schlaflied zerstreuter Seelen, die sich um elf „zurückzogen". . Die Ergebnisse folgten erfreulich schnell. Lange leerstehende Wohnungen wurden bald vermietet, und neidische Nachbarn staunten voller Ehrfurcht über dem Adelaide und seinem vorherrschenden Genie. Sie erblickten darin die feine Essenz der Ordentlichkeit Neuenglands und in ihm einen kleinen, dünnen, nervösen, unbedeutend aussehenden „farbigen Edelstein " . „die mit kalter Distanz über die Seiten ihres Gesichts hinweg blickten. Oftmals hörten Nachbarn, die den beeindruckenden Eingang passierten, aus den unteren Bereichen des Gebäudes den Klang eines hohen Lachens, das sich schnell zu einem Altgurgeln vertiefte und sich dann zu einem langen, satten, samtigen Lachen ausweitete, so sanft wie ein fließender Bach. Niemand konnte dieses Lachen ungerührt hören. Es kräuselte sich, es schwankte, es verstummte und erklang wieder, bis der blasierteste *Zuhörer* mitfühlend lächelte und die Kinder auf der Straße vor geistloser Freude tobten. Es war das Lachen von Hannah – Mrs. Rastus *Calhoun* Breckenridge , wie ihr Mann sorgfältig erklärte; und einmal vergaß er seine Würde so weit, dass er weitschweifig hinzufügte: „Wir haben de stifkit. " Das ist ein Hit, Hannah und ich. Wir haben es geschafft , *echt* mah'd , von einem Pahson .

Hannah – stämmig, träge, gutaussehend, gutmütig, groß genug, um zwei kleine Personen wie ihren Ehemann abzugeben – kicherte und gurgelte in ihr fruchtiges Lachen.

„ Dat's de mos' Pahtickler- Mann", meldete sie sich freiwillig. Als sie dann mit weiblicher Einsicht die ersten Spuren von Düsternis auf der Stirn ihres Herrn sah, zwinkerte sie, zitterte wie eine Qualle in einem erneuten Zucken ihrer unerschöpflichen Quelle der Heiterkeit und verschwand in der Tiefe Gegenden, in denen sich ihr Mann, so hieß es, hausfraulich viel mehr um sie gekümmert habe als sie. Normalerweise kochte er seine Mahlzeiten – und ihre. Ausnahmslos schrubbte und fegte er die Böden.

Nicht selten wusch und bügelte er. Aber was auch immer er tat und was auch immer er war, das sanfte Lachen seiner Frau folgte ihm wie die Welle im Kielwasser eines keuchenden Rucks; und während er zuhörte, nahm das müde Gesicht von „Mistah Breckenridge" den Ausdruck eines kleinen Hundes an, der am Ende eines anstrengenden Tages die Schritte seines Herrn hört.

Die Strapazen des Lebens ließen Rastus wenig Zeit für die Gesellschaft seiner Frau, aber gelegentlich erschien an einem Sonntagnachmittag eine regenbogenfarbene Erscheinung am Eingang des Adelaide, die, nachdem sie in ihre Elemente aufgelöst worden war, als „Mistah" erkannt wurde Mrs. Breckenridge gekleidet für einen Spaziergang. Sattes Rot waren die Hüte von Hannah, leuchtendes Blau ihr Kleid und grelles Gelb ihre neuen Glacéhandschuhe. Wie ein gummibereiftes Auto rollte sie über die Straße, während sie – makellos, lautlos, bespritzt, zerknittert, mit Seidenhut, Handschuhen und lavendelfarbener Krawatte – ihren kleinen Mann beschimpfte. Er sprach selten und lachte nie; aber es gab keinen Beweis dafür, dass Hannah diese Aufmerksamkeiten vermisst hätte; Wenn sie es tat, gab es zahlreiche Entschädigungen, von denen sie eine der Köchin der frisch verheirateten Browns im ersten Stock anvertraute.

„' Rastus „Bezahlen Sie doch einfach meine Rechnungen", murmelte sie anerkennend. Und dann, mit ihrem salbungsvollen Lachen: „Und hält den Mann ganz sicher auf Trab!"

Möglicherweise waren es diese und seine anderen Beschäftigungen, die dazu führten, dass „Mistah Breckemidge " sich einer Situation, die viele andere zutiefst beeindruckte, scheinbar nicht bewusst war. Es war die häufige Anwesenheit eines anderen „farbigen Edelsteinmanns " in seinem Haus – groß, prächtig gekleidet, mit lauter Stimme und fröhlich –, der Hannah drei- oder viermal in der Woche besuchte und viele Stunden in ihrer anregenden Gesellschaft verbrachte. Gelegentlich traf ihn ihr Mann dort, aber wenn ihn die Tatsache verärgerte , gab er keinen Hinweis darauf. Es wurde auch beobachtet, dass das Benehmen des Besuchers gegenüber seinem Gastgeber vorsichtig und respektvoll war; er wollte offensichtlich keinen Ärger mit „Mistah Breckenridge". Gelegentlich ging er mit Hannah spazieren; mehrmals brachte er ihr einfache Opfergaben aus Hühnern und Melonen und ermutigte sie, deren Verzehr zu fördern, indem er daran teilnahm. Eines Abends schenkte er ihr eine Gürtelschnalle aus Strasssteinen . Am nächsten Morgen suchte „Mistah Breckenridge" den jungen Haddon Brown auf, den frisch Vermählten, der zufällig sowohl Anwalt als auch glücklicher Bräutigam war. Ohne Vorwort oder Entschuldigung kam Rastus zur Sache. Er wünschte sich die Scheidung von Hannah. Er wünschte, dass es so billig wie möglich beschafft werden könne, aber die Sparsamkeit dürfe nicht verhindern, dass es so fest vernietet werde, wie es das Gesetz zulasse. Er hatte seine Fakten sorgfältig tabellarisch aufgeführt. In seinem kleinen schwarzen Gesicht war keine Emotion zu erkennen. An der Tür hielt „Mistah Breckenridge" inne, nachdem der junge Brown versprochen hatte, für ihn zu tun, was er konnte.

„Mach es so schnell wie du willst, Mistah Brown", schlug er vor, „ foh. " Wenn du es nicht tust, habe ich befürchtet , dass Hannah kein Wein ist Tuh bleib, sag, der Treffer kommt. „Hannah ist manchmal in gewisser Weise sehr plötzlich." Mit dieser letzten Hommage an seinen Ehepartner schloss er leise die Tür und ging.

Zu gegebener Zeit überreichte Haddon Brown „Mistah Breckenridge" den urkundlichen Beweis seiner Freiheit, und sofort nach Erhalt stand Hannah auf, legte ihr strahlendstes Gewand an, schüttelte ein paar Abschiedsgelächter und ging, dicht gefolgt von der Freundin des Familie, wunderschön in Lackschuhen, neuen grauen Gamaschen und einer passenden Krawatte. Allein gelassen ordnete Rastus seine Haushaltsgegenstände neu, gießte die in seinen Kellerfenstern blühenden Geranien, schrubbte, wusch, beantwortete die Glocken so gewissenhaft wie früher und zog jede Nacht, wenn die Arbeit des Tages getan war, seine besten Kleider an und ölte sie sein krauses Haar, ging und kehrte pünktlich um elf Uhr zu seiner üblichen Besichtigung der Hallen zurück.

Am Ende eines Monats stellte er eine frische Geranie ins Fenster, kaufte einen großzügigen Vorrat an Proviant, ging wie Salomo gekleidet hinaus und kam zurück, in einer Hand die Hand einer errötenden Braut und in der anderen das „ Stifkit " haltend . " unterzeichnet vom Negerminister, der sie gerade geheiratet hatte.

Keine zwei Menschen hätten unterschiedlicher sein können als die frühere und die jetzige Frau Rastus Calhoun Breckenridge. Die Braut war groß, dünn, schokoladenbraun, ernst und fleißig. Sie schuftete genauso beständig und unermüdlich wie ihr Mann, und selbst dem zynischsten Beobachter war klar, dass sie ihn liebte und schätzte, selbst wenn er so wertvoll war. Sie kochte für ihn appetitliche Mahlzeiten, denen er voll und ganz gerecht wurde; sie flickte seine alten Kleider und sorgte dafür, dass er neue kaufte; sie hat sein Geld gespart; und am Ende des Jahres schenkte sie ihm einen kleinen, dicken, schwarzen Sohn, über den Rastus in kläglichem Staunen hing.

Er selbst hatte begonnen, kräftiger zu werden. Im Laufe der weiteren drei Jahre nahm er immer mehr an Fleisch zu. Er wirkte wohlgenährt, glücklich und wohlhabend. Er hatte Geld auf der Bank. Sein Lohn war zweimal erhöht worden, und eines Weihnachten hatten ihm die begeisterten Pächter des Adelaide feierlich eine Uhr überreicht, in deren Gehäuse sein Name und der Wert seiner Dienste eingraviert waren. Sein kleiner Junge blühte auf, seine stille Frau vergötterte ihn immer noch. „ Rastus “ schien die Welt in Ordnung zu sein .

Eines Tages drückte ihm ein kleiner schwarzer Jugendlicher, den er noch nie zuvor gesehen hatte, einen schmutzigen Zettel in die Hand. Es war kurz, aber prägnant:

„Ich bin ein Idiot . Komm zu Sharty Krankenhaus . Das ist er nicht duin Nuthen für mich. HANNAH.“

„Mistah Breckenridge“ steckte den Zettel vorsichtig in seine Tasche, setzte seinen Hut auf und ging zum Charity Hospital. Es war nicht schwer, Hannah zu finden. Sie war noch nicht lange dort, aber die Ärzte und Krankenschwestern mochten sie und schienen ihn erwartet zu haben.

„Sie ist das Leben des Ortes“, sagte einer von ihnen. „Sie hat auch viel Mut und lacht, wenn wir ihr wehtun. Sie glaubt, dass sie wieder gesund wird, aber das ist nicht der Fall.“

Das kleine runde Gesicht von Rastus veränderte seinen Ausdruck.

„Sie weinte stirbst du?“, fragte er schnell.

„Sicher“, war die knappe Antwort.

„Wie – wie bald?“

Der Arzt zögerte. „In etwa einem Monat, glaube ich“, sagte er schließlich.

« Rastus trug die Erinnerung an die Worte in die Station, wo sie lag, und verspürte dann eine schnelle Reaktion. Sterben? Nun, das war die alte Hannah, die Hannah seiner Jugend, die Hannah, die er geheiratet hatte. Sie war dünner, aber die Falten in ihrem Gesicht waren geglättet und ihre großen schwarzen Augen blickten so vertrauensvoll zu ihm auf wie die Augen eines Babys. Sie lachte auch ein wenig – ein Anklang des alten, fetten, angenehmen Lachens; aber an diesem Tag war an Hanna nichts vom Tod, nicht einmal vom Leid. Ihr Geist war noch nicht gestürzt.

„ Ähm, ich freue mich sehr , dich zu sehen, Schatz", sagte sie. „Ich wusste, dass du abspritzen würdest."

„ Rastus setzte sich neben sie auf den Holzstuhl und richtete seine kleinen schwarzen Augen starr auf ihr Gesicht. In seinen Händen hielt er seinen Hut, den er zunächst nervös zwischen seinen Knien drehte, aber schließlich vergesslich auf den Boden fallen ließ, als seine Verlegenheit vorüberging. Auf ihre Kissen gestützt plauderte Hannah ununterbrochen und erzählte ihm die kleinen Details ihres Krankenhauslebens und so wenige Fakten über ihre Krankheit, die sie wissen durfte.

„Ich habe keine Schmerzen", versicherte sie ihm – „des jetzt, meine ich. Bimeby wird abspritzen, so wie bei Ebery. " Nachmittag , aber er ist auch gekommen , und er hat es besser , wenn er zu jeder Zeit getroffen wird. Er ist auf jeden Fall gut zu mir, dieser Mann!"

Während sie sprach, blitzten ihre weißen Zähne zu einem Lächeln auf, aber in den Augen, die sie auf das Gesicht des Mannes richtete, lag ein merkwürdiger Ausdruck der Verwunderung.

aus , Schatz", sagte sie schließlich, „ und du siehst gut aus. Wie kommt das ? Ihr habt doch alle so viel Ärger , oder?"

« Rastus versicherte ihr hastig, dass das nicht der Fall gewesen sei. Er erwähnte weder seine Frau noch sein Kind, von deren Existenz sie sich natürlich vollkommen bewusst war; aber er betonte den Ruhm seiner Position, die Höhe seines Einkommens und die Gabe der Wache. Während er davon sprach , zog er das Letzte aus seiner Tasche , und sie schüttelte stolz den Kopf darüber und prahlte schamlos vor der Krankenschwester, die zufällig an ihre Seite kam.

„ Gebt es Mah „Ehemann ", sagte sie. Dann erwähnte sie beiläufig und mit all ihrer alten Naivität: „ Leaseways , he wuz. " mah Ehemann ' Oncet .'

„Mistah Breckenridge" ignorierte diesen kleinen Vorfall. Seine Gedanken galten praktischen Dingen.

„Hast du alles, was du willst, Hannah?" er hat gefragt. „' Caze ähm Wein Tuh git hit foh yuh ef yuh isn't .

Hannah, die auf diese Anfrage vorbereitet zu sein schien, reagierte sehr schnell darauf. Sie bräuchte ein Einband, sagte sie, etwas Eau de Cologne, drei neue Nachthemden und „ein kleines. " „Küken ." „ Rastus schrieb jeden Punkt sorgfältig und etwas protzig in einer Handschrift auf, die für unliniertes Papier geeignet war. Dann verneigte er sich vor der Krankenschwester, berührte Hannahs Hand mit seiner sehnigen kleinen Pfote und trottete mit einer Miene von enormer Wichtigkeit hinaus.

Mehrere Wochen lang war das Adelaide fast verwahrlost, und verwirrte Mieter suchten vergeblich den Hausmeister auf. Er war selten zu Hause, aber Dinah, dunkelbraun, mürrisch, rotlidig und mit einem Ausdruck des Leidens im schlichten Gesicht, reagierte auf ihre Forderungen und erledigte, soweit sie konnte, die Arbeit ihres Mannes und ihre eigene. Sie gab keine Erklärung für seine Abwesenheit ab, und die letzte, die akzeptiert worden wäre, war die Wahrheit – dass „Mistah Breckenridge" Tag für Tag an Hannahs Bett saß, mit ihr sprach, sie aufheiterte, sie pflegte und sie mit dem fütterte Obst, das er ihr gebracht hatte. Er hatte die Krankenschwester fast verdrängt; und die Ärzte, die das Paar beobachteten, ließen sie tun, was sie wollten, mit der tristen Theorie, dass nichts, was Hannah tat, ihr jetzt schaden könnte. Manchmal hatte sie stundenlang starke Schmerzen, während derer er bei ihr blieb, ihre Hand hielt, sie tröstete und ihre noch immer große Gestalt mit unerwarteter Kraft in seinen dünnen Armen hochhob. In ihren besseren Stunden unterhielt sie sich mit ihm, erzählte ihm Geschichten über die anderen Patienten, Anekdoten von Krankenschwestern und Ärzten und ahmte mehrere unglückliche Opfer nach.

Es dauerte sechs Wochen, bis Hannah sehr plötzlich und in einem ihrer Leidensanfälle starb. ' Rastus war am Ende bei ihr, wie er es in den harten Wochen davor getan hatte. Als ihm klar wurde, dass alles vorbei war, verließ er das Zimmer, suchte einen Bestatter auf, führte ein kurzes, aber bedeutungsvolles Gespräch mit ihm und verschwand dann aus dem Krankenhaus und auch aus der Stadt. Wohin er ging, wusste niemand, obwohl Dinah, fast außer sich, zerstreut versuchte, es herauszufinden. Am Morgen von Hannahs Beerdigung kehrte er zurück und übernahm eine führende Rolle in dieser melancholischen Prozession, die lange später als „de mos" bezeichnet wurde. üppige Beerdigungen in farbigen Kreisen. Nichts wurde ausgelassen, was sie sich gewünscht hätte. Hohe Federbüsche nickten auf dem Leichenwagen, viele Kutschen versammelten sich in den Trauergästen und dicht dahinter der mit Silber besetzte Sarg, der alles enthielt, was von Hannah übrig geblieben war „Mistah Breckenridge" ging mit bleiernen Schritten, sein kleines Gesicht war von Trauer gezeichnet. Anschließend zog er den größten Teil seiner Ersparnisse von der Bank, um die Rechnungen zu bezahlen, und nachdem er sie bezahlt hatte, kehrte er noch einmal zu seiner besorgten Familie und dem eintönigen Alltag zurück Leben im Adelaide.

Dinah begrüßte ihn kühl und ging erhobenen Hauptes ihren Pflichten nach. Sie sagte kein Wort des Vorwurfs, und erst nach mehreren Wochen wurde ihr klar, dass Rastus nicht nur ihren gerechtfertigten Groll als Ehefrau, sondern auch die meisten anderen Dinge und Gefühle im Leben nicht wahrnahm. Er tat seine Arbeit, aber er aß wenig und schlief weniger, und das Fleisch seiner wohlhabenden Jahre schien von ihm abzufallen, selbst als der erschrockene Betrachter zusah. In ihrer Verzweiflung suchte Dinah Haddon Brown auf und legte ihm den Fall vor.

„ Der Mann ist träge „ Ich werde sein Leben verlieren", schluchzte sie, „ wenn er so weitermacht wie bisher ." Was ist denn aus mir und dem geworden? in'cen ' chile !"

Rastus beiläufig und unauffällig und war mit der Untersuchung nicht zufrieden. Die Lippen des Hausmeisters waren verzogen, seine Augen waren glasig, seine Kleidung hing lose an seiner geschrumpften kleinen Gestalt. Er erledigte seine Arbeit wie eine Puppe, die zu diesem Zweck aufgezogen wurde. Es gab keine Feder, keine Energie, kein Knacken. Mr. Brown wartete vierzehn Tage und erwartete eine Veränderung. Als keiner kam, forderte er Rastus eines Sonntagmorgens auf , mit ihm auf einen Angelausflug zu gehen, Köder zu tragen, zu angeln, wenn er wollte, und sich allgemein nützlich zu machen. Mit unerträglicher Schwermut nahm „Mistah Breckenridge" die Einladung an, und die beiden ließen die Stadt hinter sich und suchten den Frieden von Wald, Bach und weitem, allumfassendem Himmel.

Als er die schattige Nische gefunden hatte, die ihm am vielversprechendsten erschien, rüstete der junge Brown seinen Haken mit einem Köder aus, warf ihn ins Wasser und gab sich angenehmen Träumereien hin, an denen der arme „Mistah Breckenridge" keinen Anteil hatte. Er hatte ihn gutmütig hierher gebracht, um Ruhe, Abwechslung, Sport und reine Luft zu finden, sagte er sich, aber es war kaum zu erwarten, dass er mehr tun würde. Er gähnte, döste und betrachtete seine Reihe ohne Neugier; Neben ihm saß „Mistah Breckenridge", jeder Muskel angespannt und ein Licht in seinen Augen, das nicht schön anzusehen war.

Der Ort, den sie gewählt hatten, war ein nicht selten besuchter Ort in den Wäldern der Bronx, und ab und zu drangen die Geräusche menschlicher Stimmen zu ihnen und die hellen Farben eines Frauenkleides schimmerten durch die Bäume. Plötzlich drang ein Lachen an ihre Ohren – das Lachen einer Frau; leicht, fröhlich, unbändig. Der junge Brown öffnete ein Auge. Es klang wie das Lachen eines netten Mädchens. Er schaute träge in die Richtung, aus der es kam. Dann hörte er dicht an seiner Seite einen dumpfen Schlag, ein Stöhnen. Sein Gefährte hatte sich der Länge nach auf den Boden geworfen und lag da, weinte mit lautem, keuchendem Schluchzen und riß das Gras mit den Wurzeln aus. Brown blickte entsetzt, erschrocken, mitfühlend, vage verständnisvoll und doch abgestoßen von diesem unmännlichen Ausbruch. Er begann zu sprechen, überlegte es sich aber anders und wartete, den Blick wieder auf den wackelnden Korken seiner Leine gerichtet.

„Mistah Breckenridge" schrie lange – tatsächlich sehr lange, wie es dem jungen Brown vorkam, unbehaglich und an solche Demonstrationen völlig ungewohnt. Dann setzte er sich auf, riss sich zusammen und wandte dem jungen Mann, der ihm ein so guter Freund gewesen war, ein verzerrtes Gesicht zu.

„Sie wissen alle, Mr. Brown, ich schäme mich sicher", sagte er leise, „aber ich fühle mich besser , und der Treffer hat mir wohl gut getan. Ich hatte das Gefühl, ich könnte jemanden töten, wenn wir kommen, ja, aber ah." Fühle mich jetzt anders .

Seine Stimme verstummte. Unruhig zog er Löwenzahn und Grashalme um sich herum hoch, aber sein Gesicht hatte sich entspannt und er wirkte ruhig. Haddon Brown murmelte etwas über eine nervöse Anspannung, aber der andere schien ihn nicht zu hören.

„Schlag wuz „Dat Lady laffin ", sagte er plötzlich. „Ihr wisst alle, wie Hannah es benutzt laff . Mah, gnädig! Yuh könnte heah Diese Frau ist eine Meile! Und „weißt du schon", fuhr er langsam fort, „hat mir sehr gut getan, Mistah Brown, das soll heh huh." Ahm, ein stiller Mann, ein ah doan Ich habe viel gelacht , aber ich mochte Hits in Hannah, das habe ich nur mühsam getan – wirklich. Hit des ließ diesen traurigen alten Kerl wie einen fröhlichen Ort erscheinen – Hit tat es tatsächlich."

Brown sagte nichts. Es gab nichts in seinem Kopf, das so gut zu diesem Anlass passte. „Mistah Breckenridge" riss noch ein paar Löwenzahnblätter von den Stielen und ging weiter.

„ Als die Frau mich verließ – als meine Hannah wegging –, habe ich sie nach der Nacht verlassen , um den Ort zu bestimmen , an dem sie gelebt hat, um wieder zu gehen . Ich bin in der Nacht aufgefallen Ich würde den Schatten auf dem Cu'tin sehen , eine Höhle , die ich sehen würde Heah huh laff und laff So wie sie es immer getan hat, und – ah, ich wäre nach Hause gekommen! Ich habe das alles getan, ja, ich habe das Gefühl, dass Hannah mich verlassen hat . Dinah geht es gut. Ah, ich beschwere mich nicht über Dinah. Ah , äh, äh , äh , äh , wuz, einsam, und sie war mir immer wieder eine gute Frau. Ähm Ich werde wuk Na ja, sag mir, gib mir das ganze Geld zurück, das ich für Hannah ausgegeben habe. Besiege auch Dinahs Geld . Aber" – er brach plötzlich wieder in ein langes Jammern aus – „Ah ja, du kannst sehen, wie ähm Ich werde weiter in einer Welt leben _ _ dey ist keine Hannah!"

Seine Trauer nahm zu, als er ihr freien Lauf ließ. Er warf sich erneut auf den Boden und riss mit seinen dünnen schwarzen Händen an den Gräsern herum. „Oh, ah wollen, ah wollen, *ah wollen , tuh Haha mah Hannah laff schon wieder!* „, schrie er hektisch.

Ein Fisch knabberte an dem Köder an Browns Haken, überlegte es sich anders, wedelte mit den Flossen und schwamm davon – ein Beweis für das Sprichwort über Zweifel. Ein Vogel in den Zweigen des Baumes über den beiden Männern brach in ekstatischen Gesang aus. Aber keiner hörte ihn. „Mistah Breckenridge" hatte sein schwarzes Gesicht im kühlen Gras vergraben, und seine heißen Tränen fielen schnell darauf. Neben ihm saß der junge Brown, der mit elementaren Bedingungen konfrontiert wurde, schweigend und dachte angestrengt nach.

VIII

DIE SUCHE DER Tante NANCY

In einem stickigen Abteil eines Nachtzuges, der sich Paris näherte, hatten Jessica und ich das Privileg, Tante Nancy zum ersten Mal zu sehen. Ihr offensichtliches Alter hätte zweifellos bald unsere Aufmerksamkeit erregt, und sicherlich konnte die Tapferkeit, mit der sie ihre achtzig Jahre trug, der Beobachtung zweier so ernsthafter Kenner der Menschheit, wie wir glaubten, nicht lange entgangen sein. Aber das Merkmal an ihr, das mir sofort ins Auge fiel, war ihr Gesichtsausdruck – ein Ausdruck von so scharfer Wachsamkeit, so intensiver Vitalität, dass ich mich selbst in der geistigen Stagnation, die mit nächtlichen Reisen einhergeht, fragte, was in ihrer Umgebung das erklären könnte.

Der schmuddelige Waggon, in dem wir saßen, wurde schwach von einer Öllampe erleuchtet, deren unzureichender Lichtstrahl wirkungsvolle Glanzlichter auf den kahlen Kopf eines hörbar schlummernden Deutschen auf unserer Seite des Abteils und auf das schwere Gesicht einer beleibten Französin warf der ihm gegenüber saß, neben der alten Dame, auf die ich meine Aufmerksamkeit konzentrierte. Letzterer, offensichtlich ein Amerikaner, die beiden Ausländer und wir selbst waren die einzigen Insassen des Abteils; und sicherlich war in der Erscheinung von keinem ihrer vier Mitpassagiere eine Rechtfertigung für die hellwache Aufmerksamkeit der freundlichen alten Augen zu finden, die uns jetzt durch schwere Brillen mit Stahlgestell anstrahlten. Nachdenklich, wie es sich für einen müden Wanderer gehörte, staunte ich . Wie konnte sie um ein Uhr morgens so lebendig, so hellwach, so energiegeladen aussehen?

Der kahlköpfige Mann schlief weiter. Die stämmige Frau entfernte einen Muschelkamm aus ihrem Hinterhaar und bereitete sich auf einen tieferen Schlaf vor. Jessica präsentierte meinem strahlenden Blick ein Gesicht, das unausgesprochenes Mitgefühl verlangte, und hauchte stumm einen Protest gegen das Reisen im Allgemeinen und diese Phase davon im Besonderen. Jessica war in den „noch frühen Stunden" nie wirklich schwul. Für einen meiner Kameraden war es ein gewisser Trost, sich von ihr zu der kleinen alten Frau mir gegenüber zuzuwenden. In Figur und Kleidung hätte sie für eine von Leechs Zeichnungen antiker Damen posieren können, so urtümlich adrett war sie, so präzise waren die Falten ihres kleinen schwarzen Mantels und ihres schlichten schwarzen Kleides, so wirkungsvoll war das weite Gesicht, das ihr faltiges Gesicht umrahmte schwarze Haube, die sie trug. An ihren Händen trug sie, sittsam gekreuzt auf ihrem Schoß, schwarze Spitzenhandschuhe. Darüber hinaus war sie sozusagen von einem schwachen

Pfefferminzaroma umhüllt, dessen Quelle schon damals eine verblasste Wange leicht aufblähte. Ich lächelte sie unbändig an und sofort strömte ein langer, lustvoller Seufzer zu mir herüber. In spontaner Freundschaft beugte sie sich vor.

„Es ist eine wirklich angenehme Reise, nicht wahr?" flüsterte sie, so offensichtlich hin- und hergerissen zwischen einem leidenschaftlichen Wunsch zu reden und Rücksichtnahme auf die Schläfer, dass mein Herz mit ihr verbunden war.

„Nun, wenn Sie diese besondere Reise meinen –" Ich zögerte.

„Ja, das tue ich", beharrte sie. „Die Sitze sind wirklich bequem. Alles ist." Sie streckte ihre behandschuhten Hände mit einer Geste aus, die die Forderung nach Zustimmung zu unterstreichen schien. „Ich würde nichts ändern. Manche sagen, es sei heiß .

Ich schaute durch das offene Fenster auf die französische Landschaft, die in den Glanz eines Augustmondes getaucht war.

„Das ist zumindest sehr zufriedenstellend", gab ich fröhlich zu.

Sie wirkte ein wenig ausdruckslos, als sie sich umsah, und ein seltsamer Ausdruck von Verantwortung legte sich auf ihre Gesichtszüge und verwischte deren Helligkeit wie ein Schleier.

„Ich verstehe", sagte sie langsam. „Du meinst Frankreich. Ja, das ist schön, und da gibt es auf jeden Fall viel zu sehen." Sie zögerte einen Moment und fuhr dann schneller fort. „Weißt du", fuhr sie mit ihrem hohen, zischenden Flüstern fort, „bei mir ist es etwas anders als bei dir. Du kannst Französisch sprechen. Ich habe gehört, wie du mit dem Schaffner gesprochen hast. Und ich nehme an, du …" Ich war schon oft hier und es hat mir gefallen. Aber dies ist das erste Mal, dass *ich* nach Europa komme. Irgendwann hatte ich es immer vor, aber die Dinge liefen nicht so, also *konnte ich* kommen. Jetzt bin ich es nicht. Ich bin hier, ich kann nicht lange bleiben, und ich muss sagen, ich habe irgendwie Heimweh. Es gibt so viel zu sehen, dass mir beim Scherz der Kopf schwirrt. Ich komme aus einem Grund – einem eigenen Zweck – aber jetzt nicht „Ich bin hier, ich möchte meine Pflicht tun und Dinge sehen. Ich erkläre", fügte sie beschämt hinzu, „ich hasse es am meisten, nachts schlafen zu gehen, ich habe solche Angst, dass ich etwas verpasse und dann davon erfahre." Ich komme zurück.

Ich stellte eine konventionelle Frage, die einen detaillierten Bericht über ihre Reisen hervorrief. Zu diesem Zeitpunkt hatte Jessica ein Auge geöffnet; Die beiden Ausländer schliefen friedlich weiter. Sie sei in Neapel gelandet , erzählte mir die alte Dame; und aus ihren späteren Bemerkungen konnte ich schließen, dass sie die Italiener als ein Volk empfunden hatte, dem es an den bewundernswerten Eigenschaften von Sauberkeit und Bescheidenheit mangelte. Sie beklagte auch das übermäßige Übergewicht an Kunstgalerien und die überraschende Langsamkeit der Eingeborenen, intelligente Bemerkungen in englischer Sprache zu verstehen. Abgesehen von diesen Mängeln fand sie Italien jedoch einigermaßen interessant und erwähnte insbesondere die Grotte von Capri und die Besteigung des Vesuvs. Sie fügte beiläufig hinzu, dass nur wenige ihrer Mittouristen diesen letztgenannten Ausflug unternommen hätten, da er kurz nach den schwersten Ausbrüchen stattgefunden habe und die Luft voller Staub und Asche gewesen sei. Jessica öffnete das andere Auge. Ich begann, lebhaftes Interesse an dem Gespräch zu verspüren.

Rom, so verriet sie weiter, bedeute für sie die Campagna und die Katakomben. Auf ersterem hatte sie Spaziergänge gemacht, und in den tiefsten Eingeweiden des letzteren hatte sie sich scheinbar tagelang eingegraben, einem mysteriösen Ziel folgend. Ihre liebste Zeit für einen Spaziergang auf der Campagna, und eine, die sie mir kurz empfohlen hat, war in der Abenddämmerung, da der Ort dann ruhig und friedlich war, weil Touristen aus törichter Angst vor dem Fieber sich nach Sonnenuntergang von ihm fernhielten.

An diesem Punkt setzte sich Jessica auf, platzierte ein Kissen bequem hinter ihrem Rücken und widmete ihre ungeteilte Aufmerksamkeit dem Monolog. Schließlich stellte sie eine Frage . War die Dame alleine unterwegs? Die Dame beeilte sich zu erklären, dass dies nicht der Fall sei.

„Meine Güte, nein", sagte sie forsch. „Ich bin ein Tourist – so nennen sie sie , wissen Sie, wenn sie mit einem Mann zusammen sind. Sie sind achtzehn in unserer Gruppe und der Mann, der uns mitnimmt, ist Mr. James George Jackson. Er ist wirklich nett." Er sitzt in einem der anderen Waggons dieses Zuges, und bei ihm sind drei Herren, die auch zu uns gehören. Alle anderen sind in Paris geblieben, weil sie müde waren . Sehen Sie", fügte sie erklärend hinzu, „wir haben Lourdes gemacht." zwei Tage, und wir haben es von unserer Zeit in Paris abgezogen. Wir haben sowieso nicht viel Zeit in Paris, also sind wir abends hingefahren und zurückgekommen. Ich nehme an , die anderen dachten, es könnte sein, dass wir es versuchen Hitze, also blieben sie zurück und gingen gestern nach Fontingblow und heute den Seen hinauf. Aber ich sah den Schwarzwald, als wir in Deutschland waren , und den Rhein auch, und einige von uns gingen von Binjen nach Cooblens , damit wir die Aussicht wirklich gut haben. Also dachte ich, ich lasse den französischen Fluss und den Wald weg und sehe mir stattdessen Lourdes an.

Jessica unterbrach hier.

„Ich bitte um Verzeihung", fragte sie ernst, „aber – sind Sie wirklich zwei Nächte lang gereist und haben zwei Tage lang in diesem schrecklichen Gedränge in Lourdes Sehenswürdigkeiten besichtigt, ohne zu schlafen?"

Unser neuer Freund nickte langsam, als wäre er gerade erst auf die Angelegenheit aufmerksam gemacht worden. „Ja, das ist so", räumte sie ein. „Aber ich bin kein bisschen müde. Alte Leute brauchen nicht viel Schlaf, wissen Sie, und ich bin ziemlich alt. Ich wurde letzten Juni einundachtzig."

Jessica ließ ihr Kissen fallen und setzte sich ganz aufrecht hin, eine leichte Röte im Gesicht. Unser neuer Freund plapperte weiter, bis in der Ferne die Lichter von Paris auftauchten, und Jessica und ich begannen, die beeindruckende Vielfalt an Impedimenta zu sammeln, mit denen wir die Unannehmlichkeiten des Reisens nachdenklich vervielfacht hatten. Während wir Teppichpakete herunterzogen und verschiedene Gurte festzogen, beobachteten uns die strahlenden Augen der kleinen alten Frau unerschütterlich durch ihre Brille. Sie hielt einen stabilen und brauchbaren Regenschirm fest in der Hand und war bereit, von Bord zu gehen. Falls sie Gepäck mitgebracht hatte, was ich bezweifelte, befand es sich offensichtlich in der Obhut von Mr. James George Jackson.

„In welches Hotel gehst du ? " fragte sie plötzlich. „Ich kenne einen wirklich guten."

Ich sagte ihr, es sei das St. James et D'Albany , und ihr faltiges Gesicht strahlte.

„Nun ja, ich erkläre", rief sie herzlich, „ ist das nicht schön! Das ist ja der Scherz, wo wir wohnen , und ich fühle mich so wohl , wie ich nur sein kann. Ich habe ein Zimmer mit einem." Fenster, das direkt in die Twilry Gardens blickt. Mr. Jackson sagt, dass ich das Beste von ihnen haben muss , weil ich die Älteste bin. „Alter geht vor Schönheit", sagt er, und „die anderen Damen stören sich überhaupt nicht daran." Sie sind auf jeden Fall gut für mich. Natürlich sage ich nicht, dass ich kein genussvolleres Frühstück hätte, denn das würde ich; und ich bin es nicht gewohnt, dass dieser Kellner direkt in mein Zimmer kommt Ich werde seine Tabletts auspacken, bevor ich aufstehe, und das hätte ich nie erwartet. Aber *es ist* ein gutes Hotel, und die Dame, die es führt, ist wirklich nett, wenn sie Französin *ist* .

Während sie sprach, fuhr der Zug in den großen Bahnhof ein, und an der Tür unseres Abteils erschien ein rundes, schwitzendes und sehr schmutziges Männergesicht.

„Nun, Tante Nancy", sagte die Besitzerin mit einem lebhaften Versuch der Fröhlichkeit, „lebst du schon? Der Rest von uns ist tot. Du kommst jetzt gleich mit mir und ich bringe dich ins Hotel." in einem Taxi. Und wenn du meinen Rat befolgst, wirst du nach diesem Erlebnis zwei Tage lang ins Bett gehen und dort bleiben."

Während er sprach, klemmte er die alte Dame unter seinen Arm, und sie trottete gutgelaunt mit ihm davon, drehte sich mehrmals um, nickte uns zu und lächelte uns zu, als sie ging.

Am nächsten Morgen um acht Uhr wurde ich von Jessica geweckt, die an meinem Bett stand und mich unbeschwert an meine selbst auferlegte Pflicht erinnerte, früh zum Bahnhof zu gehen, um sich um das Gepäck zu kümmern, was wir in der Nacht versäumt hatten Vor. Meine Antworten auf diesen Vorschlag wären hier von keinem Interesse, auch wenn sie fünf Minuten lang Jessicas ehrfürchtige Aufmerksamkeit fesselten. Bitter erhob ich mich, widerwillig und gähnend zog ich mich an. Um neun stand ich am Eingang unseres Hotels und winkte schläfrig nach einem Taxi, während ich bereits unter der Hitze der Augustsonne dahinwelkte. Während ich wartete, hielt ein Reisebus am Straßenrand. Es war wunderschön mit roter Farbe und auffällig mit großen Schildern mit der Aufschrift „A VERSAILLES". Der Fahrer blieb auf der Box. Der Reiseleiter, der offensichtlich nach Absprache und pünktlich da war, sprang auf den Bürgersteig, warf einen Blick auf seine Uhr, klappte mit einem zufriedenen Nicken das Etui zu und stand mit dem Blick auf den Hoteleingang gerichtet. Eine winzige schwarze Gestalt kam heraus, begrüßte ihn mit einem fröhlichen „ Bongjure " und begann unerschrocken den gefährlichen Aufstieg auf die Leiter, die er ihr zuliebe an die Seite der Kutsche stellte. Es war Tante Nancy, gekleidet wie am Abend zuvor, aber makellos gepflegt, und in ihrem Gesicht spiegelte sich die Helligkeit des Morgens. Ich begrüßte sie, und in ihrer frohen Überraschung, mich wiederzusehen, blieb sie zwischen Erde und Himmel schweben, um mit mir zu sprechen, wobei sie nebenbei die beiden brauchbaren Gamaschen, die winzige Rüsche eines Alpaka-Unterrocks und ein langes, flaches Stück Grau enthüllte -gestreifter Baumwollschlauch.

„Na ja", strahlte sie. „ Ist das nicht schön? Ja, ich gehe . Der Rest ist noch nicht fertig, aber ich war seit dem fünften Jahr wach, also dachte ich, ich komme gleich runter und schaue zu, wie der Bus voll wird Männer nicht goin '-sie sind so müde, arme Lieben. Onri , mein Kellner, sagt , dass alle im Bett liegen . Aber einige der Damen, die gestern zum Seen gegangen sind, kommen , also schätze ich, dass wir eine richtig schöne Party veranstalten werden. Wir werden uns zuerst den Palast und den Treenon ansehen , und dann gehe ich zum Jahrmarkt im Dorf. Herr Jackson sagt, eine französische Messe sei wirklich interessant , aber das ist er nicht hineingehen '. Er sagte gestern Abend, dass er heute in seinem Zimmer viel Arbeit zu erledigen habe, und vermutete, dass wir ihn bis zum Abendessen nicht sehen würden. „Wissen Sie" – sie senkte geheimnisvoll ihre Stimme und warf einen besorgten Blick um sich, während sie fortfuhr – „ Onri sagt, dass Mr. Jackson gerade in dieser Minute schläft, und es ist fast neun Uhr morgens ! "

Diese überraschenden Enthüllungen wurden durch das Erscheinen zweier ihrer Mittouristen unterbrochen, und ich nutzte die Gelegenheit, die sich durch diese Unterbrechung bot, um mich an meine unpassende Aufgabe zu machen.

Wir sahen Tante Nancy erst am Morgen unseres dritten Tages in Paris wieder, als ich ihr in den Galerien des Luxembourg begegnete. Sie saß bequem auf einem leuchtend roten Polstersitz in der Nähe des Haupteingangs und auf ihrem faltigen Gesicht war ein Ausdruck vollkommenen Friedens zu sehen.

„Nun, ich freue mich, dich endlich ausruhen zu sehen", war meine Begrüßung.

„Ja, ich ruhe mich aus ", räumte sie ein. „Das mache ich immer in den Kunstgalerien", fügte sie schlicht hinzu, als ich mich neben sie setzte. „Ich glaube, sie haben hier die bequemsten Stühle von allen, obwohl es in Florenz auch einige schöne gab ; und an einem der Orte in Rom waren sie ein langer Sitz, auf dem man sich am besten hinlegen konnte." Ich habe dort wirklich ein schönes Nickerchen gemacht. Sehen Sie", fuhr sie fort und strich eine imaginäre Falte aus einem Spitzenhandschuh. „Ich weiß *sowieso nicht viel von Bildern* , aber ich komme mit den anderen klar, und wenn ich Idiot, ich lege scherzhaft eine Pause ein, bis sie damit fertig sind, sie anzusehen . Ich weiß nicht, was Michelangelo ist und was *nicht* , und es scheint mir, dass es jetzt zu spät ist, es herauszufinden.

In diesem Moment erschien Jessica, und weitere Enthüllungen wurden durch Begrüßungen überprüft, woraufhin fast sofort unser widerwilliger Abschied erfolgte, um einen Termin einzuhalten. Bevor wir jedoch abreisten, erfuhren wir, dass auf den Tag in Versailles ein Abend „in einem dieser französischen Cafés , in denen Frauen singen" folgte und dass vierzehn Stunden Besichtigungen in Paris selbst die drohende Langeweile des zweiten Tages zerstreut hatten Tag.

D'Albany neben Jessica her , sprach sie an und wischte sich dabei die Stirn.

„Es ist die alte Dame", sagte er, „Tante Nancy Wheeler, wissen Sie. Sie hat mich gebeten, Sie zwei Damen zu fragen, ob Sie heute Abend nicht mit uns fahren möchten. Sie möchte sehen, wie Paris bei Nacht aussieht , und ich muss es ihr zeigen.

Er schwankte träge gegen eine Säule, als wir die Einladung angenommen hatten, und stöhnte als Antwort auf Jessicas Lob für die Aktivität der alten Dame.

„Sie ist wirklich aktiv", bemerkte er grimmig. „Wenn von *mir* noch etwas übrig ist, nachdem sie durchgekommen ist, dann deshalb, weil ich von meiner Mutter eine eiserne Konstitution geerbt habe. Sie hat vor Wochen jeden anderen Mann in der Partei ausgelaugt. Das Schlimmste daran ist, dass ich es nicht tue." Ich weiß, warum sie das tut. Es ist ihr wirklich alles egal, da bin ich mir sicher. Aber sie hat etwas dagegen, also geht sie vom frühen Morgen bis zum taufrischen Abend, und natürlich muss jemand mit ihr gehen; wir Ich kann sie nicht alleine herumlaufen lassen. Außerdem habe ich Angst davor, dass sie eines Tages völlig auseinanderfällt – wie der Einspänner des Diakons, wissen Sie, und nichts mehr übrig bleiben wird als … „Sie hat einen kleinen Haufen Alpaka-Kleidung und Kongress-Gamaschen getragen. Seit wir angefangen haben, hat sie sechs Paar Gamaschen abgenutzt", fügte er mit einem Wehklagen hinzu. „Ich weiß, weil ich sie kaufen musste. *Sie* hatte keine Zeit." Er schüttelte traurig den Kopf, als er wegging.

Jessica und ich verabschiedeten uns an diesem Abend rührend von Tante Nancy, als wir am nächsten Tag Paris verließen. Mehrere Wochen lang hörten wir nichts mehr von ihr, aber in Schottland kreuzten wir ihre Spur erneut. Die Highlands waren voller Gerüchte über eine unerschrockene alte Dame, die die Seen und Trossachs „erledigt" hatte, wie es anscheinend noch nie zuvor geschehen war. War sie Amerikanerin? Sie war. Achtzig Jahre alt, schwarz gekleidet, mit großer Haube, Stahlbrille und Gamaschen? Bis auf die Gamaschen war alles in Ordnung. Anscheinend war der Gamaschenvorrat durch die ständige Nachfrage erschöpft. Sie trug Schuhe mit dicken Sohlen und, wie unser Informant glücklicherweise hinzufügte, graue, gestreifte Strümpfe. Aufgrund der Gerüchte über ihre Erfolge zu Lande und zu Wasser blickten Jessica und ich besorgt über die Oberfläche Schottlands, weil wir fürchteten, sie sei übersät mit erschöpften Bootsleuten, Führern und Fahrern. aber anscheinend hatten alle ihre Opfer überlebt, obwohl sie als Erinnerung an ihre Erfahrung mit ihr einen abgezehrten und gehetzten Blick hatten, den Jessica angeblich vom obersten Sitz der höchsten Kutsche aus erkennen konnte.

Als wir durch Irland drifteten, hörten wir ein weiteres Echo von Tante Nancy. Sie war zu Pferd durch den Gap of Dunloe geritten , an sich keine schwierige Leistung, die während der Touristensaison in Kallarney täglich von alten Damen aus verschiedenen Ländern und Glaubensrichtungen vollbracht wurde. Im Fall von Tante Nancy schien es jedoch so, dass sie diese Abwechslung genießen konnte, die ein so erfreuliches Merkmal menschlicher Erfahrung ist. Ungeachtet der Tatsache, dass sie noch nie in ihrem Leben auf dem Rücken eines Pferdes gesessen hatte, wählte sie zielsicher das frischeste und ausgelassenste irische Pony als ihr Reittier. Es scheint weiterhin, dass sie schließlich auf den Sattel dieses Tieres gehoben wurde, weil eine eindeutige Vereinbarung zwischen Mr. James George Jackson und ihrem Führer getroffen wurde, dass der letztere Herr die Dame nicht nur jeden Meter der Route begleiten sollte, sondern dies auch in der Zwischenzeit tun sollte sich tapfer mit beiden Händen am Zaum festklammern. Leider wurde diese Vereinbarung, die für alle so zutiefst befriedigend war, von dem tapferen irischen Pony nicht ratifiziert; Das Ergebnis war, dass Tante Nancy und das Pony den Ausflug alleine fortsetzten, nachdem der Führer durch das plötzliche und unerwartete Anheben der Vorderbeine des Tieres umgehauen worden war. Nach den knappen Worten eines der Beobachter zu urteilen, muss es ein aufregendes Schauspiel gewesen sein, solange es dauerte, auch wenn es allzu schnell über die Sehnsuchtslinie des Betrachters hinausging.

„Sie konnten nicht sagen", bemerkte dieser Herr traurig, als er den Unfall erzählte, „welches das Pferd war und welches die alte Dame, und welches der Gap of Dunloe !"

sie " nicht , wie der rasende Mr. Jackson sie dazu gedrängt hatte, aber sie wurden belohnt, indem sie verschiedene Teile von Tante Nancys Kleidung auf dem Weg verstreut fanden. Gegenstände: eine schwarze Haube, ein Umhang, ein Taschentuch, eine Stahlbrille. Anscheinend hatten nur die Kleidungsstücke, die sicher befestigt waren, wie Schuhe und Spitzenhandschuhe, das Erlebnis überstanden. Offenbar hatte auch Tante Nancy ihre aufregende Bergfahrt in fast ununterbrochenem Schweigen unternommen. Die Ausnahme ereignete sich offenbar irgendwo im Dunklen Tal, wo eine Bergfrau sie gedankenlos vorbeifliegen sah und sie dazu drängte, anzuhalten und ein Glas Ziegenmilch zu kaufen. Die Erinnerung der Frau an die Begegnung war etwas vage, da sie so abrupt endete, aber sie behielt den Eindruck, dass Tante Nancy ein ungewöhnliches Maß an Bedauern darüber zum Ausdruck gebracht hatte, dass sie ihrer Einladung nicht folgen konnte.

„ Erst im nächsten Moment sah ich, wie der arme Hase wahnsinnig vor Angst war und dass ihm der Atem der alten Dame über die Augen wehte ", fügte die Bergfrau mitfühlend hinzu. „Und ich konnte nichts tun , weil , meine Güte, als ich meinen Mund hob, um mich zu verabschieden, die alte Frau und der Hase auf halber Höhe des Tals waren."

Glücklicherweise hatten fünf oder sechs Meilen dieses anregenden Tempos eine vernichtende Wirkung auf die wilden hibernischen Geister des Ponys, was zur Folge hatte, dass er und sein Reiter in äußerst ruhiger Gangart in den Raum schlenderten, wo die Ruderboote auf ihre Passagiere warteten Ross Castle, wo sich die übrigen Mitglieder der Gruppe treffen sollten. Die übrigen Mitglieder der Partei waren aus offensichtlichen Gründen noch nicht da; und die lange Verzögerung bis zu ihrer Ankunft gab Tante Nancy Zeit, die fehlenden Kleidungsstücke durch Kleidungsstücke zu ersetzen, die sie sich von der Frau am Erfrischungsstand geliehen hatte, und ein herzhaftes Mittagessen zu sich zu nehmen. So erfrischt war sie bereit für die vierzehn

Meilen lange Fahrt in einem Ruderboot nach Ross Castle, dem nächsten Punkt auf dem Tagesprogramm . und sie schaffte es an diesem Nachmittag, ungeachtet der fast hysterischen Vorwürfe von Mr. James George Jackson.

Erst als wir nach Amerika segelten, sahen wir wieder in die unerschrockenen Augen von Tante Nancy. Sie war die erste Passagierin, die wir sahen, als wir das Deck der Columbia erreichten, und ihre Freude über die Begegnung war genauso groß wie unsere eigene. Wir unterhielten uns einen Moment, und dann lief sie davon, um verschiedene Mitglieder ihrer Gruppe zu begrüßen, von denen sie durch Abstecher vorübergehend getrennt worden war.

Das Meer war schlummernd ruhig und in diesige Herbstsonne getaucht. Unbeschwerte Männer und Frauen in weißen Leinen- und hellen Flanellkostümen schlenderten über die Decks und erklärten einander, was für gute Seeleute sie seien und wie sie hofften, dass das Meer nicht eintönig glatt bleiben würde.

„Man will ein bisschen Leben und Schwung auf einem Schiff", erklärte ein dicker, blonder Mann, dessen Gesicht wir schon damals zum letzten Mal in sieben traurigen Tagen ansahen, obwohl wir es nicht wussten. Zu einer Einheit strömten die Passagiere beim ersten Aufruf zum Mittagessen in den Speisesaal. Pro Einheit verzehrten sie alles, was auf der Speisekarte stand. Alles war Frieden und Appetit.

An diesem Nachmittag erwachte das Meer schläfrig, drehte sich um und gähnte. Die blauen Wellen des Morgens waren verschwunden. An ihrer Stelle traten riesige, ölige, schwarze Wellen, die die *Columbia träge anhoben* , sie eine lange Minute lang in der Schwebe hielten und sie dann mit langsamem, zitterndem Widerwillen immer tiefer, tiefer, tiefer ließen. Ein interessanter junger Schotte, der neben Jessica an Deck saß, blieb mitten in einer leidenschaftlichen Hommage an die Figur des Robert Brace plötzlich stehen, schaute ihr einen Moment lang mit Augen voller schrecklicher Angst ins Gesicht und gesellte sich hastig zu einem beleibten Deutschen ein temperamentvolles Wettrennen zum nächsten Niedergang. Ein hochkirchlicher englischer Geistlicher, der mich eine halbe Stunde zuvor getroffen hatte und sich beeilt hatte, mir zukünftigen Kummer zu ersparen, indem er sofort erklärte, dass er verheiratet sei, erhob sich abrupt von seinem Stuhl neben mir und taumelte unsicher zum Deckgeländer, wo er in einer Haltung erbärmlicher Resignation aufgehängt. So an die düstere Realität des Lebens erinnert, blickten Jessica und ich auf dem Deck auf und ab. Es war verlassen – bis auf eine kleine schwarze Gestalt, die schnell an uns vorbeitrottete und sich gelegentlich an der leeren Luft festklammerte, um Halt zu finden, während sie von einer Seite des glitzernden Decks auf die andere geschleudert wurde, aber fröhlich, unerschrocken und glücklich.

„Ich muss mich etwas bewegen“, keuchte Tante Nancy, während sie sich für einen Moment auf meinen Schoß legte, wo sie durch einen Ruck des Schiffes abgesetzt worden war; „Also mache ich einen kleinen Spaziergang.“ Sie ging immer noch, als Jessica und ich uns eilig in unsere Hütte zurückzogen.

Die folgenden Tage sind zu traurig, als dass sie von der mitfühlendsten Feder beschrieben werden könnten. Das Meer, das wie seit fünfundzwanzig Jahren nicht mehr in seine tiefsten Tiefen vorgedrungen war, ärgerte sich zutiefst über die Anwesenheit der Columbia an ihrem aufgewühlten Busen. Wahnsinnig warf sie sie von sich; Mit katzenartigem Verrat zog sie sie wieder zurück und versuchte, ihre mächtigen Balken auseinanderzureißen. Ächzend, qualvoll, beherzt ertrug die Columbia alles – und rächte sich an ihren Passagieren. Sie stellte sich auf den Kopf und schickte sie sozusagen in ihren Bug. Sie erhob sich am Heck und zerstreute sie nach achtern. Sie stand still und schauderte. Sie legte sich auf die linke Seite, bis sie die Herztätigkeit aller Personen an Bord gefährdet hatte; Sie drehte sich auf die rechte Seite und ging zügig auf den Meeresgrund zu. Sie erholte sich, sprang ein paar Mal auf und ab, um zu beweisen, dass sie noch unversehrt war, und machte es noch einmal von vorne. Währenddessen hielten sich die Passagiere, unten eingesperrt und streng befohlen, in ihren Kabinen zu bleiben, an den Seiten ihrer Kojen fest und beteten inbrünstig um den Tod.

Weder Jessica noch ich waren aktiv krank, aber Jessicas Gleichgültigkeit gegenüber Essen und sozialem Verkehr war äußerst ausgeprägt. Auf dem Rücken ausgestreckt in der Koje gegenüber von mir lag sie Tag und Nacht mit geschlossenen Augen und abweisendem Verhalten und weckte sich nur lange genug, um jeden Vorschlag, Nahrung zu sich zu nehmen, heftig abzuwehren. Außerdem hat sie mir eine lebenslange Erinnerung beschert. Aus purer Langeweile bestellte und verschlang ich am dritten Tag mittags eine große Portion gedünstete Pfirsichknödel mit kräftiger Soße. Der Blick, den Jessica zuerst auf dieses Gericht und dann auf mich warf, wird meiner Meinung nach immer das dominierende Merkmal meiner unruhigsten Träume bleiben.

Während dieser Zeit hatte ich Tante Nancy nicht vergessen, Jessica jedoch sicher. Allerdings befand sich ihre Kabine, obwohl sie sich auf demselben Deck wie unsere eigene befand, am anderen Ende des Schiffes, und ich hatte ernsthafte Zweifel an meiner Fähigkeit, die Distanz dazwischen sicher zurückzulegen. Schließlich versuchte ich es, und abgesehen von den kleinen Zwischenfällen, bei denen ich mir beim unerwarteten Abweichen von der Reling ein Auge schwarz machte und anschließend heftig gegen den Rücken einer an die Wand genagelten Axt geschleudert wurde, schaffte ich den Durchgang sicher. Tante Nancy war nicht in ihrer Kabine, aber ein dumpfes Stöhnen aus der oberen Koje verriet, dass ihre Mitbewohnerin da war. Von dieser Dame konnte ich leider keine Auskunft erhalten. Sie schien das Gefühl zu haben, ich sei gnädig dazu geschickt worden, sie mit Chloroform aus der Existenz zu verbannen, und ihre Enttäuschung über mein Versagen, diese Samariterrolle zu spielen, war so bitter, dass ich gezwungen war, mich zurückzuziehen, aus Angst, sie könnte Dinge äußern, die einer sanften Frau unwürdig wären.

Als ich mich den langen Korridor hinunter tastete, wehte etwas wie ein Geist aus dem Meer auf mich zu. Es trug einen grauen, wolligen Bademantel, eine winzige weiße Haarsträhne, die mit einer Haarnadel mühsam zusammengehalten wurde, und ein Paar gestrickte Hausschuhe. Es war Tante Nancy, und wir vollführten hin und wieder ein kompliziertes Pas de deux in unserem gemeinsamen Bemühen, uns zu treffen. Schließlich stoppte die Columbia ihre individuellen Entwicklungen lange genug, um es uns zu ermöglichen, die Durchgangsschiene zu erfassen.

„Ich war in Ihrer Hütte", erklärte ich, übertönt vom Rauschen der Wellen und des Windes, während wir uns gegenüber standen. „Ich hatte Angst, dass du krank wärst."

Tante Nancy wirkte angesichts dieses Verdachts fast gequält.

„Meine Güte, nein", widersprach sie hastig; „Aber es gibt sie", räumte sie ein. „Ich habe heute dreißig von ihnen gesehen – lassen Sie mich sehen – sowohl Männer als auch Frauen. Der arme Mr. Jackson ist so ziemlich der Schlimmste. Ich habe noch nie einen so kranken Mann gesehen. Ich habe dieses gebrochene Eis für ihn besorgt, „fügte sie hinzu und blickte auf das Glas, das sie mit ihrer freien Hand an ihre Brust drückte. „Ich würde bei dir vorbeischauen", fügte sie freundlich hinzu, „wenn ich nicht so beschäftigt gewesen wäre, aber ich habe gehört, dass ihr beide nicht krank seid ."

Mit einiger Mühe erklärte ich, dass ich mich wohl fühle, solange ich still liege, dass aber sobald ich auf den Beinen sei, die Bewegung … Wir trennten uns hastig.

Am Morgen des sechsten Tages drehte sich Jessica in ihrer Koje um, entfernte eine Gabel von ihrem Rückgrat, die scheinbar die ganze Woche dort gelegen hatte, betrachtete sie mit großer Missbilligung und verkündete kurz, dass sie nach oben gehen würde. Wir gingen. Die Decks waren noch nass und die Dampferstühle waren fest festgezurrt. Der Himmel war grau und senkte sich, aber das Meer hatte sich mürrisch gelegt und zeigte seinen anhaltenden Unmut über das ganze Erlebnis nur in dem Aufruhr einer gelegentlichen Welle, die über die Reling des Schiffes brach und zu unseren Füßen unterging. Als die Stunden vergingen, erschienen blasse Geister an den Niedergängen, stützten sich gegenseitig schwach auf die nächsten Stühle, ließen sich darauf nieder und verhüllten ihre Gesichter vor den Blicken der anderen. Sie schienen die Geister der glücklichen Männer und Frauen zu sein, die vor sechs langen Tagen an Bord der Columbia gekommen waren. Während die Stunden vergingen, erwachten sie träge und erzählten einander den einfachen Bericht über die Reise. Nein, sie waren nicht krank gewesen. Es war in der Tat bemerkenswert, wie wenige von ihnen durch die Reise gestört worden waren, obwohl sie alle bemerkt hatten, dass es rau war. Aber sie waren verletzt worden, weil sie umgestoßen oder von ihren Liegeplätzen geworfen worden waren, oder sie hatten sich um erkrankte Freunde oder Verwandte gekümmert. Mehrere von ihnen blieben auf dem Weg zu und von ihren Hütten an meiner Seite stehen, um sich diesen schlichten Vertraulichkeiten hinzugeben. Es blieb jedoch Tante Nancy überlassen, das Interessanteste von allem zu gestalten.

Sie kam gegen fünf Uhr nachmittags über das Deck und ließ sich mit heiterer Zufriedenheit in den leeren Dampferstuhl zu meiner Rechten fallen. Sie war vollständig in das unvermeidliche Schwarz gekleidet, sogar bis zur breiten Haube. Mit einem lustvollen Seufzer faltete sie ihre behandschuhten Hände und begann zu reden.

„Es war wirklich interessant ", sagte sie. „Ich muss sagen, es tut mir sehr leid, dass es vorbei ist. Ich möchte in zwei Jahren wieder nach Europa reisen; ich habe diese Reise nicht wirklich genossen; aber wenn ich wiederkomme, wird sie mir wohl besser gefallen." , jetzt wo ich es weiß. Aber natürlich kann man in meinem Alter nicht wirklich sicher sein, dass man wiederkommen kann."

Sie versank für einen Moment in Schweigen und blickte auf die behandschuhten Hände in ihrem Schoß. Dann hellte sich ihr Gesicht auf, und sie drehte sich wieder mit ihrem alten, wachsamen Eifer zu mir um.

„Ich weiß aber nicht, warum ich nicht kommen sollte", fügte sie fröhlich hinzu. „Mir geht es wirklich gut. Bevor ich das Haus verließ , machte ich mir Sorgen. Ich schien nicht mehr so stark zu sein wie früher. Deshalb komme ich – um meine Gesundheit aufzubauen und mich zu stärken. Viele Leute haben das getan." Ich habe mich gefragt, warum ich komme, schätze ich, und das war's, obwohl ich es bis jetzt noch niemandem gesagt habe . Ich schätze, ich habe mich auch verbessert, denn die Stewardess hat mir erst heute Morgen mit ihren eigenen Lippen gesagt , dass sie mich glaubte war eine gesunde Frau. Aber natürlich", fügte sie mit bescheidener Demut hinzu, „kann ich nicht das tun, was ich getan habe, als ich jung war."

Ich war sprachlos. Die Columbia blieb oben auf einer Welle stehen, zögerte einen Moment und segelte unsicher weiter. Mit feierlich zufriedenen Augen blickte Tante Nancy auf das kalte, nasse Meer hinaus.

IX

Die Flitterwochen der Henry Smiths

Als Jacob West Henry Smith vorschlug, dessen Flitterwochen in New York zu verbringen, erbleichte Mr. Smiths rötliches Gesicht angesichts der Kühnheit dieser Worte, und Miss Maria Tuttle, seine Verlobte , schnappte hörbar nach Luft. Unbewusst falteten sie die Hände, als wollten sie gemeinsam dem harten Schock des Augenblicks begegnen; Sie saßen Seite an Seite auf der rustikalen Bank, die die kleine Veranda des Tuttle-Gehöfts schmückte, und blickten hilflos auf den Redner. Langsam und mit der Steifheit des Alters setzte sich Jacob auf die Stufen unter ihnen und blickte mit einem Funkeln in seinen trüben alten Augen zu ihren erschrockenen Gesichtern auf. Er genoss den Augenblick intensiv.

"Warum nicht?" forderte er schmeichelnd und argumentativ. „ Bist du nicht alt genug, um eine schöne Zeit zu haben? Hast du nicht lange genug gewartet? Ist es nicht so" – er wandte sich direkt an Maria – „habe deine arme Mutter seit über sechs Jahren gestillt und dich erschöpft . " Aus, und bist du nicht Tag und Nacht für drei Monate genäht , seit sie gestorben ist, bist du bereit, Henry zu heiraten?" Er atmete tief und befriedigt über das respektvolle Schweigen auf, das diese geschickten Punkte begrüßte, und fuhr mit mahnender Anteilnahme fort. „Du bist eine gute Tochter, Maria. Sie sind nicht besser im Clayton Centre. Du verdienst das Beste, was sie sind . Und jetzt sei gut zu dir und zu Henry. Lass ihn dich nach New York mitnehmen und gib dir einen guten Kuss." Zeit auf dem Hochzeitsturm .

Miss Tuttle errötete leicht. Sie war fünfundvierzig und sah zehn Jahre älter aus. Sie war eine müde, erschöpfte, verblasste kleine Frau, die durch die stündlichen Forderungen der tadelnden, kranken Mutter, die sie erst vor Kurzem mit selbstlosen, kindlichen Tränen auf dem Kirchhof abgelegt hatte, ihrer Jugend und Lebenskraft beraubt worden war. Aber die süße Geduld ihres dünnen Gesichts hatte etwas Anziehendes, und der Blick in ihren braunen Augen, als sie sie ihrem treuen Liebhaber mittleren Alters zuwandte, war einer der Trumpfkarten, die ihr Geschlecht gespielt hatte, seit Eve ihn zum ersten Mal als Begleitung benutzte Adam zum Tor aus dem Paradies. In ihrer Verlegenheit lachte sie bewusst ein wenig.

„ Vielleicht will Henry nicht gehen", begann sie. „Er hat nichts über New York gesagt."

Henry wirbelte abrupt herum, bis er ihr auf dem rustikalen Sitz gegenüberstand.

„Geh! Wetten, dass ich gehen will!" ejakulierte er voller Inbrunst. „Will ich das nicht einfach – darauf kannst du wetten. Sag, Maria" – er fummelte nervös an der dünnen Hand herum, die er immer noch in seiner eigenen hielt – „Sag, lass uns gehen."

Jacob West kicherte erfreut. „Das ist die Rede!" Er weinte und seine dünnen, hohen Töne nahmen vor Aufregung einen schrilleren Ton an. „Du machst es zum Spaß, Henry! Du bringst sie dazu! Keiner von euch wird es bereuen, ich schwan!"

Sie saßen schweigend da und dachten nach, und der alte Kerl erhob sich langsam und mühsam, und instinktives Feingefühl sagte ihm, dass es an ihm liege, sie, nachdem er seinen Teil getan hatte, in Ruhe zu lassen, um die Frage, die er aufgeworfen hatte, selbst zu lösen. Es war schwer zu gehen, aber er ging und kicherte in Erinnerungen, als er sich an den aufgeregten Ausdruck in ihren Gesichtern erinnerte und sich die lebhafte Debatte vorstellte, die seiner Abreise folgen würde.

Es war ein warmer Oktoberabend und das kleine Dorf lag still unter den frühen Sternen. Ein leichter Wind sang ein dröhnendes Schlaflied im Kiefernhain hinter dem Haus der Tuttles, und ein paar verspätete Vögel zwitscherten schläfrig in den nahegelegenen Bäumen. Unbewusst brachte Maria den subtilen Charme dieser Stunde zum Ausdruck, als sie sprach.

„Ich weiß nicht , Henry", sagte sie nachdenklich, „ich weiß nicht , ob ich gehen soll. Scheint, als ob wir damit zufrieden sein sollten, hier zu bleiben, wo es so ruhig und erholsam ist."

Ihr Blick wanderte liebevoll über die Gartenwege und verweilte an Bäumen und Sträuchern, die von Tuttle-Händen gepflanzt wurden und nun selbst Teil der Erde sind. „Ich bin so froh, dass du herkommst " , seufzte sie glücklich. „Ich glaube nicht, dass du weißt, wie froh ich bin, Henry, dass ich den alten Ort nicht verlassen habe."

Er verzichtete auf die Diskussion dieses Nebeninteresses, das bereits zwischen ihnen geklärt war.

„Es wird ein genauso schöner Scherz sein, wenn wir aus New York zurückkommen", argumentierte er logischerweise, „ ein genauso ruhiger Scherz."

Der weibliche Intellekt neben ihm nahm einen anderen Kurs auf das Meer der Unsicherheit, mit dem der alte Jacob ihn umgeben hatte.

„ Vielleicht können wir es uns nicht leisten", riskierte sie. „Die Preise in New York sind sehr hoch, Henry. Joseph Hadleys Tochter ging vor vier Jahren mit ihrer Tante dorthin und sie erzählte mir mit eigenen Lippen, dass sie einen Dollar pro Tag für ihr Zimmer im Hotel zahlen müssten, ohne

Mahlzeiten. Der Hotelbesitzer wollte 75 Cent pro Person für das Abendessen, also zahlten sie es einmal am Tag, und den Rest der Zeit gingen sie in die Kantinen und aßen Milch und Cracker. Aber mit einem Dollar für das Zimmer und einem anderen Eineinhalb Dollar für das Abendessen, Cracker und Milch. Außerdem gaben sie in der ersten Woche fast zwanzig Dollar aus. Sie mussten sofort nach Hause kommen, und sie hatten vorgehabt, zwei Wochen zu bleiben.

Henry Smiths kräftiges Kinn war ziemlich hartnäckig.

„Ich denke, wir müssen nicht nach Hause kommen, bis wir fertig sind ", bemerkte er leichthin, „und ich denke, wir werden auch unsere drei Mahlzeiten am Tag zu uns nehmen. Ich kann mir nicht vorstellen, keine Milch zu essen ." Cracker, und du auch nicht. Ich schätze, ich werde nicht all die Jahre mit einem guten Schreinereibetrieb sparen , ohne irgendetwas vorwegzunehmen . Sag mal „ Ria " – er war es, der jetzt errötete, seine Runde Gesicht nah an ihrem – „Du kannst alles haben, was du willst. Ich bin so froh, dass du es endlich hast, ich würde alles ausgeben, was ich habe!"

Ihre dünne Hand reagierte für einen Moment auf seinen Druck und zog sich dann schüchtern zurück. Sie hatte zu jeder Zeit nur wenige Worte und in emotionalen Momenten keine Worte, aber er kannte sie und war zufrieden.

„Du bist so gut, Henry", sagte sie schließlich; „Du bist all die Jahre schrecklich geduldig gewesen. Ich mache mir Sorgen, ich würde gerne hier bleiben, egal wo, aber wenn du nach New York willst, möchte ich – ich – tun, was du sagst."

„Dann gehen wir", sagte er leise; und die große Frage war geklärt.

Als Herr und Frau Henry Smith am Abend ihres Hochzeitstages in New York ankamen, ist es zweifelhaft, wer von ihnen angesichts des Trubels und der Verwirrung am Grand Central Bahnhof mehr benommen und verängstigt war. Maria hatte zumindest die Unterstützung durch die Nähe ihres Mannes, der sie versorgte, und die verhältnismäßige Seelenruhe eines Menschen, der trotz widriger Umstände keine persönliche Verantwortung trägt; Doch Henry verspürte zusätzlich zu seinem Selbstmisstrauen in ihrer Gegenwart eine schreckliche Angst vor dem Scheitern. Er war sich zweier dominanter Gedanken bewusst. Was auch immer passiert ist, er muss sich um seine Frau kümmern und die Annäherungsversuche freundlicher Fremder zurückweisen. Außerdem müssen er und sie mit einer Kutsche zu dem von ihnen gewählten Hotel transportiert werden, ohne die jahrelangen Ersparnisse für die Fahrt aufzugeben. Er hatte von den Erpressungen von Taxifahrern gehört. Er verhandelte erbittert mit einem allzu eifrigen Unabhängigen, der sich bereits seine Handtasche geschnappt hatte und ihn zu seinem Taxi führte, vorbei an den günstigeren Taxis der Eisenbahngesellschaft.

„Sie bekommen keinen Cent mehr als zwei Dollar dafür, dass Sie uns mitnehmen, das kann ich Ihnen sagen", verkündete Henry Smith bestimmt, aber atemlos, als er unbeholfen hinter seiner Frau ins Taxi stieg. Das Hotel stammte aus den Fünfzigern, und der Taxifahrer hatte vorgehabt, für die Fahrt einen Dollar zu verlangen. Er protestierte jedoch umgehend gegen Mr. Smiths Angebot und fragte besorgt, ob der Herr wünsche, dass die Familie eines ehrlichen Taxifahrers ohne Abendessen zu Bett gehe. Es schien, dass dem Herrn das Schicksal der Familie des Taxifahrers gleichgültig war.

„Du machst es für zwei Dollar oder du lässt uns rausschmeißen", war sein letztes Wort. Als jemand von der Übermacht überwältigt wurde, gab der Kutscher nach, kletterte mürrisch auf seinen Platz, zwinkerte den Umstehenden ein großes, umfassendes Augenzwinkern zu und machte sich auf den Weg zu dem Hotel, auf das sein Fahrpreis hingewiesen hatte. Mr. Smiths Stimmung besserte sich. Offensichtlich hatte er mit diesem Triumph seine Fähigkeit unter Beweis gestellt, mit allen anderen zermürbenden Monopolen New Yorks fertig zu werden. Er lächelte seine Frau stolz an, als sie in Richtung Broadway fuhren, und sein Selbstvertrauen wuchs, als er feststellte, dass er das Times Building auf den ersten Blick erkannte und auch das Hotel Astor an seiner Ähnlichkeit mit dem Bild im Clayton Center Weekly erkennen konnte. An einem Punkt ihrer Fahrt stadtaufwärts geriet das Taxi in ein Gedränge von Fahrzeugen, und Mrs. Henry Smith hatte zum ersten Mal in ihrem Leben das Privileg, bei einer Gelegenheit, als sie abreisten, der ungehinderten Unterhaltung der New Yorker Taxifahrer zuzuhören ihre moralischen Schultern gegen den stauenden Verkehr, wohl wissend, dass es IHNEN auf jeden Fall hilft. Sie schauderte und klammerte sich an Henrys Arm. Es war nur allzu offensichtlich, dass sie sich im Strudel der Gottlosigkeit befanden, doch als ihr dies durch die geflügelte Rede des Fahrers bewusst wurde, verspürte Mrs. Smith eine innere Erregung. Es war schrecklich, aber es war das Leben – nicht das Leben, wie es im Clayton Centre gelebt wurde, aber sicherlich ein Leben, das durch diese Tatsache bereits an Aufregung und Interesse gewann. Unbewusst reckte sie ihren dünnen Hals weiter aus dem Kabinenfenster und saugte mit furchtbarer Freude den Lärm und die Aufregung des Broadways, die Rufe der Fahrer und das Klappern der Straßenbahnen auf. Ihre verblassten Augen leuchteten, als sie die strahlenden Lichter der großen Durchgangsstraße sah, deren beleuchtete Schilder ihren Blick auf Schritt und Tritt trafen.

Im Hotel angekommen, nahm der Taxifahrer die zwei Dollar entgegen, stellte den Koffer der Braut auf den Bürgersteig und fuhr mit einer Schnelligkeit davon, die jede weitere Diskussion über die Preise verhindern sollte. Mr. Smith übergab seine Handtasche dem Pagen, der ungeduldig die Hände danach ausstreckte, ergriff den Arm seiner Frau und folgte seinem kleinen Führer und ging entschlossen in die Gegenwart des Hotelangestellten. Es war ein anstrengender Moment für ihn, als er diese distanzierte Persönlichkeit auf sein Niveau herabzog, aber Details wurden mit überraschender Leichtigkeit geregelt, abgesehen von einem so seltsamen Mangel an Mitgefühl. Sobald er seine wenigen und einfachen Wünsche geäußert hatte , wurden er und seine Frau zu einem Aufzug geführt und mit wunderbarer Einfachheit in den Besitz eines komfortablen Zimmers im dritten Stock gebracht. Hier wurden die Jalousien heruntergelassen, ein Krug Eiswasser gastfreundlich auf den Ständer gestellt und auf dem kleinen Kamin ein fröhliches Feuer angezündet. Über diese letzte Extravaganz hatte die Braut ein wenig Bedenken, aber Henry brachte sie mit seiner einfachen, erhabenen Beharrlichkeit zum Schweigen. Es war ein kühler Novemberabend, und er hatte bemerkt, dass sie in ihrem dünnen Umhang zitterte, als sie in die Stadt fuhren.

„Ich habe nur vor , es dir bequem zu machen ", verkündete er meisterhaft.

Eine halbe Stunde später war es eine ziemliche Tortur, zum Abendessen hinunterzugehen, aber sie begegneten ihr tapfer, indem sie steif in den überfüllten Speisesaal gingen und weder nach rechts noch nach links schauten, während sie dem Oberkellner zu ihren Plätzen folgten. Die Entdeckung, dass sie ausschließlich über einen kleinen Tisch verfügten, war für beide eine freudige Überraschung, die sie freimütig kommentierten. Die Feinheit des Leinens, der Glanz des Silbers, die Perfektion des Service und der sanfte Schein der Kerzen unter Seidenschirmen erfüllten ihre einfachen Landseelen mit Ehrfurcht. Es deutete auf unvorhergesehene Kosten mit einem Hauch von Bosheit hin. In einer von Palmen abgeschirmten Nische spielte ein Orchester mit rücksichtsvoller Sanftheit. Mr. Smith lächelte breit und lehnte sich in seinem Stuhl zurück. Der Moment war perfekt. Seine Befürchtungen waren vorerst vorbei. Maria war bei ihm, sie gehörte ihm, und er gab ihr das alles. Könnte ein Astor oder ein Vanderbilt der Frau seines Herzens mehr bieten? Henry Smith betrachtete den Plüsch und die Vergoldung um ihn herum und las seine Antwort.

Er erlebte ein böses Erwachen. Ein stiller Kellner stand neben ihm und bot ihm eine umfangreiche Speisekarte zur Inspektion an. Die Buchstaben tanzten vor seinen Augen, als Henry sie betrachtete. Was bedeuteten sie überhaupt und wie fand man heraus, was man wollte, fragte er sich. Oder wurde von einem vielleicht erwartet, dass er alles mit Würde konsumiert? Seine vorübergehende Selbstgenügsamkeit erstarb augenblicklich, und schreckliche Ängste, vor Marias Augen erneut einen Fehler zu machen, überkamen ihn. Eine große Sehnsucht erfüllte ihn, vorteilhaft in Erscheinung zu treten, die Sache richtig zu machen, was auch immer sie war. In einer plötzlichen Eingebung beugte er sich zum Kellner.

„Sagen Sie", sagte er vertraulich, „Sie bringen uns scherzhaft zwei gute Abendessen – das Beste von allem, was Sie haben – und ich werde es Ihnen recht machen." Während er sprach, musterte er besorgt das Gesicht des Kellners, während sein eigenes Gesicht ruhig und respektvoll blieb.

„Sehr gut, Sir; sicherlich, Sir", sagte der Diener prompt. „Zuerst Austern, Sir, nehme ich an, und ein wenig grüne Schildkrötensuppe; ein bisschen Fisch vielleicht – wir haben heute eine sehr schöne Seezunge drin, Sir; ein Vogel – das Rebhuhn und das Schneehuhn sind ausgezeichnet, Sir; ein Salat und ein Eis. Irgendwelcher Wein, Sir? Nein, Sir? Ja, Sir." Er war weg und Mr. Smith wischte sich die schwitzende Stirn. Maria blickte ihn mit schlichter Liebe und Vertrauen an.

„Ich erkläre, Henry", murmelte sie, „du tust alles nur, wenn du es wünschst ." Mach es jeden Tag deines Lebens. Wo hast du gelernt?"

Mr. Smith machte eine vage Geste, um den Vorwurf zurückzuweisen, aber sein Gesicht strahlte und er setzte sich aufrechter in seinen Stuhl. Er wagte es nicht, sich zu rühmen, denn er wusste, dass ihm entscheidende Momente bevorstanden, aber bisher hatte es keine Katastrophen gegeben und sein Mut wuchs mit jedem Erfolg. Als Maria ihre Austern zweifelnd betrachtete und sich, als sie sie freudig erkannte, hörbar wunderte, warum sie nicht zu einem Eintopf verarbeitet wurden, anstatt sie in diesem halbnackten Zustand zu präsentieren, gelang es ihm nach einem durchdringenden Blick auf die umstehenden Tische, es zu tun setze sie mit einfacher Autorität in Ordnung.

„In New York isst man sie so ", sagte er, schluckte selbst eins herunter und bemühte sich mit mäßigem Erfolg, so zu wirken, als würde es ihm schmecken. Maria folgte seinem Beispiel, eher behutsam und nicht wie jemand, der eine neue Freude wagt. Ihr Interesse blieb ebenso vage, als die Suppe und der Fisch nacheinander auftauchten. Als das Rebhuhn jedoch mit Brotsoße und französischem Erbsen-Johannisbeer-Gelee serviert wurde, weckte die erfreuliche Erfahrung, endlich „etwas wirklich auf dem Teller zu haben", wachsame Wertschätzung, und sie begann, ihr Abendessen mit einem Ausdruck von Kunstlosigkeit zu essen tiefe Erleichterung. Sie konnte Henry im Rahmen eines Prandial-Smalltalks darauf hinweisen, dass das Orchester „Nancy Brown" spielte – ein klassisches Liedchen, dessen Töne sogar Clayton Centre erreicht hatten. An diesem anregenden Punkt des Abendessens fühlte sie sich auch zum ersten Mal privilegiert, ihre Handschuhe auszuziehen, einen Blick auf die anderen Tische und die Kleidung der Frauen zu werfen und frei mit ihrem Mann zu sprechen. Bisher habe sie sich unter Druck „unterhielten".

Der Kellner, der ihr eine zweite Portion Gelee anbot, sah in ihrem Haar mehrere Reiskörner glänzen. Die Entdeckung begeisterte ihn, überraschte ihn aber nicht. Seine Miene zeigte fünf Minuten später väterliches Interesse, als er Mr. Smith eine kleine Flasche zur Inspektion überreichte.

„Champagner, Sir", murmelte er. „Nicht zu trocken für den Geschmack der Dame,   Sir.
Ich dachte, Sie hätten gerne ein Glas – für einen besonderen Anlass, Sir –"

Seine Beredsamkeit erstarb unter dem erschrockenen Blick der Braut, aber der Bräutigam nahm seinen glücklichen Vorschlag mit herzlicher Zustimmung auf.

„Das ist ein Scherz", sagte er herzlich. „Es wird dir gut tun, Maria. Ärzte verabreichen es, wenn es den Leuten nicht gut geht, sodass du es ohne Angst einnehmen kannst . Ich schätze, du fühlst dich ziemlich gut, nicht wahr ?" Er grinste breit über diesen Anflug von Humor.

Er bedeutete dem Kellner, ihr Glas zu füllen, und dieser tat dies und zog sich hinter sie zurück, um der Wirkung seine höfliche Aufmerksamkeit zu schenken.

Sie tranken ihren Champagner und eine leichte Farbe erschien auf Marias blassen Wangen. Es sei wirklich ein schöner Ort, dieses Hotel, entschied sie, und die Einrichtung dieses Zimmers sei so, wie man es in Palästen umsonst vertragen würde. Sie hatte von ihrer Herrlichkeit gehört; Jetzt konnte sie erraten, was diese Herrlichkeiten waren. Die Stimmen der anderen Gäste, die sich um sie herum unterhielten, vermischten sich mit der Musik; Das Clayton Center schien sehr abgelegen zu sein. Endlich sah sie das Leben .

Als sie den Tisch verließen, war es ihr nicht peinlich. Sie schlenderten langsam durch das Esszimmer und hinaus in den von Palmen gesäumten Korridor, auf dessen Plüschstühlen gutaussehende Männer und wunderschön gekleidete Frauen saßen und sich mit überraschender Redseligkeit und Leichtigkeit unterhielten. Unerschrocken setzten sich die Neuankömmlinge nebeneinander, um der Musik zu lauschen und die seltsamen Wesen in dieser fremden Welt zu beobachten. Sie waren mittendrin, und selbst im Hochgefühl des Augenblicks wussten sie es; Aber ihre Zurückhaltung gegenüber anderen trug zum Reiz des Abends bei, indem sie sie näher zusammenzog. Sie freuten sich über die gemeinsame Besetzung ihrer kleinen Glücksinsel. Lange saßen sie da, denn Maria ließ sich nicht wegreißen. Die Musik, die Kostüme und die Schönheit der Frauen, die zarten Düfte, das häufige Läuten der Glocken, das Hin und Her der Pagen und Hotelangestellten faszinierten sie unbeschreiblich.

Am nächsten Morgen führte Mr. Smith, der sich streng an die materielle Seite des Lebens erinnerte, ein kurzes, aber prägnantes Gespräch mit dem Angestellten. Er und seine Frau wollten ein paar Tage im Hotel bleiben, deutete er an, aber es sei ratsam, sich vor der Planung etwas mit der

Kostenfrage zu befassen. Wie viel hat zum Beispiel ihr Abendessen gestern Abend gekostet? Er hatte einen Scheck unterschrieben, aber seine Erinnerung an den Betrag war verschwommen. Sein Gehirn schwankte, als der Angestellte, nachdem er nachgeschaut hatte, ihm die Zahlen nannte: 10,85 Dollar.

„Guter Gott!" keuchte Mr. Henry Smith. „Ich denke, wir sollten heute besser zurückgehen, wenn es SO viel wird! "

Eine Zeit lang war er geistig zu schwach, um den Bemerkungen des Angestellten zu folgen, aber nach und nach dämmerte es ihm. Er konnte von nun an Tischmahlzeiten einnehmen und zahlte für Frühstück und Mittagessen für sich und seine Frau jeweils 60 Cent und für das Abendessen jeweils einen Dollar. Das wären nur vier Dollar und vierzig Cent pro Tag für alle Mahlzeiten – und die Hotelrechnungen wären viel geringer, als wenn man mit Kreditkarte bestellt hätte, es sei denn, man war – ähm – mit den Preisen vertraut. Es war auch viel weniger Ärger. Mr. Smith verstand den Punkt und schüttelte dem Angestellten ausgiebig die Hand. Seine Erleichterung war so groß, dass er den Jugendlichen dazu drängte, eine Zigarre zu trinken, und der Jugendliche gab im Gegenzug freiwillig Auskunft über Sehenswürdigkeiten, die für Fremde in New York von Interesse waren.

„Besuchen Sie besser heute die Stadt", schlug er vor. „Gehen Sie einfach herum und verschaffen Sie sich einen Überblick – Broadway, Fifth Avenue, die Geschäfte und all das. Dann gehen Sie heute Abend besser ins Theaterstück. Ich denke, ,The White Cat' würde Ihnen mehr als alles andere gefallen." ."

Ausgestattet mit eindeutigen Informationen über den direktesten Weg zum Broadway machte sich Mr. Smith auf die Suche nach seiner Braut. Er fand sie im Korridor und beobachtete das Kommen und Gehen der Leute, ihr schmales Gesicht war gerötet und lebhaft.

„Oh, Henry", rief sie eifrig, „ich erkläre, dass ich die interessanteste Zeit habe ! Die Leute da drüben – du weißt schon, die, die das Zimmer neben unserem haben – haben kein Wort miteinander gesprochen Frühstück. Glaubst du, sie haben sich gestritten , die armen Lieben?"

Er schenkte „den armen Lieben" nur oberflächliche Aufmerksamkeit, seine Pflichten als angehender Cicerone beschäftigten ihn. Marias Gesicht verfinsterte sich, als er ihre Pläne für den Tag darlegte.

„Nun, wenn du Lust hast zu gehen, Henry", sagte sie zweifelnd, „aber es ist SO interessant hier. Ich glaube, wenn ich all diese Leute kennen würde. Ich wünschte, wir könnten heute Morgen hier bleiben , jedenfalls." Ich bin noch nicht in diesen schrecklichen, überfüllten Straßen scherzhaft unterwegs.

Er setzte sich mit einer Schnelligkeit neben sie, die einen erschrockenen Schrei bei einem jungen Menschen hervorrief, der in ihrer Nähe las.

„Dann bleiben wir hier", verkündete er freundlich. „Wir sind hier, Ria, um zu scherzen, was du willst, und wir werden es tun."

Sie warf ihm einen anbetenden Blick zu, und in seinem Strahlen vergaß Mr. Smith sofort die kleinen Ansprüche des Broadway. Sibirien mit Maria darin hätte wie die Rose für Henry Smith geblüht, und die breiten, fröhlichen Korridore von Berkeley waren weit entfernt von der Atmosphäre Sibiriens. Seite an Seite und glückselig glücklich verbrachten sie die Morgenstunden. Nach dem Mittagessen ging Henry noch einmal zögernd auf die Stadtbesichtigung ein.

„Es ist nicht weit", sagte er. Er konsultierte die Wegbeschreibung, die ihm der Angestellte gegeben hatte, und fuhr ausführlich fort: „Wir nehmen die Cross-Town-Linie an der Fifty-ninth Street und steigen in einen Broadway-Wagen um –"

Maria zitterte. „Meine Güte, Henry", zitterte sie, „das klingt furchtbar gemischt.
Ich fürchte, wir werden uns verlaufen."

Henrys eigene Seele war voller dunkler Vorahnungen und er begrüßte innerlich die Atempause, die ihre Worte ihm verschafften.

„Na dann lass uns doch nicht gehen", sagte er leichthin, „zumindest bis morgen spielen."

Wie der Morgen verging auch der Nachmittag süß. Henry entdeckte, dass das Hotelcafé auf der rechten Seite des Empfangsraums ein beliebter Aufenthaltsort für männliche Gäste des Hotels war, und seine Nachforschungen über deren Vergnügungen führten zu einer Bekanntschaft mit einem Manhattan-Cocktail. Er kehrte an Marias Seite zurück und bekehrte sich leidenschaftlich zu ihrer Theorie, dass das Hotel der angenehmste Ort in New York sei. Während er anschließend einen Martini probierte, unterhielten sich ein oder zwei Männer einen Moment mit ihm, was ihm das wunderbare Gefühl vermittelte, problemlos mit seinen Kollegen in Kontakt zu kommen. In der Zwischenzeit hatte Maria eine erfreuliche Bekanntschaft mit dem Stubenmädchen gemacht und sich frei mit mehreren kleinen Kindern unterhalten. Mit Widerwillen rissen sie sich lange genug vom Korridor los, um zum Abendessen hineinzugehen.

Das Table d'hote- Dinner, das in einem anderen Raum serviert wurde, war viel weniger aufwändig als das Bankett vom Abend zuvor, aber keiner von ihnen bemerkte den Unterschied. An sich gut, für sie war es Perfektion, und Maria erkannte die bekannten Gesichter anderer Hotelgäste an den Tischen um sie herum fast wie alte Freunde . Als die Frage nach dem Theater aufkam, war sie deutlich unruhig.

„Wir gehen hin, wenn du willst, Henry", sagte sie, „aber die Band wird den ganzen Abend spielen, und das Dienstmädchen sagte, einige der jungen Leute hätten im kleinen Ballsaal getanzt. Würden." Möchtest du es nicht sehen?

Henry beschloss, dass er es tun würde. Tatsächlich verspürte er kein leidenschaftliches Verlangen, ein Theaterstück zu sehen, und die Aussicht, Maria sicher in die Stadtmitte und nach Hause zu steuern, war auf jeden Fall anstrengend. Nach dem Abendessen trank er noch einen Cocktail, rauchte eine Zigarre mit einem westlichen Reisenden, tauschte mit diesem kluge Ansichten über Politik aus und verbrachte den Rest des Abends glücklich an der Seite seiner Maria und beobachtete die herumwirbelnden jungen Leute im kleinen Ballsaal. Die glücklichsten von ihnen waren im Vergleich zu Henry Smith tatsächlich traurig.

Am nächsten Morgen begrüßte ihn die fröhliche Stimme des Angestellten, als er aus dem Esszimmer kam.

„Wo heute, Herr Smith?" fragte dieser umgängliche junge Mann. „Wie wäre es mit der Pferdeshow? Da solltest du unbedingt vorbeischauen." Er schrieb auf eine Karte die genauen Anweisungen für die Anreise zum Schauplatz dieser Ablenkung, und Mr. Smith nahm diese dankbar an und eilte an die Seite seiner Braut. Er fand, dass sie mit einem anderen Projekt beschäftigt war.

„Oh, Henry", rief sie, „ heute Morgen wird es hier im Hotel einen Vortrag von einer Dame geben, die in Japan war. Das ganze Geld, das sie für Eintrittskarten bekommt, geht an die Armen. Ich denke, das wird sie tun." verlangen Sie bis zu fünfundzwanzig Cent pro Stück, aber ich denke, wir sollten besser gehen.

Gestärkt durch einen Cocktail und gestärkt durch die Anwesenheit seiner Maria nahm Herr Smith an der Vorlesung teil und zahlte freudig zwei Dollar für das Privileg, verzichtete aber darauf, die Freude seiner Frau durch die Erwähnung dieser Tatsache zu dämpfen. Am Nachmittag ging er auf die Pferdeshow ein. Marias Gesicht wurde blass. Für sie bedeutete es einen übertriebenen Jahrmarkt mit der damit einhergehenden Müdigkeit.

„Geh, Henry", drängte sie. „Du gehst nur und amüsierst dich. Ich fühle mich zu müde – das tue ich wirklich. Ich bleibe lieber zu Hause – hier – und ruhe mich aus. Wir müssen doch nicht wirklich nichts tun, was wir nicht wollen, oder? "

Der ehrliche Henry Smith, dessen Arbeitstag im Clayton Center um fünf Uhr morgens begann und um sechs Uhr abends endete und dessen Abende normalerweise im Schlaf völliger Erschöpfung verbracht wurden, entspannte sich unter ihren Worten wunderbar. Es war gut, sehr gut, sich auszuruhen und zu wissen, dass sie nichts tun MÜSSEN, es sei denn, sie wollten.

„Ich werde auch nicht alleine gehen", verkündete er. „Ich habe keine Lust zu gehen. Ich würde lieber hier bei dir bleiben. Wir gehen ein anderes Mal."

Die Magd mit der weißen Mütze lächelte, als sie an ihnen vorbeiging; Die Handflächen nickten wie alten Freunden. Der verführerische Charme der Berkeley-Korridore umhüllte sie erneut.

„Wirst du dir heute ein paar Bilder ansehen?" fragte der Angestellte am dritten Morgen und erfüllte fröhlich seine Pflicht gegenüber den Fremden, wie er es sich vorgestellt hatte. „Gehen Sie besser zuerst zum Central Park und zum Metropolitan Museum und dann zu den privaten Ausstellungen. Hier ist die Liste. Nehmen Sie ein Auto quer durch die Stadt zur Fifth Avenue und einen Bus zur Eighty-first Street und nach dem Park zur Fifth Avenue. Der Bus bringt Sie zu den anderen Orten.

Besorgnis machte sich über Henry Smith breit und störte das Seinsgefühl seines Lotosfressers. Er war fast genervt von diesem wohlmeinenden, aber unermüdlichen jungen Mann, der der Meinung zu sein schien, die Leute sollten die ganze Zeit herumstreunen. Er reagierte nicht, als er die Adressen entgegennahm.

„Ich werde sehen, was meine Frau sagt", bemerkte er gleichgültig.

Seine Frau sagte, was er glaubte und hoffte, dass sie es sagen würde.

„ Das sind wir nicht „ Wir gehen bis morgen Nachmittag nach Hause", bemerkte sie, „und wir können uns morgen früh den Central Park ansehen, wenn wir wollen." Hier ist eine Frau, die für fünfzig Cent die Haare frisiert, und ich dachte, wenn es dir nichts ausmacht, Henry, würde ich sie meine machen lassen …"

Henry drängte sie, diese glückliche Eingebung in die Tat umzusetzen. „Sie kann dich aber nicht schöner aussehen lassen", fügte er galant hinzu. Als Maria sich und ihr Zimmer dann den Diensten des Friseurs überließ, besuchte er die Bar, unterhielt sich mit seinem Freund, dem Angestellten, und rauchte eine gute Zigarre. Anschließend wählte er einen bequemen Stuhl im Flur, wo er Maria treffen sollte, streckte seine langen Beine aus, döste und fand es gut, am Leben zu sein.

Eine struppige Maria, deren spärliches Haar in verblüffenden Marcel-Wellen hervorstand, trat ihm beim Mittagessen entgegen. Eine plötzliche Eingebung erschütterte ihn zutiefst.

„Willst du nicht in die Stadt gehen und dich fotografieren lassen?" er drängte. „Lass uns unsere gemeinsam erledigen."

Selbst dieser Verlockung war Maria gewachsen. Sie hatte eine bessere Idee.

„ Hier im Hotel ist ein Fotomann", zwitscherte sie freudig. „Er ist neben dem Blumenladen, und wir können direkt durch diesen kleinen, engen Flur hineingehen."

Sie gingen und trugen anschließend das Kabinettfoto, für das sie Seite an Seite posiert hatten, als wertvollsten Schatz mit nach Hause, während die Aufregung des New Yorker Lebens in ihren ehrlichen Augen leuchtete. Am Abend schlug der Angestellte ein Konzert vor.

„Es ist schön, in der Carnegie Hall, ganz in der Nähe", drängte er fröhlich, „und Sembrich soll mit dem Symphonieorchester singen. Sie können für fünfzig Cent einsteigen, wenn es Ihnen nichts ausmacht, auf der Galerie zu sitzen." Sie sollten wirklich gehen, Mrs. Smith; es würde Ihnen Spaß machen.

Mrs. Smith blickte ihn besorgt an.

„Wie weit hast du das gesagt?" fragte sie vorsichtig.

„Oh, keine zehn Minuten Fahrt. Du nimmst das Auto hier an der Ecke –"

Aber die Erwähnung des Autos machte den aufkeimenden Entschluss in Marias Seele zunichte.

„Ich fühle mich wirklich müde", sagte sie schnell, „aber wenn mein Mann gehen will –"

Ihr Mann lehnte jeglichen solchen Wunsch lautstark ab.

„Morgen haben wir eine lange Reise vor uns", sagte er, „und ich schätze, wir sollten uns besser ausruhen."

Sie ruhten im Berkeley-Korridor inmitten der vertrauten Anblicke und Szenen. Am nächsten Morgen waren sie ebenso abgeneigt, Sehenswürdigkeiten zu besichtigen. Sie saßen in ihren Lieblingsstühlen und beobachteten die Scharen glücklicher Menschen, die um sie herum kamen und gingen. Henry hatte der Liste seiner Bekannten zwei weitere reisende Männer und den Jungen am Zeitungsschalter hinzugefügt. Seine Frau hatte ausführlich die traurige Geschichte aus dem Leben ihres Zimmermädchens sowie einige Fakten und Vermutungen über Mitgäste im Hotel gehört.

Maria seufzte tief, als sie, nachdem sie am nächsten Tag ihre Rechnung bezahlt und sich vom Angestellten und anderen neuen Freunden verabschiedet hatten, in das Taxi stiegen, das sie zum Bahnhof bringen sollte.

„Meine Güte, aber es war interessant !" sagte sie leise; Ich fügte voller Überzeugung hinzu: „Henry, ich hatte noch nie in meinem Leben eine so gute Zeit! Das stimmt wirklich nicht !"

„Ich auch nicht", erklärte Henry wahrheitsgemäß. „War das nicht ein Scherz, Tyrann!"

Im Zug kam Mrs. Smith plötzlich ein Gedanke.

„Henry", begann sie unbehaglich, „ angenommen , jemand fragt, was wir in New York GESEHEN haben. Was sollen wir ihnen sagen ? Weißt du, irgendwie schien es, als hätten wir keine Zeit, viel zu sehen." ."

Henry Smith war dem Notfall gewachsen.

„Wir werden sagen, wir haben so viel gesehen, dass wir uns nicht mehr daran erinnern können", sagte er schamlos. „Machen Sie sich darüber keine Sorgen, Maria Smith. Ich habe immer gehört, dass Hochzeitspaare sowieso nie wirklich etwas auf ihren Hochzeitstürmen sehen – sie haben ein „Gad", und das passiert nicht. „Es bringt nichts Gutes. Es war klüger, es nicht zu versuchen!"

X

DER FALL KATRINA

Meine Erinnerung an Katrina reicht bis zu dem Morgen zurück, als sie im zarten Alter von zehn Jahren gewaltsam in unser Klassenzimmer gestürzt wurde. Die treibende Kraft war, wie wir später erfuhren, ihr Bruder Jacob, etwas älter als Katrina, dessen Nervensystem sich der Strapaze, sie in die Gegenwart des Lehrers zu begleiten, plötzlich verweigert hatte. Er öffnete die Tür, bis die Öffnung gerade groß genug war, um sie hereinzulassen, und schob sie hindurch, folgte ihrer fetten Figur eine Sekunde lang mit einem ängstlichen Blick und atmete hörbar vor Aufregung. Im nächsten Augenblick hallte das fröhliche Klappern seiner Nagelstiefel durch den Flur, gefolgt von einem Aufschrei der Erleichterung, als er den Spielplatz betrat.

Es war Katrinas Verhalten, als sie so unsanft in unser Leben hineinprojiziert wurde und sich bemühte, ihr Gleichgewicht wiederzugewinnen, und mit dreißig Augenpaaren, die sie unerschütterlich fixierten, das mein und Jessicas Herz eroberte. Dank der leidenschaftlichen Entschlossenheit unserer Lehrerin, uns gut im Blick zu behalten, saßen wir in der ersten Reihe, ihr direkt gegenüber. Da wir schon in unserer extremen Jugend eine angeborene Abneigung dagegen hatten, etwas zu verpassen, starrten wir Katrina zweifellos länger und intensiver an als alle anderen. Auch wir lächelten, ausgiebig und mit der unschuldigen Unbekümmertheit der Kindheit; und Katrina lächelte uns an, als hätte sie auch einen subtilen Geschmack des Witzes gerochen, der gröberen Gaumen verborgen blieb. Dann schob sie ihre kleine Schultasche von einer Hand in die andere, ließ einen nachdenklichen Blick durch den Raum schweifen, und als sie meine hektischen Gesten bemerkte, gehorchte sie ihnen, indem sie lässig zu einem freien Platz gegenüber von mir ging, auf dem sie saß unten mit tiefer werdenden Grübchen und einem Hauch von Endgültigkeit.

Einige Augenblicke später erwachte unsere Lehrerin, Miss Merrill, aus der Trance, in die sie offenbar durch die Schnelligkeit, mit der dieser Vorfall erledigt wurde, versetzt worden war, trat an Katrinas Seite und bestätigte die Vereinbarung, wobei sie nebenbei den Namen der neuen Schülerin erfuhr und von ihr erhielt ihr eine Karte, die der Schulleiter geschrieben hatte und die sie unserer Sonderklasse zuordnete. Aber lange bevor diese unbedeutenden Details erledigt waren, hatten Jessica und ich Katrinas Tasche geleert, ihre Bücher in ihrem Schreibtisch geordnet, ihr einen Bleistift geliehen, der ihr fehlte, ihr den Jungen gezeigt, den sie am meisten verachten und meiden sollte, und ihr in der Pantomime den genauen Status gegeben von Miss Merrill im Hinblick auf ihre Schüler und nahm im Gegenzug die vorübergehende Leihgabe des Fichtengummis an, mit dem sie sich glücklich ausgestattet hatte. In der Pause reifte die so glückverheißend begonnene Bekanntschaft zu einer herzlichen Freundschaft, und auf dem Heimweg von der Schule schlossen wir an diesem Abend einen Bund ewiger Treue und Liebe und erzählten einander die Geschichten unseres Lebens.

Jessicas und meine Aussagen waren beunruhigend sachlich. Wir hatten beide die übliche Besetzung aus Eltern, Brüdern und Schwestern, und abgesehen von der traurigen Situation, dass natürlich keiner von ihnen unsere komplexe Natur verstand, hatten wir nichts Ungewöhnliches zu berichten. Aber Katrinas Vortrag war interessant. Sie war zunächst eine Waise und lebte mit zwei Brüdern und einem alten Onkel in einem großen und düsteren Haus, das uns oft aufgefallen war, als es mit seiner verblassten Rückseite kalt zur Evans Avenue blickte. Offenbar gab es nur wenige Freuden und Freunde. Einmal im Monat ging sie auf den Friedhof, um Blumen auf die Gräber ihres Vaters und ihrer Mutter zu legen. Katrina selbst schien sich nicht sicher zu sein, ob diese Pilgerreise eigentlich in den Bereich des Vergnügens oder auf den strengen Weg der Pflicht gehörte; Aber Jessica und ich ordneten es sofort ein und vergossen leicht eine Träne. Wir hofften, dass ihr Onkel grimmig und streng war und ihr nicht genug zu essen gab. Wir waren der Meinung, dass dies das melancholische Bild von Katrinas Zustand zufriedenstellend vervollständigt hätte. Aber als wir eifrig nach solchen Details suchten, malte Katrina für uns mit schamloser Gleichgültigkeit gegenüber dramatischen Möglichkeiten einen unromantischen, sachlichen alten Deutschen, der freundlich zu ihr war, wenn er sich an ihre Existenz erinnerte, aber in seine Bibliothek und in wissenschaftliche Forschung versunken war . Wir erfuhren außerdem, dass sie bei Katrina zu Hause fünf Mahlzeiten am Tag zu sich nahmen, mit „Kaffee" und zahlreichen Beilagen dazwischen. Außerdem war Katrinas Schultasche an den Seiten mit deutschen Kuchen unterschiedlicher Form und Zusammensetzung überfüllt. Unsere strenge Missbilligung dieser Aussagen wurde mit der Zeit dadurch gemildert, dass sie sie freimütig mit uns teilte. Auch wenn diese Enthüllungen erst später kamen, waren wir nicht überrascht, als wir herausfanden, dass die alte Haushälterin Schwierigkeiten hatte, die Knöpfe an den Kleidern des Kindes zu behalten, und dass Katrina während der Schulzeit süchtig nach dem heimlichen Verzehr von großen Gurken war, die hinter ihrer Geographie steckten. Es handelte sich um kleine Fehler von ansonsten schöner Natur, die unsere jugendliche Fantasie durch die Möglichkeiten, die sie uns boten, anregten. Wir akzeptierten Katrina bedingungslos als ein Wesen, das man liebte, mit dem man Mitleid hatte und dem die schlimmeren Erschütterungen des Lebens erspart blieben. Liebevoll spitzten wir ihre Bleistifte, fröhlich bedeckten wir ihre Bücher, unenthusiastisch, aber geduldig schrieben wir ihre Kompositionen; denn Katrinas Verstand arbeitete langsam, und Literatur war offensichtlich nicht ihre Stärke. Im Gegenzug blühte Katrina auf und existierte und schenkte uns den Glanz eines Lächelns, das das düstere Schulzimmer erhellte, obwohl ihre optimistischen Lebenstheorien unseren kindlichen Pessimismus durchsäuerten.

Die Zeit trug uns weiter, aus den Schulzimmern der Kindheit in die würdevollen Räume der Akademie, und Katrina entwickelte sich von einem dicken kleinen Mädchen mit gelben Zöpfen zu einem rundlichen jungen Menschen mit eher gewöhnlichem Teint, etwas Geschmack in der Kleidung und einer wirklich engelhaften Erscheinung lächeln. Als mögliche Erklärung für ihr mangelndes Interesse an intellektuellen Aktivitäten erklärte sie uns, dass sie nur deshalb weiter zur Schule ging, weil ihr Onkel nichts anderes vorschlug. Was auch immer der Grund war, wir waren froh, sie dort zu haben; Und obwohl wir immer noch den Großteil ihrer Arbeit erledigten und sie sorgfältig darauf verzichtete, ihren Geist mit akademischem Wissen zu belasten, wurde die Verbindung zwischen uns durch diese Tatsache eher gestärkt. Jessica und ich waren bereits davon überzeugt, dass mehr in uns hineingesteckt wurde, als zwei kleine Köpfe aushalten konnten. Es war eine ebenso dankbare wie freundliche Aufgabe, den Überschuss an Katrina weiterzugeben.

Als wir siebzehn waren, wurde Jessica und mir gesagt, dass wir in den Osten aufs College geschickt werden sollten, und Katrinas Onkel, der zunächst zum Nachdenken anregte, indem er seine Brille zurück an die Stirn schob, kam zu dem Schluss, dass sie bereits ausreichend mit Bildung belastet sei und dass dies nützlich sei Die Künste der *Hausfrau* sollten ihre Aufmerksamkeit sofort fesseln. Sie solle für ihn und ihre Brüder den Haushalt führen, kündigte er an, bis sie ihre eigentliche Lebensaufgabe erfüllte, indem sie heiratete und Kinder bekam. Mit dieser orakelhaften Äußerung beendete er die weitere Diskussion, indem er sich noch einmal in seiner Bibliothek vergrub, während Katrina kam, um uns seine Entscheidung mitzuteilen.

Sie hatte sich auf die angenehmen geselligen Aspekte des Universitätslebens gefreut, daher schien sie ein wenig enttäuscht zu sein, wie Katrina, und ihre Nasenspitze hielt gewisse Höhepunkte bereit. Aber abgesehen von diesem Zeichen der Trauer erhob sie keinen Protest gegen die zwingende männliche Gestaltung ihrer Zukunft. Zutiefst betroffen stürmten Jessica und ich, bettelten, flehten und weinten. Katrina stellte unserer Beredsamkeit die teilnahmslose Vorderseite eines rosafarbenen Sofakissens entgegen.

„Mein Onkel sagt es", seufzte sie und schwieg.

Jessica und ich waren nicht die Natur, in einer solchen Krise untätig zu bleiben. Wir wandten uns an ihre Brüder, die sich umgehend weigerten, eine Meinung zu dieser Angelegenheit zu äußern, die über die allgemeine Überzeugung hinausging, dass ihr Onkel in allen Dingen Recht hatte. Verblüfft machten wir uns daran, den Onkel in seiner Höhle aufzusuchen.

Wir fanden ihn in abgenutzten Teppichpantoffeln, einem ausgeblichenen Morgenmantel, einem gelassenen Gesichtsausdruck und einer Aura der Versunkenheit in die Wissenschaft, die sich bei unserer Annäherung nicht wesentlich verbesserte. Er hörte uns jedoch geduldig zu und begrüßte unsere leidenschaftlichen Höhepunkte mit langgezogenen „Ach so", was Jessica mir später anvertraute und in ihr den ersten mörderischen Impuls eines bis dahin tadellosen Lebens hervorrief. Einmal hatten wir große Hoffnungen, als Jessica, deren Gewissen uns scheinbar nicht zur Konferenz begleitet hatte, gefühlvoll über Katrinas ungewöhnliche intellektuelle Leistungen an der Akademie nachdachte. Ihr Onkel wurde daraufhin sehr ernst, und sein „Ach so" rollte in der kahlen alten Bibliothek umher wie Echos fernen Donners.

„Ach, das ist schlimm", seufzte er; „Ich habe es nicht gedacht; ich war nachlässig. Ich hätte sie früher wegbringen sollen, nicht wahr? Aber sie wird es schnell vergessen – ja, ja." Sein Gesicht klärte sich. „Es wird ihr nicht schaden", fuhr er fort. „Es ist nicht gut, dass die Frauen zu viel wissen. *Kirche , Kinder und Kuchen* – das ist das Beste für sie. Ach ja."

Da es offensichtlich nicht viel bringt, diese schmerzhafte Diskussion in die Länge zu ziehen, ließen Jessica und ich unsere Empörung über die beruhigende Atmosphäre in unseren Häusern ertragen. Und als die Zeit gekommen war, nachdem wir unsere Koffer gepackt und uns verabschiedet hatten, machten wir uns auf den Weg, um mit unseren durstigen Lippen die Quelle des Wissens zu genießen, die im Eastern College fließt, und überließen es Katrina, ihre häusliche Karriere in Angriff zu nehmen.

Zeit und Entfernung, erinnerten wir Katrina, könnten durch Briefe überbrückt werden, und Katrina reagierte edel auf den Hinweis. Anfangs schrieb sie jeden Tag, und wir verbrachten den größten Teil unserer wachen Stunden damit, unsere Antworten zu verfassen. In einer Gemeinschaft, die große Schwierigkeiten hatte, sich an unsere Namen zu erinnern, und die sich in heidnischer Dunkelheit über unsere hervorragenden Leistungen an der Akademie befand, schien es in der Tat kaum etwas anderes zu geben, was unsere Aufmerksamkeit fesseln könnte. Mit der Zeit wurden wir jedoch immer beschäftigter . Einige Monate lang beschäftigte uns die Notwendigkeit, unsere Individualität in einem Ausmaß zur Geltung zu bringen, das es zumindest verhindern würde, dass wir auf den Fluren mit Füßen getreten würden, und danach nahm die gewissenhafte Nachahmung geliebter Menschen in der Junior-Klasse viel Zeit in Anspruch.

Die großartige Nachricht von Katrinas Verlobung entfachte die warme Glut unserer Freundschaft zu einer wilden Flamme. Oh, Freude, oh Romantik, oh, junge, junge Liebe! Wir schrieben Katrina vierzig Seiten mit Glückwünschen, und Katrina antwortete schüchtern, aber ausführlich. Wir konnten fast sehen, wie sie rosig errötete, als sie sich über die Seiten ihrer langen Briefe an uns beugte. Ihr zukünftiger Herr war ein Deutscher, Professor an der lutherischen Hochschule in unserer Heimatstadt, und es schien, als hätte Katrina, obwohl Katrina sich nur leicht darüber Gedanken machte, die erste schöne Jugend schon längst hinter sich gelassen. So viel teilte Katrina uns naiv mit, mit der weiteren Information, dass die Hochzeit Anfang Februar stattfinden sollte, weil Professor von Heller, der glückliche Bräutigam, unerklärlicherweise in Eile zu sein schien und ein Haus gekauft hatte, das er unbedingt kaufen wollte nimm sie.

Das alles hatte viel zu bieten, was unsere mädchenhafte Begeisterung erregte; Der Charme unserer geliebten Juniors verblasste vorübergehend in der Bedeutungslosigkeit, als wir Katrinas Liebesbeziehung verfolgten. Aus Gründen, die der Fakultät ausreichend erschienen, konnten wir zur Hochzeit nicht nach Hause gehen, und das war ein schwerer Schlag. Aber wir gaben mehr aus, als wir uns leisten konnten, für das Hochzeitsgeschenk, das wir Katrina schickten, und wir verbrachten immer noch die meiste Zeit damit, ihr zu schreiben.

Laut Katrinas Bericht handelte es sich bei der Hochzeit um eine glänzende gesellschaftliche Veranstaltung. Während ihrer Flitterwochen fand sie Zeit, uns ausführliche Berichte über ihre Pracht zu schreiben. Offensichtlich hatte sie die Anwesenheit der gesamten Fakultät des Kollegiums von Professor von Heller und die Wirkung ihres Kleides, das aus weißem Satin mit Orangenblüten bestand, sehr befriedigt. Sie schickte uns auch eine Schachtel mit ihrer Hochzeitstorte, von der wir einen Teil aßen und auf dem Rest schliefen wir gewissenhaft und hatten schreckliche Albträume. Dann, als die Wochen vergingen, wurden ihre Briefe seltener, und wir wiederum, im Strudel der Frühlingsprüfungen wirbelnd, erwiesen ihrem Paradies den Tribut eines gelegentlichen neidischen Gedankens und respektierten ihr glückliches Schweigen.

Als wir in den Sommerferien nach Hause fuhren, war Katrina unsere erste Besucherin. Sie war eine verhaltene, eher verhaltene Katrina, deren nachdenklicher, leicht verwirrter Gesichtsausdruck reiferen Geistern vielleicht nahegelegt hätte, dass ihr zumindest einige der gepriesenen Freuden des häuslichen Lebens bisher entgangen waren. Sie drängte uns, sofort zu ihr zu kommen – und zwar am nächsten Tag –, und wir nahmen ihre Einladung mit der gebührenden Bereitwilligkeit an. Wir könnten nicht mit ihr speisen, erklärten wir, da Jessicas Schwester gedankenlos eine andere Verlobung für uns eingegangen sei; aber wir kamen um zwei und blieben bis nach fünf, ließen uns in einem langen Gespräch von den Erlebnissen des Jahres erzählen und lauschten der Weisheit, die aus Katrinas Lippen floss.

Der nächste Tag war sehr schön, und Jessica und ich schüttelten den quälenden Verdacht unserer individuellen Bedeutungslosigkeit ab, den wir auf dem College nicht ganz hinter uns gelassen hatten, weiteten uns freudig aus und gaben uns den Reizen einer sonnendurchfluteten Welt hin. Die lutherische Wissensquelle lag am Rande der Stadt, und Katrinas Zuhause lag nicht weit davon entfernt. Es war ein recht ländlicher Ort, dieses Haus, dessen großer, kahler Rasen von einem eisernen Hund erbittert bewacht wurde. Ein verwittertes Haus stand uns mit einem kalten, abweisenden Gesichtsausdruck gegenüber. Als wir das Tor öffneten, fröstelte es uns, aber Katrina erschien schon beim ersten Klicken des Riegels, und ihre Begrüßung war so gastfreundlich und eifrig, dass unsere vorübergehende Zwänge verschwand. Gleichzeitig fielen wir ihr um den Hals; lautstark versicherten wir ihr unser neidisches Entzücken; lautstark marschierten wir in ihre Halle. Als wir es betraten, standen wir vor einem großen, fröhlichen Raum. Durch die offene Tür konnten wir weiche, mit Leder bezogene Sessel und große Fenster mit Blick auf die fernen Hügel sehen. Jessica wollte darauf losgehen, aber Katrina hielt sie mit einer sanften Berührung zurück.

„Nicht da", sagte sie ernst; „Das ist das Arbeitszimmer meines Mannes, und er kann jeden Moment kommen. *Das* ist unser Wohnzimmer."

Während sie sprach, öffnete sie eine weitere Tür, und wir folgten ihr benommen über die Schwelle in einen Raum, der bei richtiger Nutzung ein gemütliches Einzelschlafzimmer hätte ergeben können. Es war etwa sieben mal neun Fuß groß und hatte ein Fenster mit Blick auf eine schmuddelige Scheune. Der bemalte Boden war teilweise mit einem Teppich bedeckt. Katrinas Zither stand steif in einer Ecke, drei Stühle lehnten streng an der Wand. Katrina zeigte auf zwei davon und ließ sich mit ihrem strahlenden Lächeln auf die dritte fallen.

„Wir nutzen das als Wohnzimmer", bemerkte sie beiläufig, „weil mein Mann viel Licht und Platz braucht, wenn er arbeitet. Oh, meine lieben Mädels!" sie brach aus; „Du weißt gar nicht, wie froh ich bin, dich zu sehen! Erzähl mir alles, was passiert ist, seit wir uns kennengelernt haben – alles über das College und deine Freunde dort."

Während sie sprach, waren schwere Schritte im Flur zu hören, gefolgt vom geräuschvollen Öffnen und Schließen einer Tür. Das Hin- und Herschieben von Stühlen im Nebenzimmer und das Fallen eines schweren Körpers in einen davon deuteten darauf hin, dass der Professor zu Hause und in seinem Arbeitszimmer war. Katrina bestätigte diese Vermutung.

„Mein Mann", murmelte sie leicht errötet. „Er ist heute früh dran."

Die Worte gingen in einem Brüllen unter.

„Katrina", brüllte eine Bassstimme von verblüffender Tiefe, „bring meine Hausschuhe!"

Katrina stand sofort auf.

„Sie werden mich entschuldigen?" sagte sie hastig. „Reden Sie, bis ich zurückkomme."

Wir redeten nicht, weil wir den schrecklichen Verdacht hegten, dass wir etwas sagen könnten, wenn wir redeten . Ich blickte fest auf ein kleines deutsches Bild an der Wand – eines, das ich unserer Gastgeberin vor Jahren geschenkt hatte – und Jessica summte leise ein College-Lied. Wir hörten, wie Katrinas Füße die Treppe hinauf, wieder hinunter und ins Arbeitszimmer flogen. Fast sofort kehrte sie zu uns zurück, ihre Wangen waren gerötet von der Anstrengung.

„Jetzt", begann sie, „möchte ich alles darüber hören – die nettesten Lehrer, die Freunde, die meinen Platz eingenommen haben."

Die Stimme im Nebenzimmer dröhnte erneut.

„Ka-tri- na !" es brüllte. „Meine Pfeife! Sie ist oben."

Katrina ging zur Pfeife. Jessica und ich genossen den Luxus eines langen, verständnisvollen Blicks in die Tiefen der Augen des anderen. Katrina kam zurück und wir redeten alle gleichzeitig; Fünf Minuten lang flossen Erinnerungen und Zuversicht mit der Freiheit eines Gebirgsbaches nach dem Tauwetter.

„Ka-tri- na !"

Katrina saß still. Sie hörte sich das Ende von Jessicas bester Geschichte an, doch einer ihrer Füße trat zögernd vor.

„Ka-tri- na !" Katrina hätte diesen Ruf hören müssen, obwohl sie mit gefalteten Händen neben ihrer Mutter unter dem Kirchhofsims lag .

„Katrina, hol mir Haeckels *Wunder des Lebens!* "

Katrina bekam es, indem sie einfach und effektiv in den Raum ging, in dem der Professor saß, und es aus dem Regal nahm. Wir hörten das leise Murmeln ihrer Stimme, das vom Grollen seiner Stimme übertönt wurde . Als sie zu uns zurückkehrte, beendete Jessica ihre Geschichte in dem verhaltenen Geist, der auf eine solche Unterbrechung folgt, und es wurden zehn Minuten lang geredet. Wir haben das kahle kleine Zimmer vergessen; alte Erinnerungen umhüllten uns sanft; Die Katrina, die wir kannten und liebten, dominierte die Situation.

„Ka-tri- na !"

Katrinas weiche Lippen lächelten jetzt nicht mehr, aber sie stand sofort auf und verließ mit einer gemurmelten Entschuldigung den Raum. Als sie die Tür schloss, hörten wir den Vorschlag für den Rest ihrer Aufgabe.

„Wo ist die Schachtel mit Stiften, die ich letzte Woche bekommen habe?"

Anscheinend war ihr Versteck weit entfernt; Katrinas Abwesenheit dauerte lange. Als sie zurückkam, erklärte sie sich freiwillig, uns das Haus zu zeigen. Wir vermuteten, dass es ihr Wunsch war, dem Klang dieser rufenden Stimme zu entkommen, und als wir aufstanden, erkannten wir die Sinnlosigkeit einer solchen Anstrengung.

Das Esszimmer, in das sie uns zum Kuchen und Tee führte, war fast gemütlich. Die Möbel, dunkles, brauchbares Eichenholz, waren, wie Katrina uns erzählte, ein Geschenk ihres Onkels. Als sie den Tee servierte, folgte sie zweimal einer Vorladung aus dem Arbeitszimmer des Professors. Einmal wünschte er sich ein Taschentuch und beim zweiten Mal wünschte er sich einen wichtigen Brief, der sofort aufgegeben werden sollte. Seine Frau ging zu der ländlichen Kiste, die den Zaun vor dem Haus schmückte, und warf ihr den Umschlag in den gähnenden Mund. Als sie zurückkam, zeigte sie uns ihre Küche, einen makellosen Ort, dessen Boden offensichtlich von ihren eigenen Händen geschrubbt worden war, denn sie erwähnte, dass sie keine Dienerin beschäftigte.

„Hans meint, wir brauchen keins", fügte sie schlicht hinzu.

Rechts vom Esszimmer befand sich ein schöner, heller, freundlicher Raum voller Regale, auf denen unzählige Gläser und Flaschen voller übler Gerüche standen.

„Das Labor meines Mannes", verkündete Katrina stolz. „Er muss Licht und Luft haben."

Oben gab es ein Schlafzimmer mit einem riesigen Doppelbett; Ein angrenzendes Nebenzimmer diente dem Professor offenbar als Ankleidezimmer und Lagerraum. Seine Kleidung und mehrere verblüffende deutsche Koffer füllten es. Es gab noch andere Räume, aber keiner von ihnen enthielt einen Teppich oder ein Möbelstück. Langsam und überzeugend drang in unsere sentimentalen kleinen Herzen die Erkenntnis, dass Katrinas einzige Zuflucht für sich und ihre Freunde das winzige, sogenannte „Wohnzimmer" unten war. Sie führte uns weiterhin mit hausfrauenhaftem Stolz herum. Soweit wir sehen konnten, war sie sich ihrer Fehler völlig bewusst. Sie war völlig unberührt von Selbstmitleid.

„Willst du sagen –", begann Jessica herzlich und merkte dann plötzlich, dass sie es selbst nicht sagen konnte. Das war auch so, denn es gab keine Gelegenheit. Gerade als Katrina zu erklären begann, dass ihr Mann es nicht für nötig hielt, die Einrichtung des Hauses in ein oder zwei Jahren fertigzustellen, rief er sie mit einer megaphonen Aufforderung an seine Seite, Wasser zum Verdünnen seiner Tinte zu fordern. Seine Ungeduld überwand seine offensichtliche Abneigung gegen Anstrengung und er kam in den Flur, um es ihr aus der Hand zu nehmen, als wir die Treppe hinunterstiegen. Sie stellte ihn uns vor und er verneigte sich ernst und mit großer Würde. Er hatte einen massiven Kopf mit eisengrauem, lockigem Haar und kurzsichtigen Augen, die uns durch eine große Stahlbrille vage anstarrten. Er musterte uns, nicht unangenehm, aber völlig uninteressiert, nickte erneut, teils zu sich selbst, teils zu uns, als ob unser Erscheinen eine eigene dunkle Vermutung bestätigt hätte, nahm das Wasser aus Katrinas Hand, grunzte anerkennend und zog sich zurück seine Schnelligkeit im Arbeitszimmer. Er hatte kein einziges klares Wort gesprochen. Sogar Katrina, die ihr unbeschwertes Lächeln lächelte, schien das Gefühl zu haben, dass irgendetwas in der Situation einen Kommentar erforderte.

„Er fühlt sich bei Mädchen nicht wohl", murmelte sie sanft. „Er hat nur Jungen unterrichtet und versteht Frauen nicht; aber er hat ein gütiges Herz."

Jessica und ich dachten nachdenklich über diese Hommage nach, als wir weggingen. Durch das unschuldige Geplapper der geschäftigen Zunge unserer Gastgeberin hatten wir erfahren, dass sie sich einen Garten wünschte, Hans es jedoch für Zeitverschwendung hielt; dass sie offene Sanitäranlagen vorgeschlagen hatte und dass Hans es ablehnte, die Kosten zu tragen; dass sie ihre Brüder heutzutage kaum noch sah, da Hans sie nicht mochte; dass ihre alten Freunde sie seit ihrer Heirat selten besuchten, da sie ihren Mann aus irgendeinem für Katrina unerklärlichen Grund nicht zu mögen schienen. Wir warteten, bis wir außer Sichtweite des Hauses waren, und setzten uns dann düster auf einen Felsen am Wegrand unter einem schützenden Baum. Ein Rotkehlchen, das auf einem Ast über unseren Köpfen saß, brach in spöttischen Gesang aus. Die Sonne schien immer noch; Ich fragte mich, wie es könnte.

„Nun, von all den selbstsüchtigen Bestien und unkontrollierbaren Rohlingen!" Jessica begann heiß. Jessicas Sprache war oft zu stark für Eleganz, und selbst in diesem aufregenden Moment zwang mich mein Pflichtgefühl, sie darauf aufmerksam zu machen. Darüber hinaus habe ich versucht, eine vernünftige Abwägung der Situation als das wirksamste Mittel zu betrachten, um sie abzukühlen.

„Wenn das Geheimnis des Glücks in der Arbeit liegt, wie die meisten Autoritäten darin übereinstimmen", erinnerte ich Jessica, „sollte die Frau von Professor von Heller die glücklichste Braut in diesem Land sein."

Jessica warf mir einen angewiderten Blick zu, erhob sich würdevoll und ging hochmütig die Straße hinunter zu einer Straßenbahn, die auf ihren etwas unebenen Gleisen auf uns zu holperte.

„Na ja, wenn Sie sich über eine Tragödie lustig machen wollen, in der einer Ihrer liebsten Freunde ein Opfer ist", bemerkte sie eisig, „wir werden die

Angelegenheit nicht diskutieren. Aber ich für meinen Teil habe eine Lektion gelernt." : Ich weiß *jetzt* , was Ehe ist."

Ich hatte das schwache Gefühl, dass selbst diese Erfahrung, so interessant und lehrreich sie auch war, nicht als postgradualer Kurs in Ehewissen angesehen werden konnte, und ich wagte es, das zu sagen.

Jessica biss die Zähne zusammen und lehnte es ab, die Angelegenheit weiter zu besprechen, und wandte das Gespräch entschlossen dem neutralen Thema eines Katzenvogels zu, der in einer Hecke hinter uns klagend miaute. Spät in dieser Nacht weckte sie mich jedoch aus meinem unschuldigen Schlaf mit der Bitte um Wissen über die korrekte Schreibweise von „ *irrecvocable*" und „*desillusionment*" . Sie saß an ihrem Schreibtisch und schrieb fleißig, während ihre Brauen ein kunstvolles Kreuzstichmuster bildeten. In dem Moment, als ich ihr ernstes, junges Gesicht betrachtete, wusste ich, dass das Schreiben an Arthur Townsend Jennings gerichtet war, den Bruder eines Klassenkameraden, dessen Brief, in dem sie aufgefordert wurde, „fünf Jahre auf ihn zu warten", Jessica erst an diesem Morgen erhalten hatte. Selbst bei der schläfrigsten Beobachtung war klar, dass Jessica nicht versprach, zu warten.

Jessicas Pessimismus in Bezug auf das Thema Ehe begann von dieser Stunde an und wuchs mit jedem Tag, der folgte. Kalt wandte sie sich auch von allen anderen Bewerbern ab, als sie sich von der Bitte Arthur Townsend Jennings abgewandt hatte. Sie wuchs stetig an Charme und Schönheit, und ihre Gelegenheiten, Herzen zu brechen, waren angesichts der empfänglichen Natur des Menschen von geradezu verblüffender Häufigkeit. Jessica ergriff jedes einzelne mit einer teuflischen Freude, die selbst in meinen treuen Augen erschien . Sie war eine rächende Erzfeindin, die dem Menschen auf der Spur war. Ernsthafte Professoren, Harvard-, Yale- und Princeton-Junioren und - Senioren, treue Freunde ihrer Jugend, die als Männer kamen, um ihr ihr Herz zu Füßen zu legen – all das und noch mehr schickte Jessica aus ihrer Gegenwart in einer langen, verzweifelten Prozession hervor. „Ich weiß *jetzt* , was Ehe ist", war Jessicas Schlachtruf. Wenn ich in gedankenlosem Parteigeist versuchte, ein gutes Wort für eines ihrer Opfer zu sagen und auf seine materiellen Vorteile oder seine spirituellen Gnaden oder beides hinzuweisen, wandte sich Jessica mit einer strengen Mahnung an mich. „Hast du Katrina vergessen?" sie würde fragen. Da ich Katrina nicht vergessen hatte, brachte mich die Frage meist zum Schweigen.

Für mich selbst muss ich zugeben, dass Jessicas spartanischer Geist vorbildlich gewirkt hat. Wäre es mir nicht möglich, das Problem anhand meiner elementaren Prozesse zu lösen, wäre ich möglicherweise zu dem Schluss gekommen, dass Katrinas häusliche Unglücklichkeit, sofern sie existierte, nicht unbedingt einen düsteren Schatten über die gesamte

Institution der Ehe werfen musste. Aber Jessica war eine dominante Persönlichkeit und ich ließ mich leicht beeinflussen. Auf meine bescheidene Art folgte ich ihrem Beispiel; Und obwohl es mir an ihrer Schönheit und Anziehungskraft mangelte, war das Chaos, das ich anrichtete, bei weitem geringer als das ihrige, dennoch gelang es mir, vorübergehend das Leben zweier Professoren mittleren Alters, eines Witwers in der Trockenwarenabteilung und des Herausgebers einer gelben Zeitung zu ruinieren . Letzteres muss ich zugeben, mein Herz sehnte sich danach. Ich hatte den ernsthaften Wunsch, ihn sozusagen aus dem Brennen zu reißen und ihm dabei zu helfen, die höhere Natur zu finden, die er offenbar völlig aus den Augen verloren hatte. Die Persönlichkeit dieses Herrn gefiel mir besonders, aber Jessica wollte nichts von ihm haben. Schließlich stimmte ich zu, seine Tante zu sein, und nachdem dieser glückliche Kompromiss zustande kam, hatte ich das Privileg, ihn häufig zu sehen. Wenn ich irgendwann ins Stocken geriet, ihn zu oft zu den politischen Problemen des Tages zitierte oder gedankenlos seine Briefe in Jessicas Gegenwart noch einmal las, erinnerte sie mich an Katrina. Ich seufzte und nahm sozusagen den Mantel der jungfräulichen Tante wieder auf. Im Gegensatz zu Katrina war ich nie gut darin gewesen, Besorgungen zu erledigen, und jetzt, in meinen frühen Dreißigern, wurde ich beleibt: Es war offensichtlich, dass das Risiko einer Ehe tatsächlich zu groß war.

Denn wir waren älter geworden, Jessica und ich, und uns waren viele mehr oder weniger angenehme Dinge widerfahren. Wir schlossen unser Studium mit Auszeichnung ab, verbrachten vier Jahre im Ausland als Ergänzungsstudium und kehrten dann zu der angenehmen Aufgabe zurück, die Bildung in unserem Heimatland auf den neuesten Stand zu bringen. Wir haben gelehrt, und zwar mit Erfolg; Und unsere Mädchen gingen hinaus und heirateten oder studierten oder lehrten und kamen zurück, um uns ihre Babys oder ihre Abschlussarbeiten zu zeigen, je nach dem Charakter ihrer Produktivität. Wir gerieten in den Alltag des akademischen Lebens. Gelegentlich, in längeren Abständen im Laufe der Jahre, stellte sich ein unerschrockener Mann, der die Warnungen seiner besorgten Freunde beiseite wischte, um die Gunst Jessicas und wurde streng geschickt, um sich in die lange Reihe seiner Vorgänger einzureihen. Das Leben war erfüllt, das Leben war auf seine Art interessant, aber man muss zugeben, dass das Leben manchmal ziemlich einsam war. Mein Lektor, eine treue Seele, die er war, schrieb regelmäßig und besuchte mich zweimal im Jahr. Professor Herbert Adams, ein Opfer, das Jessica lange Zeit zu Füßen lag, wich sporadisch von dieser Position ab und kehrte dann demütig zurück. Diese beiden allein blieben uns. Jessica bekam drei graue Haare und eine bleibende Falte auf ihrer Stirn.

Während all dieser wechselnden Szenen hatten wir Katrina nicht gesehen. Unter keinen Umständen hätten wir sie nach diesem ersten melancholischen Besuch freiwillig wiedergesehen. In längeren Abständen hörten wir von ihr. Wir wussten, dass es sich um drei dicke Babys handelte, deren kindlicher Charme in Schnappschüssen, die uns ihre stolze Mutter schickte, karikiert wurde. Jessica schaute sich diese an, stöhnte und ließ sie in die dunklen Ecken unseres Arbeitszimmers fallen. Unsere Besuche zu Hause waren selten, und bei keinem von ihnen war Zeit für einen zweiten Besuch bei Professor von Heller. Sieben Jahre nach unserer Rückkehr aus Europa entschied Jessica jedoch, dass sie eine Pause und einen Sommer in ihrer Heimat brauchte. Außerdem hatte sie Professor Adams gerade seinen letzten *Schluck gegeben* , und er hatte sie in völliger Verzweiflung zurückgelassen. Ich kam zu dem Schluss, dass Jessica die Erfahrung als etwas anstrengend empfunden hatte. Da Jessica in anderen Angelegenheiten ebenso zügig handelte wie in der Zerstörung von Leben, muss ich kaum hinzufügen, dass wir mit erfreulicher Schnelligkeit in unsere Heimatstadt transportiert wurden . Wir waren am Ende unserer Reise aus dem Zug gestiegen, bevor mir eine befriedigende Entschuldigung für das Zurückbleiben eingefallen war, und es hatte offensichtlich keinen Sinn, sie dann zu erwähnen. Vierundzwanzig Stunden nachdem die Zeitungen die aufregende Nachricht von unserer Ankunft veröffentlicht hatten, besuchte uns Katrina.

Wir schnappten nach Luft, als wir sie ansahen. War das tatsächlich Katrina – diese rosige, robuste, leuchtende, strahlende Deutsche mit leuchtenden Augen und einer Lebenskraft, die wie der Strom einer elektrischen Batterie aus ihr floss? Ich betrachtete Jessicas verblassten Teint, die müden Linien in ihrem Gesicht, die weißen Fäden in ihrem dunklen Haar, und mein Herz zog sich plötzlich zusammen. Ich wusste, wie ich aussah – viel müder und verblasster als Jessica, denn ich hatte von einem Punkt aus begonnen, der diesen unerwünschten Zielen näher kam. Wir drei waren ungefähr gleich alt. Zwischen uns lagen höchstens sechs Monate. Wer würde es glauben, uns zusammen anzusehen?

Katrina packte uns abwechselnd und küsste uns auf beide Wangen. Für mich war der Griff ihrer starken, festen Hände, die Berührung ihrer kühlen, weichen Lippen etwas Lebensspendendes. Sie bestand darauf, dass wir sofort zu ihr kommen. Wann würden wir kommen? Wir hätten jetzt keine Entschuldigung mehr, betonte sie, und wenn wir eine Pause brauchten, sei die Farm – ihr Zuhause – der beste Ort der Welt zum Ausruhen. Mit einem Anflug von Hoffnung hörte ich sie. Der Bauernhof? War sie also umgezogen? Nein, sie sei immer noch am selben Ort, erklärte Katrina, aber die Stadt sei in eine andere Richtung abgedriftet und habe sie, Hans und die Kinder ungestört in ihrem friedlichen Leben auf dem Land gelassen.

„Ka-tri- na !"

Ich wäre fast zusammengezuckt, aber es war nur eine Erinnerung, unterstützt von meiner lebhaften Fantasie. Ich hatte versucht, mir das friedliche Hirtenleben vorzustellen, aber alles, was ich erwiderte, war das Echo dieses fernen Rufs. Jessica erklärte jedoch, dass wir kommen würden – bald, sehr bald – nächste Woche – ja, natürlich am Dienstag. Jessica fragte mich anschließend mit dem starken Groll der Person, die im Unrecht ist, wie ich von ihr erwartete, dass sie uns da rausholt. Es war etwas, das getan werden musste. Offensichtlich, sagte sie, sei es eines dieser Dinge, die man tun und tun könne.

In der Zeit zwischen dem Versprechen und dem Besuch redete sie träge über Katrina.

„Na ja! Natürlich geht es ihr gut", sagte Jessica gedehnt. „Sie gehört zu den Menschen, die es nicht merken würden, wenn es ihr nicht gut ginge. Im Übrigen ist sie phlegmatisch, hat keine Ambitionen und offensichtlich keine Sensibilität. Alles, was sie verlangt, ist, auf diesen Mann und seine Kinder aufzupassen, und zwar aus unserem Blickfeld." Von Hans können wir mit Sicherheit vermuten, dass er diesem einfachen Wunsch immer noch gerecht wird. Himmel! Lasst uns nicht darüber reden! Es ist zu schrecklich!"

Der Dienstag kam und wir besuchten Katrina zum zweiten Mal – vierzehn Jahre bis einen Monat nach unserem ersten Besuch. Wieder war das Wetter perfekt, aber die Jahre und beruflichen Sorgen hatten ihr verhängnisvolles Werk getan, und unsere zurückgebliebenen Geister weigerten sich, auf den heiteren Ruf des Tages zu reagieren. Wieder näherten wir uns mit absurdem Schrumpfen dem trostlosen alten Haus. Das trostlose alte Haus war nicht da; nein, es war da, aber verwandelt. Es war rot gestrichen. Blühende Weinreben kletterten darüber; Französische Fenster reichten bis zu den breiten Veranden; Gestreifte Markisen schützten die Räume vor der Julisonne. Die Rasenflächen, die bis zu einer kurz geschnittenen Hecke abfielen, waren grün und samtig. Der eiserne Hund war verschwunden. In der Ecke der Veranda schwang eine große Hängematte, und darin tummelten sich ein dickes, rosafarbenes Kind und ein Kätzchen. Das dicke Kind bewies, dass nicht alles ein Traum war. Es war die wiedergeborene Katrina – die Katrina dieses ersten Schultages vor zwanzig und mehr Jahren. Ziemlich unsicher gingen wir den Schotterweg hinauf, ziemlich unsicher klingelten wir. Ein Dienstmädchen mit weißen Mützen führte uns ein. Ja, Frau von Heller war zu Hause und erwartete die Damen. Wären die Damen so freundlich, einzutreten? Die Damen würden es tun. Die Damen traten ein.

Die Trennwand zwischen zwei Räumen war abgerissen und der gesamte Boden erneuert worden. Es gab eine große Halle mit einem großen Wohnzimmer auf der rechten Seite. Als wir uns ihm näherten , hörten wir das gurgelnde Lachen eines Babys, Katrinas Antwortgeräusche und das

Murmeln einer Bassstimme, die wie eine fröhliche Hummel summte. Unsere Schritte wurden durch den dicken Teppich gedämpft, und unser Eintritt störte keinen Moment das angenehme Familienbild, auf das wir blickten. Der Professor stand mit seinem Baby im Arm, sein Profil zur Tür gerichtet, und blickte seiner Frau gegenüber, die ihn auslachte. Der Säugling hatte eine Handvoll der welligen grauen Haare seines Vaters gepackt und unternahm ernsthafte und erfreulich erfolgreiche Anstrengungen, sie an den Wurzeln herauszuziehen. Von Hellers Gesicht, sicherlich zehn Jahre jünger als bei unserem letzten Anblick, strahlte vor Stolz auf diesen frühreifen Sprössling. Als er uns sah, warf er das Baby auf seine Schulter, hielt es mit einem gewohnten Arm dort und kam uns entgegen, seine Frau dicht an seiner Seite. Sie erreichten uns gemeinsam, aber es war der Professor, der uns willkommen hieß. Diesmal brauchte er keine Einführung.

„Die Freundinnen meiner Frau, Miss Lawrence und Miss Gifford, nicht wahr?" Er lächelte, streckte nacheinander seine große Hand nach jedem von uns aus und fasste unsere Hände so herzlich, dass wir zusammenzuckten. „Es ist mir eine Freude. Aber Sie werden diesen jungen Mann doch entschuldigen, nicht wahr?" Während er sprach, legte er das Baby an seine Brust, während seine Frau uns gastfreundlich um den Hals fiel. „Er hat keine Manieren, dieser junge Mann", fügte der Vater traurig hinzu, als Katrina so ihre Begeisterung über unsere Ankunft zum Ausdruck gebracht hatte. „Er würde schreien, wenn ich ihn hinlegen würde, und er hat Lungen – weh, aber er hat Lungen!"

Er beschäftigte sich damit, Stühle für uns herbeizuschaffen, offenbar ließ er sich von seiner kleinen Last völlig unbeeinträchtigt. Wir dachten über das Baby nach und sagten die passenden Dinge. Er hatte Wangen wie Beefsteaks und Augen, die aus seinem Kopf ragten, mit scheinbar freudigem Interesse an seiner Umgebung, rief Katrina über eine plötzliche Entdeckung:

„Aber Sie haben Ihren Hut nicht abgenommen!" Sie weinte. „Hans, gib Gretchen das Baby und bring die Tücher und Mützen meiner Freunde mit ins Gästezimmer. Ich möchte nicht, dass Miss Lawrence Treppen steigt."

Der Professor rief gehorsam die Krankenschwester, ließ das Baby fallen, belastete sich mit unserer Kleidung und schlenderte mit dem Schritt eines friedlichen Elefanten davon. Als er mit dem gespannten Blick eines Retrievers, der auf einen weiteren Stock wartet, zurückkam, erfüllte seine Frau seine Hoffnungen sofort.

„Stellen Sie den Sessel für Miss Lawrence bereit, mein Lieber", sagte sie bequem, „und stellen Sie ihr einen Ottomanen unter die Füße. Ich möchte, dass sie sich ausruht, während sie hier ist."

Der Professor tat es, während wir zusahen. Er erkundigte sich auch gefühlvoll nach Jessicas Gesundheitszustand, zeigte in ihren Antworten ein fast menschliches Mitgefühl und legte ein Kissen hinter ihren Rücken. Anschließend tat er während dieses Anrufs Folgendes:

Er ging ein halbes Dutzend Mal ans Telefon, wiederholte seiner Frau getreulich die Nachrichten ihrer verschiedenen Freunde und trug ihre zurück, da sie sich weigerte, lange genug von uns getrennt zu werden, um selbst mit ihnen zu sprechen.

Er trommelte die beiden verbliebenen Kinder zusammen und stellte sie uns zur Besichtigung vor, wobei er mit erfahrener Hand die Schultern seines Sohnes streckte und mit vollendetem Geschick die Schleife ins Haar seines kleinen Mädchens band.

Er ging zum Stall und bestellte die Familienkutsche, damit wir später am Nachmittag fahren könnten.

Er suchte und fand die Morgenzeitung, die das Dienstmädchen gedankenlos in den Papierkorb geworfen hatte, und las uns laut einen Absatz vor, auf den Katrina Bezug genommen hatte und in dem er die Leistungen einer unserer Klassenkameraden aufzeichnete. Er brachte Katrina zu verschiedenen Zeiten und aus abgelegenen Teilen des Hauses einen weißen Schal, sechs Fotos der Kinder, einen Aufsatz ihres zehnjährigen Sohnes, zwei Bücher, ein Lätzchen, um den plötzlichen Bedarf des Babys zu decken, und Katrinas Adressbuch. Er tat diese Dinge, und er tat sie fröhlich und mit der unverkennbaren Leichtigkeit häufiger Wiederholungen. Ich warf Jessica einen Blick zu. Der Ausdruck von Ungläubigkeit und Verwunderung, dem sie in der ersten halben Stunde unseres Gesprächs freiwillig nachgegeben hatte, war einem Ausdruck tiefer Nachdenklichkeit gewichen.

Anschließend zeigte uns Katrina ihr Zuhause. Der Raum, der einst das Arbeitszimmer des Professors gewesen war, war jetzt Teil des großen allgemeinen Wohnzimmers. Das Labor war jetzt Katrinas persönliches Wohnzimmer. Durch die französischen Fenster sahen wir, wie Katrinas Garten wie eine Rose blühte. Jessica erkundigte sich nach dem derzeitigen Standort des Arbeitszimmers und Labors des Professors. Später gestand sie mir gegenüber, dass sie es nicht hätte tun sollen, dass es jedoch eine physische und moralische Unmöglichkeit gewesen wäre, das Haus ohne die Informationen zu verlassen. Katrina sah sie vage an, als ob sie sich an einen flüchtigen Moment der längst vergangenen Vergangenheit erinnern wollte; aber der Professor antwortete mit befriedigter Bereitwilligkeit.

„Aber du wirst sie sehen!" er weinte. „Sicher, ja;" und wie ein fröhlicher Schuljunge führte er uns in den dritten Stock. Dort befand sich tatsächlich sein Arbeitszimmer – ein Schlafzimmer im Flur, in dem sich sein Schreibtisch und sein Sessel befanden; und daneben, in einem Schrank, befanden sich seine geliebten Flaschen und Chemikalien. Ich verspürte einen Anflug von Mitgefühl für den Professor, aber er wusste offenbar glücklicherweise nicht, welchen Grund dieses Gefühl hatte.

„Das *Mutterchen* und die Babys brauchen den Rest", lächelte er selbstgefällig. „Sie dürfen nicht zu viele Treppen steigen – nein;" und er ebnete den Weg zurück zum Trost, ohne sich des schmerzhaften Kontrasts zwischen vergangenen und gegenwärtigen Zuständen bewusst zu sein, der Jessica und mich sorgfältig davon abhielt, einander in die Augen zu sehen. Als die Kinder ihn bei unserer Rückkehr erblickten, stießen sie Freudenschreie aus. Das Baby sprang auf seine Arme, der kleine Junge schwärmte sein Bein hinauf. Das Bild von Professor von Heller als perfekt ausgebildetem Ehemann und Vater war komplett.

Schweigend verließen Jessica und ich nach unserem langen Abschied das Haus. Schweigend betraten wir die Straßenbahn; Schweigend fuhren wir nach Hause. Schließlich äußerte ich plötzlich einen Verdacht.

„Glauben Sie", fragte ich hoffnungsvoll, „dass das alles ein – ein – nun ja, dass sie ihn nur dieses eine Mal dazu überredet hat, es zu unserer Erbauung zu tun?"

Jessica schüttelte den Kopf.

„Das dachte ich zuerst", räumte sie langsam ein. „Das an sich wäre ein Wunder gewesen – eines, das ich nie geglaubt hätte, wenn ich es nicht mit diesen Augen gesehen hätte. Aber alles widerlegt die Theorie. Glaubst du, sie hätte diesen Kindern beibringen können, wie ein Casino- Ballett voranzukommen und sich zurückzuziehen?" „Im Gegenteil, es ist offensichtlich, dass sie im wahrsten Sinne des Wortes von ihm leben. Sie haben die Falten von seiner Hose abgetragen! Hast du nicht bemerkt, wo die Falten aufhörten und die Rutschstelle der Babys begann?"

Ich gab widerwillig zu, dass dieses Detail meiner Beobachtung entgangen war.
Jessica seufzte.

„So unglaublich es auch ist", fasste sie zusammen, „es ist alles wahr. Es ist die Realität."

„Es eröffnet einen ganz schönen Ausblick", bemerkte ich nachdenklich. „Wenn Sie die aktuelle Adresse von Professor Adams möchten , kann ich sie Ihnen geben. Er ist mit seiner Schwester Mollie in den Adirondacks, und ich habe heute Morgen einen Brief von ihr erhalten."

Jessica sah mich an und forderte mich auf, nicht vulgär zu sein. Ihr nachdenklicher Gesichtsausdruck hob sich nicht.

„Wenn Katrina *das* mit *diesem* Mann schaffen kann", murmelte ich nachdenklich, als wir das Haus betraten, „glaube ich wirklich, dass Sie mit Adams Wunder bewirken könnten. Er würde wahrscheinlich das Kochen und Marketing übernehmen …"

„Wenn Sie so beeindruckt sind", bemerkte Jessica in prägnantem Tonfall, „wundert es mich, dass Sie den Gebeten und Tränen Ihres Redakteurs nicht nachgeben."

Meine Antwort ließ Jessica in einen Flurstuhl sinken, der glücklicherweise zur Hand war.

„Das werde ich", sagte ich ruhig. Und ich tat.

Da Jessica von Natur aus weniger weiblich und nachgiebig war als meine, war ihre Hingabe eine Frage der längeren Zeit. In der Zwischenzeit vergaß ich ihre unwichtigen Angelegenheiten völlig und war völlig in die wirklich außergewöhnlichen Werte meiner eigenen vertieft. Zwei Wochen vor der Wiedereröffnung des Colleges saß eines Abends mein reformierter gelber Journalist, der in den Westen gekommen war, um seinen kurzen Urlaub mit mir zu verbringen, an meiner Seite und studierte die bewundernswerte Wirkung eines Rings, den er mir gerade an den Finger gesteckt hatte. Es ist einzigartig, wie voller menschlicher Interessen solche Momente sein können, und Edward und ich hörten Jessica nicht, als sie die Tür öffnete. Sie schaute über unsere Köpfe hinweg, während sie mit mir sprach. Ihr Gesicht war ziemlich rot, aber ihre Stimme und ihr Verhalten drückten ein Maß an Gleichgültigkeit aus, das, davon bin ich überzeugt, noch nie ein Mensch zu irgendeinem Thema wirklich empfunden hat.

„Haben Sie gesagt, dass Sie mir die Adresse von Mollie Adams geben könnten?"   fragte
Jessica.

XI

BART HARRINGTON, GENIE

Der stellvertretende Sonntagsredakteur des New Yorker „Searchlight" war beschäftigt. Dies war kein ungewöhnlicher Zustand, aber er wies häufig ungewöhnlich irritierende Merkmale auf. Sein Vorgesetzter, Wilson, der Sonntagsredakteur, war ein Gentleman mit hoher Stirn und hohem Gehalt, der sich den Ruf eines „Napoleon des Journalismus" erworben hatte und erfolgreich eine Abneigung gegen das, was er „Details" nannte, kultivierte. Seine Spezialität war das Unterbreiten von Vorschlägen im Redaktionsrat, in der freudigen Erwartung, dass sie von seinen Mitarbeitern umgesetzt würden – eine Erwartung, die so selten realisiert wurde, dass Mr. Wilsons Gesicht fast die Angewohnheit verletzter Verwunderung hatte. „Details" beanspruchten weiterhin die Aktivitäten des „Searchlight"-Büros am Sonntag, und Maxwell, der stellvertretende Redakteur, kümmerte sich um sie alle und murrte während der Arbeit bitterlich gegen seinen Chef.

An diesem besonderen Morgen erhielt er außerdem telefonische Mitteilungen über den allmählichen Zerfall seines größten „Specials", das für die kommende Sonntagsausgabe geplant war und in mitfühlender Weitläufigkeit von einem schönen französischen Mädchen erzählen sollte, das sich wegen eines jungen Mannes ertränkt hatte liebte sie nicht mehr. Der aktive Reporter, der mit dem Fall beauftragt war, hatte zunächst seine Entdeckung, dass das Mädchen nie einen Liebhaber hatte, telefonisch mitgeteilt, aber fröhlich angedeutet, dass dies ihren Selbstmord ebenso wie die frühere Theorie erkläre, und war nicht so abgedroschen, und fügte klugerweise hinzu, dass er die Geschichte verstehen würde jedenfalls. Anschließend hatte er im Büro angerufen und ohne den geringsten Ekel mitgeteilt, dass kein Selbstmord zu erklären sei, da das Mädchen nicht tot sei. Sie hatte lediglich Freunde auf dem Land besucht, und die Leute im Haus, die sie vermissten, hatten beschlossen, dass die friedlichen Gewässer des Hudson …

Maxwell legte den Hörer mit ein paar klaren, an den Weltraum gerichteten Bemerkungen auf und wurde von einer jungen Frau am anderen Ende des Raums in ehrfürchtiges Schweigen versunken, die sich ihre Schreibarbeit erleichterte, indem sie innehielt, um sie vollständig zu hören. In diesem ungünstigen Moment wurde die Karte von Herrn Bart Harrington von einem Büroangestellten hereingebracht. Maxwell betrachtete es mit starkem Missfallen.

"Wer ist er?" fragte er und betrachtete den Bürojungen streng.

Der Bürojunge gestand abfällig, dass er es nicht wisse.

„Er war noch nie hier", fügte er entschuldigend hinzu. „Er sagt, er hätte eine Sonntagsgeschichte."

Maxwell fand sich mit der Verschwendung von fünf Minuten kostbarer Zeit ab.

„Zeigen Sie uns, dass wir da sind", befahl er gereizt. Er setzte sich an seinen Schreibtisch und wandte sich mit einem Gesichtsausdruck zur Tür, der die Anrufer an den Wert der Zeit und die Kürze des Lebens erinnerte. Mr. Harrington, der dem Jungen mit Überzeugung von diesen beiden Dingen durch die Tür gefolgt war, ließ sich auf einen Stuhl neben dem Schreibtisch des Redakteurs fallen und musterte Maxwell mit einem Lächeln, das so jung, so vertrauensvoll und dabei so einnehmend war, dass unbewusst die strengen Züge von dieser Funktionär entspannte sich. Dennoch wurde er nicht aus seiner Routine gerissen.

„Haben Sie Ihre Geschichte dabei, Mr. Harrington?" fragte er forsch und streckte seine Hand nach dem Manuskript aus. „Wenn Sie es lassen, lese ich …", unterbrach Harrington ihn mit einem beeindruckenden Kopfschütteln. Dann lehnte er sich in seinem Stuhl zurück, schlug bequem ein Bein über das andere, steckte die Hände tief in die Taschen seines sehr schäbigen Mantels und betrachtete den Herausgeber weiterhin mit seinem einzigartig jungenhaften Lächeln mit Grübchen. Mit einem schnellen Blick erfasste Maxwell ihn, von dem kaputten Stiefel an dem Fuß, den er sanft hin und her bewegte, bis zu den dicken, lockigen Locken auf seinem hübschen Kopf. Er hatte einen Teint wie der eines Mädchens, ein Grübchen auf jeder Wange und einen Kiefer wie den einer Bulldogge . Er war knapp 1,80 Meter groß und seine schlecht verarbeitete Kleidung konnte die perfekten Linien seiner Figur nicht vollständig verbergen. Er war ungefähr zweiundzwanzig Jahre alt, schätzte Maxwell, und trotz seiner Grübchen, seines Teints, seiner Jugend und seines Lächelns vermittelte er einen lebendigen Eindruck von Männlichkeit und Stärke. Er war vollkommen beherrscht, und sein Auftreten ließ darauf schließen, dass das Geschäft, das ihn dorthin geführt hatte, wo er war, von solch dringendem Wert und Wichtigkeit war , dass die geschäftige Welt selbst ihre lauten Aktivitäten möglicherweise lange genug zum Schweigen bringen würde, um davon zu hören. Zu seiner großen Überraschung wartete Maxwell, bis sein Anrufer bereit war zu sprechen.

Harrington schüttelte erneut langsam den Kopf. Dann tippte er sich mit dem zweiten Finger seiner rechten Hand an die Stirn.

„Ich habe es , heah ", sagte er langsam, wobei er sich offensichtlich auf die Stirn bezog, die er angedeutet hatte, und mit leicht gedehnter Stimme und dem stark ausgeprägten Akzent des südlichen Bergsteigers sprach. „Ich habe geweint, dass ich es nicht schreiben würde, bis ich wüsste, dass ihr es alle wollt. Ich würde es gerne erzählen. Wenn dann –"

Maxwell nickte und warf einen Blick auf seine Uhr.

„Feuer weg", sagte er elegant. „Aber seien Sie bitte so schnell wie möglich. Heute ist Schlusstag und jede Minute zählt."

Harrington lächelte sein naives Lächeln. Es war ein wehmütiges Lächeln – kein glückliches –, aber es schien irgendwie das Büro zu erhellen. Maxwell dachte gereizt, dass der Kerl etwas ungewöhnlich Sympathisches an sich hatte, aber er wünschte, er würde sich beeilen und verschwinden. Aus Gewohnheit umklammerten seine Finger einen blauen Bleistift auf seinem Schreibtisch und er fing an, nervös in den Manuskripten herumzufummeln, die vor ihm lagen. Harrington lehnte sich fester in seinem Stuhl zurück und das Schwingen seines zerrissenen Stiefels wurde ein wenig beschleunigt, aber seine Stimme, als er sprach, war voller ruhiger Zuversicht.

„Es ist eine gute Sache, ja ", sagte er, „und ich kann Ihnen alles in einem Satz erzählen. Ich werde heute Selbstmord begehen, und ich bin damit einverstanden, Ihnen das Erlebnis aufzuschreiben . " bis zur letzten Minute, wenn ihr alle wollt, dass ich anständig begraben werdet. Ich kann nicht zulassen , dass ich ins Pottah- Feld geschaufelt werde ."

Maxwell ließ den blauen Stift fallen und drehte sich zu ihm um. Dann verhärtete sich sein Gesicht.

„Das ist ein ziemlich schlechter Witz", sagte er, „oder eine Art dummes Angebot für wohltätige Zwecke. Auf jeden Fall darfst du nicht noch mehr von meinem … verschwenden."

Aber Harrington war aufgesprungen, sein blondes junges Gesicht war schwarz vor Leidenschaft.

"Verdammt!" zischte er, drückte seinen Kopf dicht an den des anderen und ballte seine Fäuste. „Wieso sagt ihr alle, dass ich lüge und um Almosen bitte? Ich würde euch alle in der Hölle sehen, bevor ich einen Cent von euch nehmen würde, verdammtes Geld. „ Hast du nicht genug Verstand in dir ?" „Hatte ich gesehen, dass ich das Ende meines Seils erreicht habe ? "

Maxwell war ein kluger Mann, der an den Universitäten der Welt ausgebildet wurde. Er kannte die Wahrheit, als er ihr begegnete, und er kannte die menschliche Natur.

„Setzen Sie sich", sagte er ruhig, „und erzählen Sie mir davon. Es tut mir leid, dass ich so gesprochen habe, aber Sie müssen zugeben, dass Ihr Vorschlag ziemlich verblüffend war."

Harrington setzte sich, immer noch schwer atmend vor Aufregung, aber offensichtlich bemühte er sich entschlossen, sich zu beherrschen.

„Deswegen habe ich es mitgebracht , heah ", sagte er und antwortete auf die letzten Worte des anderen, „ Ihr alle mögt Stahlsachen , nicht wahr ? Geschäftsvorschlag. Wenn Sie es nicht wollen, sagen Sie es.

Maxwell lächelte seinerseits, aber weder in diesem Lächeln noch in dem Blick, den er seinen Mitmenschen zuwandte, lag etwas Ironisches.

„Es ist nicht ganz so einfach, wie Sie zu denken scheinen", erklärte er sanft. „Aber erzähl mir mehr darüber. Was hat zu dieser Entscheidung geführt? Warum denkst du, dass Selbstmord der einzige Ausweg aus deinen Problemen ist? Das ist ein Teil der Geschichte, wissen Sie. Lassen Sie mich das zuerst in ein paar Worten sagen.

Teilen erzählen ", sagte der Südstaatler. Sein Lächeln war zurückgekehrt. Seine Stimme war die kühle Stimme eines Menschen, der abstrakte Dinge besprach. „Ich bin ein Versager . Das würde nichts nützen scheitert . Ich habe mir alle Zeit und Chancen gegeben, die ich verdient habe , aber ich kann nicht gewinnen, also muss ich *aussteigen* . Es gibt niemanden , der da ist . Ich habe keine Verwandten, keine Verwandten Ich bin in irgendeiner Weise auf mich angewiesen . Was mich betrifft , ich bin gefesselt ; Das Leben ist es nicht mit der Wirkung .

Maxwell betrachtete ihn.

„Du siehst nicht aus wie ein Drückeberger", sagte er nachdenklich.

Das Gesicht des Jungen strahlte wieder, aber er behielt seine Beherrschung.

„Aufgeben bedeutet , etwas aufzugeben", sagte er hartnäckig. „ Das bin ich nicht Gib alles auf . Ich habe nichts aufzugeben . Ein Leben ohne Arbeit , ohne Interesse, ohne Freunde , ohne Ehrgeiz, ohne Liebe – das ist es nicht Leben '! Wenn ihr alle Evah es probiert hättet, würdet ihr es wissen. Ich war in den letzten Jahren nicht mehr so fröhlich , als ich mir vorgenommen habe , aufzuhören, wie Sie es alle nennen.

„Du bist gesund, nicht wahr?" forderte Maxwell. "Ja."

Maxwell legte seine Hand mit einer Miene der Endgültigkeit auf den Schreibtisch.

„Dann hast du alles. Willst du mir sagen, dass ein Kerl wie du nicht genug verdienen kann, um sich selbst zu ernähren? Wenn du das tust, redest du Mist."

Harrington nahm dies mit seinem breiten, arglosen Grinsen auf. Er war jetzt nicht beleidigt, denn er spürte das freundliche Interesse und Mitgefühl unter den Worten des anderen. Seine Stimme war sanfter, als er antwortete.

„ Das bin ich nicht „ Ich kann Körper und Seele nicht zusammenhalten, aber vielleicht schaffe ich es", räumte er ein. „Aber *das* sage ich. " nicht *Leben* . Ich sage : „Ich bin nicht für die Arbeit geeignet . " Ich bin nicht gebildet. Ich habe mein ganzes Leben lang in einer Blockhütte unten in den Bergen von Virginia gelebt. Ich habe das Haus vor sechs Wochen verlassen, nachdem meine Mutter gestorben war. Sie war die Letzte unserer Familie außer mir. Ich war noch nie in der Schule. Sie brachte mir bei, in der Bibel zu lesen und zu schreiben. Das bin ich nicht Nevah las ein anderes Buch außer der Bibel und den Gedichten von Mistah Shakespeare und Mistah Pluta'ch *Leben großer Männer* . Ich kenne sie durch Hitze . Ich weiß nicht, woher sie sie hat oder woher sie kommt. Sie war anders als andere Bergfrauen. Ich bin seit sechs Wochen hier und habe versucht, einen Ort zu finden , an den ich passen könnte, aber es gibt keinen . Männer müssen trainiert werden Wo'k ; Ich bin nicht ausgebildet. Ich kann nicht zurückgehen, foh Das ist niemand , und ich hasse die Berge.

Maxwells Antwort war kurz und prägnant.

„Glaubst du, du könntest lernen, unseren Aufzug zu bedienen, ohne uns alle zu töten?" er erkundigte sich. „Nun, das musst du. Du hast schrecklichen Blödsinn geredet, weißt du. Jetzt gehst du hier arbeiten. Wir brauchen einen neuen Mann. Der, den wir haben, ist seit drei Tagen betrunken. Du bist Ich werde den Aufzug fahren und zunächst fünfzehn Dollar pro Woche bekommen. Hier ist Ihr Gehalt für die erste Woche im Voraus. Ich werde die Stelle mit dem Superintendenten vereinbaren. Ich gebe Ihnen ein paar Bücher, und Sie können sich weiterbilden. Wenn Sie „Wenn du über Aufzugsarbeit stehst, geben wir dir etwas Besseres. Du wirst wahrscheinlich innerhalb eines Jahres meinen Job haben", schloss er scherzhaft.

Die Hand des Bergsteigers, die er ihm entgegenstreckte, zitterte, als Maxwell sie ergriff.

„Du bist der einzige Weiße, den ich im Norden gefunden habe ", sagte der Südstaatler atemlos. „Ich werde es gut machen, wie sie sagen, heah . Aber ich weiß nicht, wie ich dir danken kann."

„Versuchen Sie es nicht", sagte Maxwell schroff. „Seien Sie um acht Uhr morgens hier. Um neun werden ein paar Anrufer da sein, ich möchte vielleicht, dass Sie den Schacht hinunterwerfen."

So begann die Verbindung zwischen *Searchlight* und Bart Harrington, dem später beliebtesten Angestellten . Bevor die Woche zu Ende war, hatten alle Reporter und die meisten Redakteure bei Maxwell beiläufig einige

Einzelheiten über seinen Schützling erfragt, aber nur wenige erhalten. Harrington war ein neuer Mann, er stammte aus den Bergen Virginias und war äußerst zuvorkommend und insgesamt engagiert. Dies waren alle Informationen, die sogar die unermüdliche Miss Mollie Merk erlangte, deren Erfolg darin, aus Einzelpersonen Informationen zu extrahieren, die sie am liebsten verbergen wollten, sie zu einem Starmitglied des *Searchlight*- Teams gemacht hatte. Allerdings verkündete Harrington Miss Merk seine erste wichtige Entdeckung. Eines Abends, nachdem sein Nachfolger den „Wagen" übernommen hatte, beugte er sich über ihren Schreibtisch und berührte ein Thema, das ihm sehr am Herzen lag.

anderen Tag wurde ich nass ", begann er im Plauderton, „und meine Vermieterin erlaubte mir , in die Küche zu gehen , um meine Kleidung zu trocknen . ganz von selbst, und dann sah ich, wie es durch den Dampf des heißen Wassers im Inneren angehoben wurde. Ich dachte ständig darüber nach , und es kam mir vor, als sei das eine Idee , eine Art Energie . Wissen Sie, das könnte für große Zwecke genutzt werden. Ich muss es mir überlegen."

Mollie Merk sah ihn an, und in ihrem Kopf wachsten vage Erinnerungen an einen gewissen James Watts auf.

„Über Dampf ist viel geschrieben worden", sagte sie mitfühlend. „Ich bringe dir ein Buch darüber."

Sie tat es, denn Harrington genoss bereits hohes Ansehen; und möglicherweise tötete die Lautstärke in der aufstrebenden Seele dieses Jugendlichen den Keim einer schönen Hoffnung. Aber schon bald war er mit einer Entdeckung von gleicher Bedeutung an der Spitze. Diesmal war sein Vertrauter Maxwell.

„Warum kommt es", fragte er den vielbeschäftigten Bürger eines Abends, „dass das Wasser stark ansteigt, wenn ich in die Badewanne steige ? Ist da nicht irgendein Grundsatz wichtig ? Wie ich denke, ovah –"

Maxwell versicherte ihm hastig, dass dies der Fall sei, und dem Band über Dampf folgte eine Abhandlung über das spezifische Gewicht, die Mr. Harrington mehrere Tage lang zum Nachdenken anregte. Dennoch deprimierte ihn die Entdeckung, dass andere vor ihm gewesen waren, nicht im Geringsten. Einmal gab er dem Sonntagsredakteur einen Einblick in seine Ansichten, als dieser Herr ihn davon überzeugen konnte, dass Isaac Newton und nicht Bart Harrington das Gesetz der Schwerkraft entdeckt hatte, als er zusah, wie ein Apfel von einem Baum fiel.

„Ich habe es auch beobachtet , na ja ", argumentierte Harrington energisch und verteidigte damit seine Position als wissenschaftlicher Entdecker. „ Natürlich sehe ich die Kraft von dir." Ich denke, dass der Othah- Mann *der*

Erste war . Das ist bedauerlich Foh mir. Aber hat es Auswirkungen auf den Wert meiner *Entdeckung* ? Das tut es nicht, na ja .

„Da ist ein gutes Geschäft drin", räumte Wilson Maxwell ein, nachdem er dieses Gespräch erfreut wiederholt hatte. „Natürlich hat der Kerl einen ungewöhnlichen Verstand. Es ist schade, dass er immer ein paar hundert Jahre hinter der Zeit zurückbleibt, aber wie er andeutet, muss das unsere Bewunderung für die Qualität seiner Gehirnfasern nicht trüben . "

Maxwell lachte unbehaglich.

„Ich kann mich nicht entscheiden", gab er seinerseits zu, „ob er ein Genie oder ein einfacher Narr ist." Gestern Abend verlor er sein Abendessen, als er mir erklärte, wie die Kraft von Niagara für praktische Zwecke genutzt werden könnte. Er war schrecklich deprimiert, als ich ihm sagte, dass es nicht nur sein könnte, sondern es auch sei. Ich ließ ihn jedoch reden, um zu sehen, was seine Ideen waren, und sie waren sehr praktisch.

„Ich nenne das eine gewaltige Ermutigung", sagte der Chef optimistisch. „Er geht in die Neuzeit. Nachdem er das Telefon und den Telegrafen sowie die Kabel- und Funktelegrafie entdeckt hat, könnte er sich mit der Telepathie befassen und uns etwas Neues bieten."

Aber Harrington erlaubte sich an dieser Stelle einem unerklärlichen Exkurs. Er entdeckte die Literatur und lernte die Werke eines gewissen Charles Dickens kennen, dessen Genie er zum tönenden Trompetenruf für die Ohren einer gleichgültigen Welt machte.

„ Das ist ein Buch namens *David Coppe'field* ", vertraute er Maxwell eines Abends an, als er zu einem Gespräch mit seinem Gönner geblieben war. „Es ist großartig, ja . Du solltest es mal lesen, Mistah Maxwell; du würdest seinen Wert zu schätzen wissen ." Er skizzierte an Ort und Stelle die Handlung, und Maxwell hörte gutmütig zu und fand seinen Ausgleich in den ursprünglichen Kommentaren des Enthusiasten zu Charakter und Situation. Dies stellte jedoch einen schlechten Präzedenzfall dar, und Maxwell musste sich anschließend kurz hintereinander eine sorgfältige Zusammenfassung von *Little Dorrit* , *Old Curiosity Shop* und *Oliver Twist* anhören, gefolgt von der etwas schmerzhaften Rezitation des größten Teils von Grays *Elegy in a Country Churchyard* – denn Harrington betrat nun das blühende Feld der Poesie.

Zu diesem Zeitpunkt fühlte sich Maxwell gezwungen, seinem Schützling ein paar Ratschläge zu geben, da der Stadtredakteur Einspruch gegen eine erzwungene Anhörung der Verschwörung von *Ivanhoe erhoben hatte* und Mollie Merk zugegeben hatte, dass sie zweimal pro Woche sechs Treppen hinaufgestiegen war Tag für eine Woche, anstatt die letzten achtzehn Strophen von *Paradise Lost zu hören* .

Maxwell erklärte seinem Freund die Situation so sanft wie möglich, als Harrington eines Morgens ein Gespräch zwischen ihm und einem angesehenen westlichen Redakteur unterbrochen hatte, der einige Tage in New York verbrachte.

„Siehst du, alter Mann", schloss er freundlich, „das ist eine große, neue Welt für dich, aber der Rest von uns hat unser ganzes Leben lang darin gelebt. Wir haben die Dinge, die du entdeckst, in uns aufgenommen – oder wir haben sie uns in der Schule eingeimpft. Also – äh – sie sind nicht neu, und obwohl wir sie schätzen , haben wir keine Zeit, sie alle noch einmal durchzugehen. Wenn man sich mit moderner Belletristik beschäftigt – die Dinge Die Leute lesen heute –"

Mit einer ausdrucksstarken Handbewegung zerstörte Mr. Harrington die moderne Fiktion.

„ Dafür habe *ich* keine Zeit , Mistah Maxwell", sagte er respektvoll. „Ich habe eines gelesen und muss leider sagen, dass es zu viel war. Ich habe mir andere angesehen , aber ich verstehe es nicht . Ich habe versucht, Ihnen, meine Herren, die großartigen Werke zu zeigen , die ich entdeckt habe." ed , eine „ youah" -Antwort ist, dass ihr sie alle gelesen habt, suh . Ich bin überrascht. Wirfst du einen Blick auf ein Bild und schaust du dann noch einmal hin ? Hörst du einmal Musik, o" muss es etwas Neues sein und mode'n Jedes Mal? Gestern Abend habe ich die Komposition eines Musikers namens Beethoven gehört, der, wie ich erfahren habe, tot ist ja . Dennoch hören sich die Leute immer noch seine Notizen an. Warum lesen sie nicht diese Bücher von Mistah Dickens und Mistah Scott und Mistah Shakespeare ?"

Maxwell murmelte schwach, dass einige das täten. Eine passende Antwort auf Harringtons Anklage entging ihm irgendwie, und bevor er die gewünschten Worte gefunden hatte , kam eine unerwartete Unterbrechung durch den Western-Redakteur, der dem Gespräch mit fast schmerzlichem Interesse zugehört hatte.

„Mr. Harrington", fragte er plötzlich, „können Sie schreiben?"

Harrington sah überrascht und jungenhaft verletzt aus.

„Ja, na ja ", antwortete er steif. "Ich kann lesen und schreiben."

„Oh, natürlich, natürlich", erklärte der andere hastig. „Das meine ich nicht. Können Sie für die Presse schreiben? Haben Sie versucht, etwas zu schreiben, damit andere Leute es lesen können?"

Harringtons charakteristisches Lächeln blitzte auf.

„Ich habe mehrere eingereicht „Beiträge zu Mistah Maxwell", sagte er mit einiger Würde, „aber bisher war ich nicht glücklich genug –"

Maxwell holte ein kleines Paket mit Manuskripten aus einem Fach in seinem Schreibtisch und reichte es dem Besucher wortlos. Sie sprachen für sich. Letzterer blickte sie stirnrunzelnd durch. Maxwell kehrte zu seiner Arbeit zurück. Harrington wartete. Schließlich gab der Westler die Papiere seinem Kollegen aus dem Osten zurück und schüttelte dabei den Kopf.

„Das reicht überhaupt nicht", sagte er entschieden, „aber sie bestätigen meinen Eindruck, dass dieser Mann etwas Wertvolles schreiben kann ." Er wandte sich jetzt an Maxwell und besprach Harrington so unpersönlich, als wäre er abwesend, doch von Zeit zu Zeit richteten seine scharfen Augen wieder das Gesicht des Südstaatlers.

„Hier ist ein Mann", begann er belehrend, „der Hunderte von Jahren hinter der Zeit zurückliegt. Aber denken Sie bitte daran, dass er Watts, Newton und mehrere andere Entdecker gewesen wäre, wenn er vor ihnen gelebt hätte. Er ist ein ebenso großer Pilger." Heute auf dieser Erde, als wäre er ein Besucher von einem anderen Planeten. Aber er hat einen außergewöhnlichen Geistestyp und einen sehr guten Geschmack – ein starkes, unwissendes, instinktives Gespür für das Beste. Wenn er eine Reihe kurzer Artikel darüber schreiben würde Aus seiner Sicht gegenüber den vielbeschäftigten Männern und Frauen von heute sollten sie „gutes Zeug" sein – eine Art künstlerische Stimme, die in der kommerziellen Wildnis schreit, verstehen Sie? Sie oder jemand anderes müssen sie vielleicht nennen in Form zu bringen, bis er die Idee versteht, aber er wird sie schon verstehen. Er ist schlau genug. Wenn Sie ihn ausprobieren wollen und es so ausgeht, wie ich denke, werde ich das Material für die gleichzeitige Veröffentlichung in Chicago kaufen. Was sagen Sie?"

„Einverstanden", sagte Maxwell kurz. „Ich denke, Sie haben recht. Wir werden es trotzdem versuchen. Ich schätze, wir werden keine großen Schwierigkeiten haben, Harrington davon zu überzeugen, uns die Möglichkeit zu geben, sein Manuskript zu prüfen." Er lächelte, als er den anderen ansah. Harringtons Augen leuchteten. Seine Worte kamen atemlos, als er sprach.

morgen früh fertig haben , Mistah Maxwell", versprach er. „Und ich denke", fügte er hinzu und straffte seine prächtigen Schultern, „ich denke, ich werde die Elevata aufgeben , ja ."

Maxwell lachte gut gelaunt.

„Oh ja", stimmte er zu, „ich denke, wir müssen Ihnen dort auf jeden Fall einen Nachfolger geben. Wie auch immer dieses Experiment ausgehen wird, es ist an der Zeit, dass Sie etwas Besseres haben."

Harringtons erstes Papier trug die Unterschrift „Ein Besucher vom Mars", und Maxwell staunte , als er es las. Es war keine große Produktion und voller kleiner Fehler; Aber es hatte eine unbeschreibliche Naivität und einen Charme, dem sein uriger, altmodischer Stil den letzten Schliff gab. Harringtons Studien über die, wie er es nannte, „alten Meister" waren nicht umsonst gewesen. Am späten nächsten Abend reichte Maxwell das Manuskript in der Ruhe seiner kleinen Wohnung in Harlem seiner Frau zur Kritik ein. Er übergab es kommentarlos und wünschte die unvoreingenommene Meinung des intelligenten allgemeinen Lesers, und Mrs. Maxwell las es zweimal sehr sorgfältig, bevor sie es zurückgab. Als sie das tat, lag ein Schleier über ihren leuchtend braunen Augen.

„Das süße Ding!" Sie weinte. „Wer hat es geschrieben, Bob? Es ist so schlau, wie es nur sein kann, und doch hat es etwas, das mich merkwürdig und erstickt macht. Es ist – es ist" – ihr Gesicht hellte sich auf – „es ist so etwas wie das Gefühl, das ich hatte, als die kleine Bobbie schrieb." Er hat mir seinen ersten Brief geschrieben, damals, als ich nach Hause ging, um mich um meine Mutter zu kümmern. Man könnte fast erwarten, die Worte in hübschen kleinen, schiefen, gedruckten Buchstaben auf einer Seite der Seite hinabrutschen zu sehen. Es ist das Manuskript eines erwachsenen, gebildeten Babys ."

Maxwell nahm ihr die Kopie ab und war sehr erfreut über diese eheliche Bestätigung seines eigenen Eindrucks.

„Es gehört Harrington", erklärte er, „und er ist noch nicht kultiviert genug, um irgendjemandem zu schaden. Aber er wird diesen Job erfolgreich machen – daran besteht kein Zweifel. Ich werde ihn bitten, morgen Abend zum Abendessen vorbeizukommen." und gehen Sie die Sache ein wenig mit mir durch. Ich möchte das nicht im Büro machen.

Der Western-Redakteur war am nächsten Tag ebenso begeistert. Er strahlte auch angenehm über die Bestätigung seiner eigenen scharfen Intuition.

„Du hättest nicht gesehen, was du hier hast", erklärte er Maxwell unnötigerweise. „Das ist so ziemlich wie Genie. Dieser Kerl wird eines Tages seine Autobiografie schreiben , und vielleicht wird er sich an seine bescheidenen Entdecker erinnern. Verderben Sie in der Zwischenzeit nicht seine Arbeit, indem Sie versuchen, sie zu bearbeiten. Lassen Sie es in Ruhe. Es ist in Ordnung." ."

Die Kolumne „Der Besucher vom Mars" wuchs auf zwei Kolumnen und wurde zu einem starken Merkmal des Sunday *Searchlight* . Harrington, der nun über ein angemessenes wöchentliches Einkommen und unbegrenzte Freizeit verfügte, kaufte neue Kleidung, mietete ein Wohnzimmer, ein Schlafzimmer und ein Bad in einem komfortablen Junggesellenhaus und verbrachte seine Tage damit, in Bibliotheken zu stöbern, wo er Allesfresser las. Nebenbei entdeckte er nicht nur das Telefon, den Telegrafen und andere vom

Sonntagsredakteur vorhergesagte Erfindungen, sondern auch eine Feuerbüchse für Lokomotiven, die zehn Jahre lang bei den Eisenbahnbeamten großen Anklang gefunden hatte, und eine hervorragende Vernichtungswaffe, die in diesem Jahr eingesetzt worden war Japanische Armee für sechs.

„Er kommt voran!" rief Wilson erfreut, als Maxwell von diesen kleinen Enttäuschungen in einer ansonsten inspirierenden Karriere erzählte. „Er hat gelernt, sich wie ein Gentleman zu kleiden, wie ein Gentleman zu sprechen und wie ein Gentleman auszusehen, und er hat auch gelernt, dass es vor seiner Ankunft ein paar aktive Köpfe auf der Welt gegeben hat. Geben Sie ihm Zeit. Er wird etwas Großes tun." noch."

Harrington bestätigte diese Vorhersage umgehend, indem er sich verliebte, und zwar in einem Ausmaß und mit einer Hingabe, die in der Geschichte von Park Row beispiellos war. Es war ein stürmischer Umbruch für den emotionalen Südstaatler, und alle anderen Interessen in seinem Leben traten in den hintersten Hintergrund und blieben dort, ungesehen und ungeahnt. Seine Wahl fiel auf eine Reporterin des *Searchlight* , ein ruhiges, gebildetes junges Mädchen, dessen journalistische Tätigkeit sich auf Berichte über Treffen von Frauenclubs und die Beschreibung anderer gesellschaftlicher Ereignisse beschränkte. Für sie befahl Bart Harrington den Morgensternen, gemeinsam zu singen, und forderte die blendende Sonne heraus, sie gleich anzuschauen. Für ihn war sie Laura, Beatrice, Julia, Francesca – die Essenz aller Lieben aller Zeiten in einer perfekten Form. Während ihrer kurzen Verlobung rief er sie jeden Morgen in einem Taxi ab und fuhr sie jeden Abend zu sich nach Hause. Wäre es möglich gewesen, hätte er für sie einen Blumenteppich vom Büro bis zum Bordstein ausgelegt. Außerdem entdeckte er Keats und Shelley sowie Byron und Swinburne und zitierte sie, bis die Bürojungen, die als einzige ihm zuhörten, die Gehaltserhöhung forderten, die zu Recht mit einer erhöhten Nervenbelastung verbunden war. Swinburne, entschied Harrington sofort, gefiel ihm nicht. In seinen Versen liege etwas Erdiges, erklärte er Maxwell, eine materielle Seite, der die Liebe des richtigen Mannes für die richtige Frau völlig fehle – mit anderen Worten, seine eigene Liebe zu Miss Evans. Er schrieb in seiner Mars-Abteilung eine Kolumne über diese Art von Liebe, und hunderttausend Männer lasen sie mit einem Gurgeln herzlicher Anerkennung und zitierten sie beim Abendessen am nächsten Abend. Dann heiratete er Miss Evans und interessierte sich für den Preis von Kohle und anderen Haushaltswaren. Seine Beschäftigung mit diesen Themen war fast fieberhaft. Er sprach morgens, mittags und abends über sie. Sein Interesse an Literatur ließ nach und erlosch. Maxwell, seinem ersten und immer noch besten Freund, vertraute er schließlich sein Dilemma an.

„Sehen Sie, alter Mann", begann er eines Morgens etwa sechs Monate nach der Hochzeit, „wir haben herausgefunden, Clara und ich, dass wir in New York mindestens mit fünfzig Dollar pro Woche leben können. Und Sie sehen, ich." Ich werde erst vierzig. Das ist ernst, nicht wahr? Aber Clara sagt, wenn wir bei Lacy's alle Konserven kaufen –"

Maxwell stoppte ihn mit einer Geste der Verzweiflung.

„Harrington, wenn du noch ein Wort sagst , werde ich verrückt", verkündete er mit der Ruhe der Verzweiflung. „Wir geben dir fünfzig Dollar pro Woche. Nun betrachte das als geklärt, und um Himmels willen, lass dich nicht davon abbringen. Wenn du nicht aufpasst, wirst du in deiner Mars-Kolumne über Kohle und Konserven schreiben. Was sind wirst du diese Woche überhaupt schreiben?" fragte er mit plötzlichem Misstrauen.

Harrington sah schuldbewusst aus.

„Ich dachte, ich würde etwas dazu sagen, wie sich die Preise entwickelt haben", stockte er. „Clara sagt das vor zwei Jahren –" Aber Maxwell hatte ihn an den Schultern gepackt.

„Nein, das tust du nicht!" schrie er heftig. „Du wirst weiterhin über Literatur und das Leben und Seerosenblätter und die Liebe schreiben – das ist es, was du tun wirst. Wenn du das nicht tust, verlierst du deinen Job. Wage es nicht, ein Single-Dollar-Zeichen einzuführen." oder Dosentomaten in diese Spalten", fügte er warnend hinzu, als er sich wieder seiner Arbeit widmete.

Harringtons vorwurfsvoller Blick, als er hinausging, verfolgte ihn tagelang – sogar so lange, dass er mit außergewöhnlicher Geduld ein Selbstvertrauen ertrug, mit dem der Gentleman ihn mehrere Monate später beschenkte. Eines Morgens kam er mit einem Gesichtsausdruck ins Büro, der auf seltsame Weise Stolz und Scham vermischte, wobei zuerst das eine und dann das andere überwiegte. Lange Zeit diskutierte er über Wohnungen, Hausmeister und Haushaltswaren, und Maxwell hatte Humor für ihn. Dann sagte er:

„Ich war ein furchtbarer Arsch, Maxwell, aber das ist kein Grund, warum ich weiterhin einer sein sollte, oder? Ich muss dir etwas Wichtiges sagen , und das werde ich jetzt tun. Ich kann Ich schreibe nicht mehr über die Literatur der Vergangenheit und die Seerosen der Gegenwart, wie man sagen würde. Wer kümmert sich darum ? *Ich* nicht. Die Welt von heute interessiert sich für das Leben von ihnen -Tag. Männer denken an theah Wo'k und Theah-Einkommen und Theah- Häuser und Theah- Frauen und Theah- Kinder, und das ist *alles* , woran sie denken. Und Frauen denken an Männer, und das ist alles, woran *sie* denken. Und heah , ich schreibe die ganze Zeit über Literatuah – Literatuah ." Er drehte das Wort in seinem Mund und stieß es mit größter Verachtung aus.

Wie schon einmal zuvor schwieg Maxwell angesichts der einfachen Wahrheit. Er sammelte sich jedoch und äußerte Protest.

„Ich nehme an, Sie haben das Interesse daran, Ihren Lebensunterhalt zu verdienen, nicht verloren", meinte er ironisch. „Wie wollen Sie das machen, wenn Sie diesen Job aufgeben?"

Harrington errötete leicht und räusperte sich nervös, bevor er sprach. Dann zog er ein Papier aus seiner Tasche, und als seine Finger es berührten, klärte sich sein Gesicht, und er strahlte glücklichen Stolz aus.

„Ich habe noch etwas anderes", sagte er schlicht. „Ich habe gewartet, um zu sehen, wie es ausgehen würde , bevor ich es dir erzählt habe. Es ist eine ziemliche Geschichte. Sehen Sie", fuhr er ausdrucksvoll fort, lehnte sich in seinem Stuhl zurück und schwang seinen Fuß mit dem charakteristischen Schwung eines zweijährigen Jungen Jahre zuvor – „Sehen Sie, Clara brauchte eine Hutnadel, die Art, die drinnen blieb und einen Hut festhielt . *Das* tut keiner von ihnen, sagte Clara. Also habe ich eine gemacht, hm , und Claras Bruder sah es und dachte, es sei so Eine gute Sache. Er ist Anwalt, wissen Sie. Er hat es einem Mann mit Geld gezeigt, und sie haben es angenommen, und wir haben es patentieren lassen, und jetzt haben wir ein Produkt und verkaufen es. Es ist – es ist viel Geld verdienen." Er richtete einen entschuldigenden Blick auf seinen Freund und fuhr noch entschiedener fort: „Sie gaben mir zwanzigtausend Dollar Anzahlung und zwanzig Prozent der Aktie und einen Block Aktien für dich, weil ich darauf bestanden habe. Ich will dich dabei haben." Auf mein Glück. Heah , das ist es. EW Hubbard ist der Chef- Backah , und er sagt, das kostet zehntausend Dollar . Er sagt, dass jede Frau in Amerika nächstes Mal eine dieser Hutnadeln tragen wird, ja . "

Während er sprach, legte er die Urkunde auf den Tisch, und einen Moment lang saß Maxwell da und starrte sprachlos darauf. Er kannte Hubbard – einen reichen, klugen Finanzier und keinen Anführer verlassener Hoffnungen. Wenn Hubbard in der Sache steckte, war die Sache in Ordnung. Aber eine *Hutnadel* ! Maxwell blickte auf die Urkunde und dachte an die Hutnadel, ließ den Harrington der letzten zwei Jahre Revue passieren und verspürte ein schreckliches Verlangen zu lachen und zu weinen. Dann schob er das Papier dem Erfinder zu.

„Das ist furchtbar nett von dir, alter Mann", sagte er heiser. „Aber natürlich kann ich das nicht ertragen. Es gibt keinen Grund, warum du mir zehntausend Dollar geben solltest, weißt du."

Harrington lachte – ein seltsames kleines Lachen.

„ Sind sie nicht ein Grund?" fragte er und verfiel in seinem Ernst in die nachlässige Grammatik, die er fast überwunden hatte. „Nun, ich schätze, ich weiß mehr *darüber* als jeder andere . Erinnerst du dich an die fünfzehn Dollar, die du mir an dem Tag geliehen hast, als ich kam ? Na ja , ich habe gezögert . Ich hatte zwei Tage lang nichts gegessen , und ich konnte nicht wach werden , und ich konnte nicht betteln. Deshalb wollte ich mich umbringen. Das Geld hat mich gerettet. Nun heah, das ist die Sache. Es ist kein Geld. Es ist eine *Idee* . Es ist eine Idee aus meinem Kopf , und dieser Hai wäre überhaupt nicht wahr, wenn er nicht für dich wäre. Du hast mir eine Chance gegeben . Was ich getan habe, ist nicht viel, aber es hat Ergebnisse gebracht, und Die Ergebnisse sind die Dinge, die zählen. Also nennen wir es einfach Interesse, wenn es Ihnen nichts ausmacht. Ich denke , es wird eine Weile dauern . Und wissen Sie", fügte er fast schüchtern hinzu, „wir ah Freunde – nicht wahr , wir, du und ich?"

Maxwell rang seine Hand. Dann nahm er die Urkunde, faltete sie zusammen und steckte sie vorsichtig in die Tasche.

„Danke, alter Mann", sagte er leise. „Es ist das Größte, was mir je passiert ist, und ich werde es annehmen – von meinem Freund."

Später, als Harrington jubelnd abgereist war, erzählte Maxwell seinem Chef den Vorfall. Wilson hörte mit schmeichelhafter Aufmerksamkeit zu. Am Ende nickte er mitfühlend.

„Ihm geht es gut", sagte er, „und um ihn brauchen Sie sich keine Sorgen zu machen. Er hat noch eine Eigenschaft, die ihn weit genug vom Gesindel von heute unterscheidet." Er blickte den jungen Mann scharf an, als er plötzlich hinzufügte: „Von all den Kerlen, denen Sie je geholfen haben, hat Maxwell – und ich weiß, dass Sie auf die eine oder andere Weise viel geholfen haben – heute schon einen von ihnen gehabt." Hast du jemals Dankbarkeit gezeigt?

Maxwell schüttelte den Kopf. „Ich erinnere mich an keinen", gab er zu. „Aber ich habe keine erwartet und will auch keine."

„Und du verstehst es nicht", schloss der ältere Mann mit einem Seufzer. „Es ist das Seltenste im Leben. Also mach dieses Mal das Beste daraus, mein Junge. Einen Besucher vom Mars trifft man nicht oft!"

DAS ENDE

www.ingramcontent.com/pod-product-compliance
Lightning Source LLC
LaVergne TN
LVHW041203180726
843490LV00005B/1876